Anonymous

Ungarische Reichsgesetzsammlung

Amtliche Übersetzung

Anonymous

Ungarische Reichsgesetzsammlung
Amtliche Übersetzung

ISBN/EAN: 9783743659179

Hergestellt in Europa, USA, Kanada, Australien, Japan

Cover: Foto ©Suzi / pixelio.de

Weitere Bücher finden Sie auf **www.hansebooks.com**

1874er Landesgesetze.

Landesgesetze

des Jahres 1874.

Buda-Pest, 1874.
Verlag von Moriz Ráth.
Häuserviered.

Druck von C. F. Wigand in Preßburg.

I. Gesetzartikel
über die Regelung der schwebenden Schulden der ungarischen Ostbahn.

(Sanctionirt am 7. Februar 1874. Kundgemacht in beiden Häusern des Reichstages am 9. Februar 1874.)

§. 1.

Das Ministerium wird ermächtigt, die für 17,051.539 fl. 44 kr. verpfändeten Seconde-Prioritäten der ungarischen Ostbahn im Nominalwerthe von 30 Millionen Gulden für Rechnung der Ostbahn auszulösen.

§. 2.

Das Ministerium wird auch ermächtigt, für die Zahlung der Zinsen und für die Amortisation dieser Prioritäts-Obligationen den ungarischen Staat als Bürgen und Zahler unter den im §. 3 bestimmten Garantien zu verpflichten.

§. 3.

Im Falle der Uebernahme der im §. 2 erwähnten Verpflichtung ist für den Staat auszubedingen, daß die Verfügung über diese Seconde-Prioritäten, sowie die Manipulation bezüglich der Auszahlung der Zinsen und Amortisationsquoten dem Staate zustehe; ferner, daß die zur Zahlung der Zinsen und zur Amortisation erforderliche Jahresquote dem Staate aus dem Reinerträgnisse der Bahn ausgefolgt werde und daß in dem Falle, wenn das reine Einkommen zu diesem Zwecke nicht ausreichen sollte, der Abgang von demjenigen Betrage, welcher der Eisenbahn als gesetzlich garantirtes Reinerträgniß auszuzahlen sein wird, in Abzug gebracht werden könne.

§. 4.

Das Ministerium wird ermächtigt, der Ostbahn-Gesellschaft zum vollständigen Ausbaue der bereits eröffneten Linien, sowie zur Tilgung der von dem Baue dieser Linien herrührenden Schulden 1,700.000 Gulden als Darlehen vorzuschießen.

§. 5.

Mit dem Vollzuge dieses Gesetzes wird der Finanzminister sowie der Minister für öffentliche Arbeiten und Communicationen beauftragt.

II. Gesetzartikel

über den mit dem vereinigten Königreiche von Großbritannien und Irland wegen gegenseitiger Auslieferung von gemeinen Verbrechern am 3. Dezember 1873 abgeschlossenen Staatsvertrag.

(Sanctionirt am 9. März 1874. Kundgemacht im Abgeordnetenhause am 24. März, im Oberhause am 26. März 1874.)

§. 1.

Der zwischen Sr. Majestät dem Kaiser von Oesterreich und Apostol. Könige von Ungarn, sowie Ihrer Majestät der Königin des vereinigten Königreiches von Großbritannien und Irland wegen gegenseitiger Auslieferung von gemeinen Verbrechern am 3. Dezember 1873 abgeschlossene Staatsvertrag wird angenommen und inarticulirt.

Der Wortlaut desselben ist folgender:

Nachdem

Se. Majestät der Kaiser von Oesterreich, König von Böhmen u. f. w. und
    Apostolischer König von Ungarn, und

Ihre Majestät die Königin des vereinigten Königreichs von Großbritannien
    und Irland

behufs besserer Verwaltung der Rechtspflege und zur Verhütung von Verbrechen innerhalb ihrer Staaten und deren Gerichtsbarkeiten es für zweckmäßig befunden haben, daß Personen, welche der in diesem Vertrage aufgeführten strafbaren Handlungen beschuldigt oder wegen solcher verurtheilt und vor der Justiz flüchtig geworden sind, unter bestimmten Umständen gegenseitig ausgeliefert werden sollen, so haben Ihre eben gedachten Majestäten behufs Abschließung eines hierauf bezüglichen Vertrages zu Ihren Bevollmächtigten ernannt, nämlich:

Se. kaiserliche und königliche Apostolische Majestät
den Herrn Julius Grafen Andrássy von Csik-Szent-Király und Krasznahorka, Allerhöchst Ihren wirklichen geheimen Rath, Minister des kaiserlichen Hauses und des Aeußern, Großkreuz des St. Stephan-Ordens u. s. w., und

Ihre Majestät die Königin des vereinigten Königreiches von Großbritannien und Irland
den sehr ehrenwerthen Sir Andrew Buchanan, Mitglied Ihrer Majestät höchstehrenwerthen geheimen Rathes, Großkreuz des höchstehrenwerthen Bath-Ordens, Allerhöchst Ihren außerordentlichen und bevollmächtigten Botschafter bei Sr. kaiserlichen und königlichen Apostolischen Majestät,

welche, nachdem sie sich gegenseitig ihre Vollmachten mitgetheilt und dieselben in guter und gehöriger Form befunden haben, die folgenden Artikel vereinbarten und zum Abschluß brachten:

Artikel I.

Die hohen vertragschließenden Theile verpflichten sich, in den in diesem Vertrage angegebenen Fällen und unter den vereinbarten Bedingungen einander diejenigen Personen gegenseitig auszuliefern, welche wegen einer auf dem Gebiete des einen Theiles begangenen strafbaren Handlung beschuldigt werden oder verurtheilt worden sind und in dem Staatsgebiete des andern Theiles aufgefunden werden.

Artikel II.

Die strafbaren Handlungen, wegen deren die Auslieferung zu gewähren ist, sind folgende:
1. Mord, Mordversuch.
2. Todtschlag.
3. Nachmachen und Verfälschen von Metallgeld, Verausgaben oder Inverkehrbringen nachgemachten oder gefälschten Metallgeldes.
4. Verfälschung, Nachmachung oder Veränderung, oder Inverkehrbringen gefälschter, nachgemachter oder veränderter Gegenstände; darunter werden alle Verbrechen verstanden, welche nach den österreichischen Strafgesetzen oder aber nach den ungarischen Strafgesetzen und Gewohnheiten das Verbrechen der Nachmachung oder Verfälschung von Papiergeld, Banknoten oder anderen Werthpapieren, sowie der Nachmachung oder Verfälschung von öffentlichen oder Privaturkunden, oder des wissentlichen Gebrauches oder Inverkehrbringens solcher nachgemachter oder gefälschter Urkunden begründen.

Der Begriff dieser Verbrechen ist, insoferne die Auslieferung aus Oesterreich verlangt wird, nach dem österreichischen Gesetzbuche, wenn es sich jedoch um die Auslieferung aus Ungarn handelt, nach den in Ungarn geltenden Gesetzen und Gewohnheiten zu bestimmen.

5. Diebstahl und Veruntreuung.

6. Erlangung von Geld und anderen Gegenständen durch betrügerische Vorspiegelungen (Betrug).

7. Betrügerischer Bankerott, worunter auch jene Handlungen zu verstehen sind, welche, insoferne es sich um die Auslieferung aus Oesterreich handelt, nach dem österreichischen Strafgesetzbuche einen Betrug, wenn jedoch die Auslieferung aus Ungarn verlangt wird, nach den ungarischen Gesetzen einen mit Betrug verbundenen Bankerott bilden.

8. Durch Verwalter, Bevollmächtigte, Banquiers, Agenten, Procuraführer, Vormünder, Curatoren, ferner durch Vorstände, Mitglieder oder Beamte von Gesellschaften begangene Untreue, soferne dieselbe nach den bestehenden Gesetzen eine strafbare Handlung bildet.

9. Nothzucht.

10. Entführung.

11. Kinderraub, Menschenraub und widerrechtliche Gefangenhaltung.

12. Einbrechen oder Eindringen in Wohnhäuser oder zu denselben gehörige Nebengebäude, mit der Absicht, ein Verbrechen zu begehen, zur Tageszeit (house breaking) oder Nachtzeit (burglary).

13. Vorsätzliche Brandstiftung.

14. Raub mit Anwendung von Gewalt oder Drohung.

15. Erpressung.

16. Vorsätzliche Versenkung oder Zerstörung eines auf hoher See befindlichen Schiffes, sowie der Versuch dieses Verbrechens.

17. Angriff auf Personen an Bord eines Schiffes auf hoher See, in der Absicht zu tödten oder eine schwere körperliche Verletzung zu verüben.

18. Widerstand mit Thätlichkeiten (revolt) gegen den Schiffsführer an Bord eines Schiffes auf hoher See, wenn derselbe von mehr als zwei Personen verübt wird, desgleichen Verschwörung zu einem solchen Widerstande.

19. Meineid oder Verleitung zum Meineide.

20. Boshafte Beschädigung fremden Eigenthums, insoferne dieselbe als Verbrechen zu bestrafen ist.

Die Auslieferung findet auch wegen vorheriger oder späterer Betheiligung an den angeführten strafbaren Handlungen statt, wenn die Theilnahme nach den Gesetzen beider vertragschließenden Theile strafbar ist.

In allen diesen Fällen findet die Auslieferung aus den österreichisch-ungarischen Staaten nur dann statt, wenn die Verbrechen in Oesterreich begangen worden wären, nach dem österreichischen Strafgesetze, falls selbe jedoch in Ungarn verübt worden wären, nach den daselbst geltenden Gesetzen und Gewohnheiten ein Verbrechen begründen; in Großbritannien dagegen findet die Auslieferung nur dann statt, wenn die strafbaren Handlungen, falls solche in England oder innerhalb der englischen Jurisdiction begangen worden wären, im Sinne der Extraditionsacte v. J. 1870 und 1873 ein Auslieferungsverbrechen begründen würden.

Artikel III.

Die hohen vertragschließenden Theile sind nie und in keinem Falle zur Bewilligung der Auslieferung ihrer eigenen Unterthanen verpflichtet.

Artikel IV.

Die Auslieferung findet nicht statt, wenn diejenige Person, deren Auslieferung aus Oesterreich oder Ungarn verlangt wird, in einem der Länder der österreichisch-ungarischen Monarchie, oder aber, wenn diejenige Person, deren Auslieferung aus Großbritannien verlangt wird, im vereinigten Königreiche wegen derselben strafbaren Handlung, wegen welcher die Auslieferung verlangt wird, in Untersuchung gestanden ist und das Strafverfahren bereits eingestellt wurde, oder noch in Untersuchung steht, oder bereits bestraft worden ist.

Wenn die Person, deren Auslieferung begehrt wird, in demjenigen Staatsgebiete, wo sie sich aufhält, wegen einer anderen strafbaren Handlung in Untersuchung oder Strafe ist, so soll ihre Auslieferung bis zu dem Zeitpunkte aufgeschoben werden, bis die Untersuchung beendet oder die Strafe vollstreckt ist.

Sollte diejenige Person, deren Auslieferung verlangt wird, wegen privatrechtlicher Verpflichtungen in Prozeß stehen oder zurückgehalten werden, so soll deren Auslieferung ungeachtet dessen stattfinden; die verletzte Partei behält jedoch das Recht, ihre Forderung bei der competenten Behörde geltend zu machen.

Artikel V.

Die Auslieferung ist nicht vorzunehmen, wenn das Strafverfahren in Betreff derjenigen strafbaren Handlung, wegen welcher die Auslieferung verlangt wird, nach den Gesetzen des um die Auslieferung ersuchten Staates wegen Verjährung nicht mehr eingeleitet werden kann, oder wenn die Strafe aus diesem Grunde nicht vollzogen werden kann.

Artikel VI.

Der flüchtige Verbrecher ist nicht auszuliefern, wenn die strafbare Handlung, wegen welcher die Auslieferung verlangt wird, einen politischen Character an sich trägt, oder wenn derselbe den Nachweis liefert, daß dessen Auslieferung zur Verfolgung oder Bestrafung eines solchen Verbrechens oder Vergehens verlangt wird, welches wirklich politischer Natur ist.

Artikel VII.

Wenn das Individuum, dessen Auslieferung von einem der vertragschließenden Theile auf Grund dieses Vertrages verlangt wird, auch von einem oder mehreren anderen Staaten wegen anderer, in deren Gebiete begangener Verbrechen reclamirt wird, so ist dasselbe derjenigen Regierung auszuliefern, auf deren Gebiete die schwerste Gesetzesübertretung begangen wurde; wenn jedoch bezüglich der Schwere der begangenen strafbaren Handlungen ein Unterschied nicht obwalten sollte, oder endlich, wenn es zweifelhaft wäre, welche strafbare Handlung die schwerere sei, so hat die Auslieferung an diejenige Regierung zu erfolgen, welche das Ansuchen um dieselbe zuerst gestellt hat.

Artikel VIII.

Die ausgelieferte Person darf in demjenigen Staate, an welchen die Auslieferung erfolgte, wegen einer anderen vor der Auslieferung begangenen strafbaren Handlung oder aus Anlaß anderer Thatsachen als denjenigen, wegen deren die Auslieferung stattfand, durchaus nicht in Haft gehalten oder in Untersuchung gezogen werden; eine Ausnahme bildet nur der Fall, wenn der Betreffende nach seiner Auslieferung Gelegenheit gehabt hätte, in das Land, aus welchem er ausgeliefert wurde, zurückzukehren, dieselbe jedoch nicht benützt hat, oder wenn er zwar zurückgekehrt wäre, sich aber später freiwillig abermals in das Land begeben hat, an das er schon einmal ausgeliefert wurde.

Auf strafbare Handlungen, welche nach der Auslieferung begangen worden sind, findet diese Bestimmung keine Anwendung.

Artikel IX.

Das Ersuchen um Auslieferung ist im Wege der diplomatischen Agenten der hohen vertragschließenden Theile zu stellen.

Mit dem Ersuchen um Auslieferung ist vorzulegen: der Haftbefehl, welcher von der zuständigen Behörde des die Auslieferung begehrenden Staates erlassen worden ist und solche Beweise, welche, wenn die strafbare Handlung dort begangen worden wäre, wo der Beschuldigte aufgefunden wird, die Verhaftung desselben nach den Gesetzen dieses Ortes rechtfertigen würden.

Handelt es sich um die Auslieferung einer bereits verurtheilten Person, so ist das von dem zuständigen Gerichte des die Auslieferung begehrenden Staates gefällte Urtheil beizubringen.

Auf ein Urtheil, welches wegen Nichterscheinen des Beschuldigten gefällt worden ist (in contumaciam), kann das Ansuchen um Auslieferung nicht gegründet werden.

Artikel X.

Wenn das Auslieferungsbegehren im Sinne obiger Bestimmungen begründet ist, so sind die competenten Behörden des ersuchten Staates verpflichtet, die Verhaftung des Flüchtigen zu verfügen.

Das verhaftete Individuum wird sodann vor den zuständigen Richter geführt, welcher dasselbe zu verhören und die Voruntersuchung derart abzuführen hat, als ob die Verhaftung wegen einer im Inlande verübten strafbaren Handlung erfolgt wäre.

Artikel XI.

Der flüchtige Verbrecher kann außerdem in dringenden Fällen in Folge Verhaftsbefehles eines Polizeirichters, eines Friedensrichters oder einer anderen, in welchem immer der beiden Staaten hiezu berufenen Behörde auf Grund solcher Anzeigen, Beschwerden, Zeugnisse oder Erhebungen verhaftet werden, welche nach dem Dafürhalten der diesen Befehl erlassenden Person die Verhaftung des Flüchtigen in dem Falle rechtfertigen würden, wenn die Verübung der strafbaren Handlung oder die Urtheilsfällung in dem Orte, in dem sich diese Obrigkeit befindet, erfolgt wäre.

Es wird jedoch vorausgesetzt, daß das Ersuchen um Auslieferung durch den diplomatischen Vertreter des ersuchenden Staates in der im Artikel IX des gegenwärtigen Vertrages erwähnten Weise in kürzester Zeit, und zwar längstens binnen 14 Tagen vorgelegt wird, im entgegengesetzten Falle ist der Verhaftete auf freien Fuß zu setzen.

Artikel XII.

Die Auslieferung erfolgt erst nach Ablauf von 15 Tagen nach der Verhaftung und nur dann, wenn die Beweise für genügend befunden worden sind, um die Anordnung der Hauptuntersuchung in dem Falle, wenn die strafbare Handlung in dem die Auslieferung begehrenden Staate begangen worden wäre, nach den Gesetzen desselben zu rechtfertigen oder darzuthun, daß der Verhaftete mit der durch die Gerichte des ersuchenden Staates verurtheilten Person identisch ist.

Artikel XIII.

Die Behörden des ersuchten Staates sind verpflichtet, bei den im Sinne obiger Bestimmungen vorzunehmenden Beurtheilungen den beeideten Zeugenaussagen, welche in dem anderen Staate zu Protocoll genommen worden sind, ferner den Abschriften solcher Original-Zeugenverhörsprotocolle, sowie den Verhaftsbefehlen und Strafurtheilen volle Beweiskraft beizulegen; es wird jedoch vorausgesetzt, daß diese Schriftstücke durch einen Richter, eine obrigkeitliche Person oder einen Beamten des betreffenden Staates gefertigt und durch einen beeideten Zeugen oder durch Beidrückung des Amtssiegels des Justiz- oder eines andern Staatsministers beglaubigt sind.

Artikel XIV.

Wenn die zur Bewilligung der Auslieferung erforderlichen Beweise binnen zwei Monaten vom Tage der Ergreifung des Flüchtigen an gerechnet nicht beigebracht werden, so ist derselbe auf freien Fuß zu setzen.

Artikel XV.

Alle zur Zeit der Verhaftung im Besitze der auszuliefernden Person gefundenen und mit Beschlag belegten Gegenstände sind, wenn deren Ausfolgung durch die competenten Behörden des ersuchten Staates angeordnet wurde, gleichzeitig mit dem Verbrecher zu übergeben; diese Ausfolgung hat sich nicht nur auf das Vermögen des Beschuldigten und die durch denselben angeeigneten Gegenstände, sondern auch auf alles das zu erstrecken, was zum Beweise der strafbaren Handlung dienen kann.

Sollte die bereits bewilligte Auslieferung wegen Flucht oder Tod des reclamirten Individuums nicht mehr vollzogen werden können, so sind die oberwähnten Gegenstände dennoch auszufolgen.

Artikel XVI.

Jeder der vertragschließenden Theile trägt die Kosten, welche durch die innerhalb seines Staatsgebietes erfolgte Verhaftung, Gefangenhaltung des im Sinne dieses Gesetzes auszuliefernden Individuums, sowie auch aus Anlaß der Transportirung desselben bis an die eigene Grenze verursacht werden.

Artikel XVII.

Die Bestimmungen des gegenwärtigen Vertrages sind auch in den Colonien und ausländischen Provinzen Ihrer Majestät der Königin von Großbritannien rechtswirksam.

Das Ersuchen um Auslieferung eines in eine dieser Colonien oder ausländischen Provinzen geflüchteten Verbrechers ist durch die in denselben residirenden höchsten Consularbeamten der österreichisch-ungarischen Monarchie an den Statthalter oder an die oberste Behörde der betreffenden Colonie oder Provinz zu richten.

Der Statthalter oder die bezügliche oberste Behörde ist verpflichtet, über ein derartiges Ersuchen ein den Bestimmungen dieses Vertrages möglichst entsprechendes Verfahren einzuleiten; denselben ist es jedoch freigestellt, die Auslieferung vorzunehmen oder aber ihrer Regierung über den vorliegenden Fall Bericht zu erstatten.

Ihrer Majestät der Königin von Großbritannien bleibt es übrigens unbenommen, für ihre Colonien und ausländischen Provinzen besondere, jedoch auf möglichst gleicher Grundlage beruhende Verfügungen über die Auslieferung der in dieselben geflüchteten Unterthanen der österr.-ungarischen Monarchie zu erlassen.

Bei Erledigung von Anträgen, die sich auf die Auslieferung solcher Verbrecher beziehen, welche sich aus den Colonien und ausländischen Provinzen Ihrer Majestät der Königin von Großbritannien geflüchtet haben, sind die Bestimmungen der vorstehenden Artikel dieses Vertrages anzuwenden.

Artikel XVIII.

Gegenwärtiger Vertrag tritt zehn Tage nach seiner, in Gemäßheit der durch die Gesetze der hohen vertragschließenden Parteien vorgeschriebenen Formen erfolgten Veröffentlichung in Wirksamkeit.

Dieser Vertrag kann durch jeden der beiden hohen vertragschließenden Theile gekündigt werden, bleibt jedoch nach erfolgter Kündigung noch sechs Monate in Kraft.

Dieser Vertrag ist zu ratificiren und hat der Austausch der Ratificationen in möglichst kurzer Zeit in Wien stattzufinden.

Urkund dessen haben die beiderseitigen Bevollmächtigten den gegenwärtigen Vertrag unterzeichnet und demselben ihre Siegel beigedrückt.

So geschehen zu Wien am 3. Dezember im Jahre des Heils Eintausend achthundert siebzig und drei.

(L. S.)   *Andrássy,* m. p.

(L. S.)   *Andrew Buchanan,* m. p.

§. 2.

Der im vorhergehenden Paragraphe festgesetzte Staatsvertrag tritt für das Gebiet des ungarischen Staates erst dann in Wirksamkeit, sobald derselbe durch Se. Majestät den Kaiser und Apostol. König und Ihre Majestät die Königin von Großbritannien und Irland ratificirt und der gegenseitige Austausch der mit der Ratificationsclausel versehenen Exemplare erfolgt sein wird.

III. Gesetzartikel

über die Verwendung der aus dem 1872=er Budget des kön. ung. Finanzministeriums verbliebenen Creditreste für Rechnung d. J. 1873, sowie über den Nachtragscredit für das Jahr 1873 zur Deckung unvorhergesehener außerordentlicher Ausgaben.

(Sanctionirt am 13. März 1874. Kundgemacht im Abgeordnetenhause am 24. März, im Oberhause am 26. März 1874.)

§. 1.

Der Finanzminister wird ermächtigt, von dem für b. J. 1872 votirten Credite, u. zw.

         a) an ordentlichen Ausgaben:

bei der Berg= und Forstacademie . . . . . . 5.570 fl.

         b) an außerordentlichen Ausgaben:

beim Bergbaue und Münzwesen . . . . 344.349 fl.

bei den Staatsgütern . . . . 7.200 „

                      zusammen . 357.119 fl.

für Rechnung des Jahres 1873 in Anspruch zu nehmen.

§. 2.

Der Finanzminister wird ermächtigt,

zur Herstellung der durch Feuersbrunst im Jahre
1872 in Marmaros-Szigeth entstandenen
Schäden . . . . 175.800 fl.
zur Beendigung der Miskolcz-Diósgyörer Eisenbahn
hingegen, sowie zur Herstellung der Verlade-
rampe . . . . 83.000 „
zusammen . 258.800 fl.

für Rechnung des Jahres 1873 zu verwenden.

§. 3.

Mit dem Vollzuge dieses Gesetzes, welches mit dem Tage der Kundmachung desselben in Wirksamkeit tritt, wird der Finanzminister beauftragt.

IV. Gesetzartikel
über die zeitweilige Aufhebung der Zollgebühren für Getreide und Hülsenfrüchte.

(Sanctionirt am 13. März 1874. Kundgemacht im Abgeordnetenhause am 24. März, im Oberhause am 26. März 1874.)

Die Verfügung des Ministeriums, mit welcher die unter Post 10, lit. a) b) und c) des Zolltarifes vom Jahre 1853, sowie die unter Post 4, lit. a) des Zolltarifes für Dalmatien vom Jahre 1857 festgesetzten Zollgebühren für die Einfuhr von Getreide und Hülsenfrüchten für die Zeit vom 1. October 1873 bis Ende September 1874 aufgehoben wurden, — wird genehmigt und zum Gesetze erhoben.

V. Gesetzartikel
über die Bedeckung des durch die Länder der ungarischen Krone zu den gemeinsamen Ausgaben für das Jahr 1872 nachträglich zu leistenden Betrages.

(Sanctionirt am 13. März 1874. Kundgemacht im Abgeordnetenhause am 24. März, im Oberhause am 26. März 1874.)

Nachdem die zur Feststellung des gemeinsamen Budgets für das Jahr 1873 berufenen Commissionen zur Bedeckung der im Jahre 1872 aufgelaufenen gemeinsamen Mehrausgaben einen Nachtragscredit von 1,502.360 fl. votirt haben, so wird der Finanzminister ermächtigt, die von diesem Nachtragscredite auf Ungarn entfallende Quote von 454.914 fl. 61 kr. auszufolgen und wird ihm gleichzeitig zu diesem Zwecke ein dem obigen Betrage entsprechender Nachtragscredit bewilligt.

VI. Gesetzartikel
über die Bedeckung des durch die Länder der ungarischen Krone zu den gemeinsamen Ausgaben für das Jahr 1873 nachträglich zu leistenden Betrages.

(Sanctionirt am 13. März 1874. Kundgemacht im Abgeordnetenhause am 24. März, im Oberhause am 26. März 1874.)

Nachdem die zur Feststellung des gemeinsamen Budgets für das Jahr 1874 berufenen Commissionen zu dem Voranschlage für das Jahr 1873 einen Nachtragscredit von 794.739 fl. 50 kr. votirt haben, so wird der Finanzminister ermächtigt, die von diesem Nachtragscredite auf Ungarn entfallende Quote von 249.565 fl. 16 kr. auszufolgen und wird ihm gleichzeitig zu diesem Zwecke ein diesem Betrage entsprechender Nachtragscredit bewilligt.

VII. Gesetzartikel
über den für die Jahre 1873 und 1874 erforderlichen Nachtrags=
credit zur Bedeckung des Mehrerfordernißes an Miethzinsen für
die siebenbürgischen Militärspitäler.

(Sanctionirt am 4. April 1874. Kundgemacht im Abgeordnetenhause am 20. April,
im Oberhause am 21. April 1874.)

§. 1.

Zur Bedeckung derjenigen Miethzinsbeträge, welche für die in Klausenburg, Fogaras, Marosvásárhely, Bißtritz und Kronstadt seit früherer Zeit zu Militärspitalszwecken gemietheten Häuser zu entrichten sind und die betreffenden Ersatzgebühren übersteigen, werden für Rechnung der Dotation des Landesvertheidigungs=Ministers ausnahmsweise, u. zw.

für das Jahr 1873 . 14.208 fl. 66 kr.
für das Jahr 1874 . 12.914 „ 98 „
zusammen 27.123 fl. 64 kr.

d. i. zwanzigsiebentausend einhundertzwanzigdrei Gulden und 64 kr. als Nachtragscredit bewilligt.

§. 2.

Mit dem Vollzuge dieses Gesetzes wird der kön. ung. Finanz=Minister und der Landesvertheidigungs=Minister beauftragt.

VIII. Gesetzartikel
über die Einführung des Metermaßes.

(Sanctionirt am 17. April 1874. Kundgemacht im Abgeordnetenhause am 20. April,
im Oberhause am 21. April 1874.)

§. 1.

In den Ländern der ungarischen Krone wird anstatt der bis=her bestehenden Maße ein neues Maßsystem eingeführt, dessen Grund=lage das Meter mit decimaler Theilung und Vervielfachung bildet.

§. 2.

Als Urmaß dient die auf dem im Landesarchive aufbewahrten Platinastabe mit zwei Strichen bezeichnete Entfernung, welche im Jahre 1870 durch die von der ungarischen und französischen Regierung entsendete Commission mit dem im Staatsarchive zu Paris befindlichen Originalmeterstabe (mètre des archives) verglichen und bei einer Temperatur von 16 Grad Celsius über dem Gefrierpunkte gleich 1·00000219 Meter befunden wurde.

§. 3.

Die Einheit des Längenmaßes ist das Meter.

Der zehnte Theil des Meters ist das Decimeter; der hundertste Theil das Centimeter; der tausendste Theil das Millimeter.

Tausend Meter sind ein Kilometer; zehntausend Meter ein Myriameter.

§. 4.

Flächenmaße sind die Quadrate der Längenmaße.

Hundert Quadratmeter sind ein Ar; zehntausend Quadratmeter ein Hektar.

§. 5.

Körpermaße sind im Allgemeinen die Würfel der Längenmaße.

Die Einheit des Hohlmaßes ist das Liter.

Das Liter ist der tausendste Theil des Kubikmeters.

Der zehnte Theil des Liters ist das Deciliter; der hundertste Theil das Centiliter.

Hundert Liter sind ein Hektoliter.

§. 6.

Für Gewichte dient als Urmaß das im Landesarchive aufbewahrte Platinakilogramm, welches im Jahre 1870 durch die von der ungarischen und französischen Regierung entsendete Commission mit dem im Staatsarchive zu Paris befindlichen Originalkilogramm (kilogramme prototype) verglichen und gleich 0·99999973 Kilogramm befunden wurde.

§. 7.

Die Einheit des Gewichtes ist das Kilogramm.

Das Kilogramm ist das Gewicht eines Liters destillirten Wassers bei 4 Grad Celsius über dem Gefrierpunkte.

Der tausendste Theil des Kilogramms ist das Gramm.

Der zehnte Theil des Grammes ist das Decigramm; der hundertste Theil das Centigramm; der tausendste Theil das Milligramm.

Zehn Gramm sind ein Dekagramm; tausend Kilogramm eine Tonne.

§. 8.

Die Einheit des Kraftmaßes ist die Pferdekraft; darunter wird jene Kraft verstanden, welche erforderlich ist, um 75 Kilogramm in einer Secunde ein Meter hoch emporzuheben.

§. 9.

Die Verhältnißzahlen der neuen und alten Maße werden für den Verkehr folgendermaßen bestimmt:

a) Längenmaße.

1 Meter = 0·52729 d. i. fünfzigzweitausend siebenhundert zwanzigneun Hunderttausendstel Wiener Klafter.

1 Meter = 3·16375 d. i. drei ganze und sechzehntausend dreihundert siebzigfünf Hunderttausendstel Wiener Fuß.

1 Meter = 37·965 d. i. dreißigsieben ganze und neunhundert sechzigfünf Tausendstel Wiener Zoll.

1 Meter = 1·286 d. i. eine ganze und zweihundert achtzigsechs Tausendstel Wiener Ellen.

1 Centimeter = 0·37965 d. i. dreißigsiebentausend neunhundert sechzigfünf Hunderttausendstel Wiener Zoll.

1 Kilometer = 0·11971 d. i. eilftausend neunhundert siebzigein Hunderttausendstel ungarische Meilen.

1 Kilometer = 0·13182 d. i. dreizehntausend einhundert achtzigzwei Hunderttausendstel österreichische (Post-) Meilen.

1 Myriameter = 1·1971 d. i. eine ganze und eintausend neunhundert siebzigein Zehntausendstel ungarische Meilen.

1 Myriameter = 1·3182 b. i. eine ganze und breitausend einhundert achtzigzwei Zehntausendstel österreichische (Post-)Meilen.

1 Wiener Klafter = 1·89648 b. i. ein ganzes und achtzigneuntausend sechshundert vierzigacht Hunderttausendstel Meter.

1 Wiener Fuß = 0·31608 b. i. dreißigeintausend sechshundertundacht Hunderttausendstel Meter.

1 Wiener Elle = 0·777 b. i. siebenhundert siebzigsieben Tausendstel Meter.

1 Wiener Zoll = 2·6340 b. i. zwei ganze und sechstausend dreihundert vierzig Zehntausendstel Centimeter.

1 ungarische Meile = 8·3536 b. i. acht ganze und breitausend fünfhundert breißigsechs Zehntausendstel Kilometer.

1 ungarische Meile = 0·83536 b. i. achtzigbreitausend fünfhundert breißigsechs Hunderttausendstel Myriameter.

1 österreichische Meile = 7·5859 b. i. sieben ganze und fünftausend achthundert fünfzigneun Zehntausendstel Kilometer.

1 österreichische Meile = 0·75859 b. i. siebzigfünftausend achthundert fünfzigneun Hunderttausendstel Myriameter.

1 Faust (Pferdemaß) = 10·536 b. i. zehn ganze und fünfhundert breißigsechs Tausendstel Centimeter.

b) Flächenmaße.

1 Quadratmeter = 0·27804 b. i. zwanzigsiebentausend achthundertundvier Hunderttausendstel Wiener Quadratklftr.

1 Quadratmeter = 10·00931 b. i. zehn ganze und neunhundert breißigein Hunderttausendstel Wiener Quadratfuß.

1 Ar = 27·804 b. i. zwanzigsieben ganze und achthundertundvier Tausendstel Wiener Quadratklafter.

1 Hektar = 2·317 b. i. zwei ganze und breihundert siebzehn Tausendstel ungarische Joch (zu 1200 Quadratklafter).

1 Hektar = 1·738 b. i. ein ganzes und siebenhundert breißigacht Tausendstel Katastral-Joch.

1 Quadrat-Myriameter = 1·433 b. i. eine ganze und vierhundert breißigdrei Tausendstel ungar. Quadratmeilen.

1 Quadrat-Myriameter = 1·738 b. i. eine ganze und siebenhundert dreißigacht Tausendstel österr. Quadratmeilen.

1 Wiener Quadratklafter = 3·5966 b. i. drei ganze und fünftausend neunhundert sechzigsechs Zehntausendstel Quadratmeter.

1 Wiener Quadratfuß = 0·0999 b. i. neunhundert neunzigneun Zehntausendstel Quadratmeter.

1 Wiener Quadratzoll = 6·9379 b. i. sechs ganze und neuntausend dreihundert siebzigneun Zehntausendstel Quadrat-Centimeter.

1 ungarisches Joch (zu 1200 □-Klftr.) = 0.4316 b. i. viertausend dreihundert sechzehn Zehntausendstel Hektar.

1 Katastraljoch = 0·5755 b. i. fünftausend siebenhundert fünfzigfünf Zehntausendstel Hektar.

1 ungarische Quadratmeile = 0·6978 b. i. sechstausend neunhundert siebzigacht Zehntausendstel Quadrat-Myriameter.

1 österr. Quadratmeile = 0·5755 b. i. fünf tausendsiebenhundert fünfzigfünf Zehntausendstel Quadrat-Myriameter.

c) Körpermaße.

1 Kubikmeter = 0·1466 b. i. eintausend vierhundert sechzigsechs Zehntausendstel Wiener Kubikklafter.

1 Kubikmeter = 31·6669 b. i. dreißigein ganze und sechstausend sechshundert sechzigneun Zehntausendstel Wiener Kubikfuß.

1 Liter = 1·1787 b. i. eine ganze und eintausend siebenhundert achtzigsieben Zehntausendstel ungarische Halbe.

1 Liter = 0·7068 b. i. siebentausend sechzigacht Zehntausendstel Wiener Maß.

1 Hektoliter = 1·8418 b. i. ein ganzer und achttausend einhundert achtzehn Zehntausendstel ungarische Eimer (zu 64 Halbe).

1 Hektoliter = 1·7671 b. i. ein ganzer und siebentausend sechshundert siebzigein Zehntausendstel Wiener Eimer.

1 Hektoliter = 1·5992 b. i. ein ganzer und fünftausend neunhundert neunzigzwei Zehntausendstel Preßburger Metzen.

1 Hektoliter = 1·6264 d. i. ein ganzer und sechstausend zwei=
hundert sechzigvier Zehntausendstel Wiener Metzen.
1 Wiener Kubikklafter = 6.8210 d. i. sechs ganze und acht=
tausend zweihundertundzehn Zehntausendstel Kubikmeter.
1 Wiener Kubikfuß = 0·0316 d. i. dreihundert sechzehn Zehn=
tausendstel Kubikmeter.
1 Wiener Kubikzoll = 18·2746 d. i. achtzehn ganze und zwei=
tausend siebenhundert vierzigsechs Zehntausendstel Kubik=
Centimeter.
1 ungarische Halbe = 0·8484 d. i. achttausend vierhundert
achtzigvier Zehntausendstel Liter.
1 Wiener Maß = 1. 4147 d. i. ein ganzes und viertausend
einhundert vierzigsieben Zehntausendstel Liter.
1 ungarischer Eimer (zu 64 Halbe) = 0·5430 d. i. fünf=
tausend vierhundert dreißig Zehntausendstel Hektoliter.
1 Wiener Eimer = 0·5659 d. i. fünftausend sechshundert
fünfzigneun Zehntausendstel Hektoliter.
1 Wiener Metzen = 0·6149 d. i. sechstausend einhundert vierzig=
neun Zehntausendstel Hektoliter.
1 Preßburger Metzen = 0·6253 d. i. sechstausend zweihundert
fünfzigdrei Zehntausendstel Hektoliter.

d) Gewichte.

1 Kilogramm = 1·7855 d. i. ein ganzes und siebentausend
achthundert fünfzigfünf Zehntausendstel Wiener Pfund.
1 Kilogramm = 2 Zollpfund.
1 Kilogramm = 2·3807 d. i. zwei ganze und dreitausend acht=
hundert und sieben Zehntausendstel Apotheker=Pfund.
1 Kilogramm = 3·5629 d. i. drei ganze und fünftausend sechs=
hundert zwanzigneun Zehntausendstel Wiener Mark.
1 Gramm = 0.05714 d. i. fünftausend siebenhundert vierzehn
Hunderttausendstel Wiener Loth.
1 Gramm = 0·06 d. i. sechs Hundertstel Zoll=Loth.
1 Gramm = 0.28646 d. i. zwanzigachttausend sechshundert vierzig=
sechs Hunderttausendstel Ducaten Goldgewicht.

1 Gramm = 4·8551 b. i. vier ganze und achttausend fünfhundert fünfzigein Zehntausendstel Wiener Karat.

1 Dekagramm = 0·5714 b. i. fünftausend siebenhundert vierzehn Zehntausendstel Wiener Loth.

1 Dekagramm = 0·6 b. i. sechs Zehntel Zoll-Loth.

1 Tonne = 17·855 b. i. siebzehn ganze und achthundert fünfzigfünf Tausendstel Wiener Centner.

1 Tonne = 20 b. i. zwanzig Zollcentner.

1 Wiener Pfund = 0·56006 b. i. fünfzigsechstausend und sechs Hunderttausendstel Kilogramm.

1 Zollpfund = 0·5 b. i. fünf Zehntel Kilogramm.

1 Apotheker-Pfund = 0·42004 b. i. vierzigzweitausend und vier Hunderttausendstel Kilogramm.

1 Wiener Mark = 0·28067 b. i. zwanzigachttausend sechzigsieben Hunderttausendstel Kilogramm.

1 Wiener Loth = 17·502 b. i. siebzehn ganze und fünfhundert und zwei Tausendstel Gramm.

1 Wiener Loth = 1·7502 b. i. ein ganzes und siebentausend fünfhundert und zwei Zehntausendstel Dekagramm.

1 Zoll-Loth = 16·666 b. i. sechzehn ganze und sechshundert sechzigsechs Tausendstel Gramm.

1 Zoll-Loth = 1·6666 b. i. ein ganzes und sechstausend sechshundert sechzigsechs Zehntausendstel Dekagramm.

1 Ducaten Goldgewicht = 3·4909 b. i. drei ganze und viertausend neunhundert und neun Zehntausendstel Gramm.

1 Wiener Karat = 0·20597 b. i. zwanzigtausend fünfhundert neunzigsieben Hunderttausendstel Gramm.

1 Wiener Centner = 56·006 b. i. fünfzigsechs ganze und sechs Tausendstel Kilogramm.

1 Zollcentner = 50 b. i. fünfzig Kilogramm.

e) Kraftmaß.

1 Pferdekraft (430 Fußpfund) = 75 b. i. siebzigfünf Kilogramm-Meter.

§. 10.

Im öffentlichen Verkehre dürfen nur nach den folgenden Bestimmungen geaichte und gestempelte Maße und Meßapparate angewendet werden.

§. 11.

Zur Aichung und Stempelung können nur solche Maße zugelassen werden, welche den in den §§. 3, 5 und 7 dieses Gesetzes erwähnten Größen, deren Hälften und Vierteln, beziehungsweise deren Zweifachem, Fünffachem, Zehnfachem und Zwanzigfachem entsprechen.

Das Maximum der bei der Aichung und im öffentlichen Verkehre zulässigen Abweichungen von dem normalmäßigen Werthe der Maße wird durch eine Verordnung des Ministers für Ackerbau, Gewerbe und Handel festgesetzt werden.

§. 12.

Deßgleichen wird durch eine Verordnung des Ministers für Ackerbau, Gewerbe und Handel bestimmt werden, welche Meßapparate der Aichung und Stempelung unterliegen.

Bei Decimalwagen ist als kleinstes Gewicht ein Gramm, bei Centimalwagen ein Dekagramm anzuwenden.

§. 13.

Wenn Wein, Bier und Branntwein in Gebinden verkauft wird, so muß das Faß geaicht (zimentirt) und mit einem den Inhalt desselben nach dem neuen Maße bezeichnenden Stempel versehen sein. Eine Ausnahme hievon findet nur bei dem Verkaufe aus dem Auslande eingeführter Weine, Biere und Spritte in dem Falle statt, wenn dieselben in den Originalgebinden weiter verkauft werden.

§. 14.

Die Aichung (Zimentirung) erfolgt durch die Aichämter und Zimentirungsorgane.

Derlei Aichämter haben die Jurisdictionen im Sinne der durch den Minister im Grunde dieses Gesetzes zu erlassenden Verordnungen aufzustellen.

Das Maximum der für die Aichung und Zimentirung zu entrichtenden Gebühren bestimmt der Minister im Verordnungswege. — Diese Gebühren fließen in die Casse derjenigen Jurisdiction, durch deren Organe die Aichung oder Zimentirung vorgenommen wird.

§. 15.

In Budapest wird eine Central-Staatsaichungscommission aufgestellt.

Diese Centralcommission überwacht die zur Durchführung des gegenwärtigen Gesetzes erforderlichen technischen Arbeiten, sowie die richtige Anwendung des neuen Maßsystems. Zu diesem Behufe läßt sie authentische Copien der Landes-Urmaße und Normalmaße anfertigen, beglaubigt dieselben und versieht mit den Letzteren die Jurisdictionen, Aichämter und Zimentirungsorgane gegen nachträglichen Ersatz der bezüglichen Kosten.

Der Organismus und Wirkungskreis der Aichämter, sowie die näheren Bestimmungen über das bei der Aichung zu beobachtende Verfahren werden durch den Minister im Verordnungswege bestimmt.

§. 16.

Das mit dem gegenwärtigen Gesetze eingeführte neue Maßsystem tritt am 1. Jänner 1876 in Wirksamkeit, von welchem Zeitpunkte an im öffentlichen Verkehre, den im §. 18 erwähnten Fall ausgenommen, ausschließlich nur die in diesem Gesetze festgesetzten Maße angewendet werden dürfen. Die in solchen Verträgen, welche vor dem erwähnten Zeitpunkte abgeschlossen worden sind, angeführten alten Maße sind bei der nach diesem Zeitpunkte erfolgenden Vertragserfüllung nach dem im §. 9 festgestellten Verhältnisse umzurechnen.

§. 17.

Von dem durch den Minister im Verordnungswege zu bestimmenden Zeitpunkte an können die neuen Maße mit gegenseitiger Einwilligung der Parteien auch vor dem im §. 16 festgesetzten Zeitpunkte angewendet werden.

§. 18.

Die Ausdehnung von Grundflächen ist in Rechtsgeschäften und allen Privaturkunden auch nach dem im §. 16 bestimmten Zeitpunkte nach dem bisherigen Maße zu bezeichnen und die grundbücherlichen Eintragungen sind ebenfalls nach den gegenwärtigen Vorschriften zu vollziehen; den Parteien steht es jedoch frei, in den Urkunden dem bisherigen Maße auch das neue Maß beizusetzen.

Als Grundsteuerbasis wird bis zur weiteren Verfügung der Legislative gleichfalls das gegenwärtige Flächenmaß beibehalten.

Bei der Seeschifffahrt wird der Gebrauch der Seemeile, gleich dem sechzigsten Theile eines Aequatorialgrades, sowie der durch den Gesetzartikel XVI vom Jahre 1871 eingeführten Schiffstonne durch dieses Gesetz nicht berührt.

§. 19.

Die Anwendung solcher Maße und Meßapparate im öffentlichen Verkehre, welche den Bestimmungen dieses Gesetzes nicht entsprechen, ist nebst dem Verfalle der ungesetzlichen Maße und Gewichte mit einer im administrativen Wege einzutreibenden Geldstrafe bis 100 Gulden zu bestrafen, abgesehen hievon ist eventuell auch das Strafverfahren einzuleiten.

Eine gleiche Geldstrafe trifft auch diejenigen, welche den im §. 13 erwähnten Bestimmungen über Gebinde nicht nachkommen.

Die Wiederholung der Uebertretung ist als erschwerender Umstand anzusehen.

Die uneinbringliche Geldstrafe ist in eine Arreststrafe umzuwandeln, wobei für je fünf Gulden ein Tag zu rechnen ist.

Die Geldstrafen fließen in die Casse derjenigen Jurisdictionen, durch deren Polizeiorgane dieselben bemessen worden sind.

§. 20.

Mit dem Vollzuge dieses Gesetzes wird der Minister für Ackerbau, Gewerbe und Handel beauftragt.

IX. Gesetzartikel
über die Bedeckung der Mehrausgaben bei einigen Titeln und Rubriken der Capitel A.) XX und B.) X des Ges.-Artikels VII vom Jahre 1872.

(Sanctionirt am 21. April 1874. Kundgemacht im Abgeordnetenhause am 22. April, im Oberhause am 4. Mai 1874.)

§. 1.

Bezüglich derjenigen Mehrausgaben, welche sich bei einigen Titeln und Rubriken der im Ges.-Art. VII vom Jahre 1872 über das Staatsbudget vom Jahre 1872 unter Capitel A.) XX angeführten ordentlichen und unter Capitel B.) X erwähnten außerordentlichen Ausgaben des Justizministeriums als nothwendig erwiesen haben, und durch die bei anderen Titeln und Rubriken der obigen zwei Capitel erzielten Ersparnisse gedeckt worden sind, wird dem Justizminister die Indemnität ertheilt.

§. 2.

Die im §. 1 ertheilte Indemnität wird auch auf die unter Capitel B.) X, Titel 6, 7 und 8 angeführten Einrichtungsauslagen der Gerichte in der ungarischen Militärgrenze, Einrichtungs- und Baukosten der Gerichtshöfe, Staatsanwaltschaften und Bezirksgerichte und Auslagen für das delegirte Gericht in Szegedin, sowie auch auf die unter diesen Titeln bestrittenen Ausgaben ausgedehnt.

X. Gesetzartikel
über die Bedeckung der Auslagen für die Justizorganisation in der ungarischen Militärgränze.

(Sanctionirt am 21. April 1874. Kundgemacht im Abgeordnetenhause am 22. April, im Oberhause am 4. Mai 1874.)

Bezüglich derjenigen Mehrausgaben für ordentliche Erfordernisse der Gerichte und Staatsanwaltschaften in der neuorganisirten Militärgränze, sowie für außerordentliche Auslagen bei der Organisation, welche die laut Gesetz-Artikel VII vom Jahre 1872 für Justizzwecke in der ungarischen Militärgränze votirten 73.108 Gulden übersteigen und

unter Cap. A.) XX, Tit. 11 . 13.091 fl.
unter Cap. B.) X, Tit. 6 . . 23,650 „
zusammen 36.741 fl.

betragen, wird dem Justizminister die Indemnität ertheilt.

XI. Gesetzartikel
über das Verfahren bezüglich der Ableitung von Binnengewässern.

(Sanctionirt am 23. April 1874. Kundgemacht im Abgeordnetenhause am 30. April, im Oberhause am 4. Mai 1874.)

§. 1.

Unter der Bezeichnung „Binnengewässer" werden im Allgemeinen alle stehenden und hervorquellenden Gewässer verstanden, welche einzelne Grundcomplexe entweder dauernd oder zeitweilig unter Wasser setzen.

§. 2.

Es ist sowohl Einzelnen, als auch Gesellschaften verboten, zum Schutze gegen durch Binnengewässer entstehende Beschädigungen ohne vorheriges Einvernehmen mit den betreffenden Interessirten und ohne Genehmigung der competenten Behörde eigenmächtig das Bett des Wassers tiefer zu legen, dem Wasser eine andere Richtung zu geben oder dessen Abfluß durch Eröffnung oder Tieferlegung von Kanälen zu vergrößern, insoferne hiedurch das Wasser auf fremdes Gebiet oder auf den Besitz eines Andern geleitet oder die dahin fließende Wassermenge vermehrt wird; anderseits ist es aber auch nicht gestattet, den natürlichen Abfluß des Wassers erschwerende oder verhindernde Dämme oder Wehren zu errichten.

Derartige eigenmächtig errichtete Schutzwerke sind im Falle einer bei dem Vicegespan oder einem gleichgestellten Beamten (bei dem Vicekapitän des Distriktes, Bezirkes oder Stuhles, oder bei dem Bürgermeister der kön. Freistadt) eingebrachten Beschwerde unter Herstellung des früheren Zustandes in administrativen Wege zu beseitigen, gleichzeitig sind aber auch die Kosten nebst einer bis zu dem Betrage von 500 Gulden zu bemessenden Geldstrafe im administrativen Wege einzuheben; die Schadenersatzansprüche gegen denjenigen, welcher die verbotenen Schutzwerke errichtet hat, kann die geschädigte Partei nur im ordentlichen Rechtswege geltend machen.

§. 3.

Als ein verbotenes derartiges Schutzwerk ist jedoch die Ableitung des Wassers in die beim Ackern oder Eggen entstehenden Furchen, ferner die Erhöhung der Flußufer, wenn dadurch das Strombett nicht geändert wird, nicht anzusehen, deßgleichen auch nicht die Errichtung eines solchen Grabens um das Besitzthum oder einen Theil desselben, durch welchen der regelmäßige Abfluß des Wassers keine Aenderung erleidet.

§. 4.

Mit behördlicher Genehmigung können sowohl Private, als auch zu diesem Behufe gegründete Gesellschaften die Berechtigung erwerben, ihnen gehörige schädliche Binnengewässer auf eigene Kosten und gegen volle Entschädigung der Betheiligten auch durch fremdes Gebiet in ein zur Aufnahme derselben geeignetes lebendes Wasser oder in ein Wasserbecken abzuleiten.

§. 5.

Die Bewilligung zur Vornahme der bei Errichtung von Kanälen und anderen Baulichkeiten zum Behufe der Ableitung von Binnengewässern auf fremde Gebiete nothwendigen Vorarbeiten ertheilt der k. ung. Minister für öffentliche Arbeiten und Communicationen, derselbe ertheilt auch die Licenz zum definitiven Baue und die im Ges.-Art. LV v. J. 1868 erwähnte Berechtigung zur definitiven oder zeitweiligen Expropriation, wenn sich die Thätigkeit der Unternehmung nur auf das Gebiet einer Jurisdiction oder zwar auf die Gebiete mehrerer Jurisdictionen erstreckt, welche sich aber in einer übereinstimmenden Eingabe an den Minister wenden; sollten die betreffenden Jurisdictionen entgegengesetzter Ansicht sein, so muß die Genehmigung der Legislative eingeholt werden.

§. 6.

Zum Behufe der Erlangung der definitiven Concession muß der betreffende einzelne Grundeigenthümer oder die Gesellschaft sowohl den allgemeinen, als auch den Detailplan der beabsichtigten Arbeiten zur Ableitung des Wassers bei dem Vicegespan oder dem gleichgestellten Beamten der bezüglichen Jurisdiction (§. 2) einreichen, welcher im Sinne des §. 7 (§. 12 des Ges.-Artikels XXXIX v. J. 1871) vorzugehen hat.

§. 7.

In Betreff der Gründung und Wirksamkeit der Gesellschaften zur Ableitung von Binnengewässern sind die Bestimmungen der §§. 2, 3, 4, 5, 6, 7, 8, 9, 10, 11, 12, 13, 14, 15, 16, 17, 18, 19, 20, 21 und 22 des Ges.-Art. XXXIX v. J. 1871 mit der Modification anzuwenden, daß überall, wo in den Paragraphen des berufenen Gesetzartikels (§§. 3, 8, 10 und 12) von der Jurisdiction die Rede ist, der Vicegespan oder ein gleichgestellter Beamte derselben (§. 2), welcher in allen diesen Fällen ohne Abhaltung einer Generalversammlung Verfügungen trifft, zu verstehen ist.

Die §§. 24 und 25 des Gesetzartikels XXXIX v. Jahre 1871 sind auch auf die in Folge des gegenwärtigen Gesetzes gegründeten Gesellschaften anzuwenden.

§. 8.

In dem Falle, wenn nach Ausführung der Arbeiten einzelne Mitglieder der Gesellschaft bei dem zuständigen Gerichtshofe nachweisen würden, daß der bezüglich ihrer Besitzung in dem Plane in Aussicht gestellte volle oder theilweise Wasserschutz nicht erzielt wurde und durch die Gesellschaft auch nicht erzielt werden kann, während der übrige Theil des interressirten Besitzthumes factisch geschützt worden ist, sind diese Mitglieder berechtigt, auf Grund des gerichtlichen Urtheiles rücksichtlich ihres Besitzantheiles aus dem Gesellschaftsverbande auszutreten und den durch sie für diesen Antheil wirklich eingezahlten Geldbetrag von der Gesellschaft zurückzuverlangen; dieser Rückersatz ist aber nur in dem Maße zu leisten, daß die in Folge desselben die übrigen Gesellschaftsmitglieder treffende Last den durch das Unternehmen zugewendeten Nutzen nicht übersteigen darf.

§. 9.

Wenn eine Gesellschaft oder ein Grundbesitzer die Ableitung des ihm gehörigen Binnenwassers bereits ausgeführt hätte und es sich herausstellen würde, daß mit Benützung der zu diesem Behufe errichteten Werke auch andere unter Wasser gesetzte Grundcomplexe entwässert werden könnten, so sind die Eigenthümer der letzteren berechtigt, die nachträgliche Aufnahme in den Verband der bezüglichen Unternehmung zu verlangen.

Diejenigen, welche dieser Unternehmung beizutreten wünschen, sind jedoch verpflichtet, zur Deckung der Auslagen für die bereits ausgeführten Werke im Verhältnisse des zu schützenden Inundationsgebietes beizutragen und die Kosten aller weiteren Arbeiten, welche aus Anlaß der Entwässerung ihres Besitzthumes nöthig sind, ohne jedweder Belastung der alten Gesellschaftsmitglieder aus Eigenem zu bestreiten.

Bei der Festsetzung des Verhältnisses ist, wenn diesfalls eine freundschaftliche Uebereinkunft nicht zu Stande kommen könnte, das im §. 7 bestimmte Verfahren zu beobachten.

§. 10.

Wenn ein oder mehrere Grundeigenthümer nach erfolglosem Versuche, im Sinne des §. 7 dieses Gesetzes eine Gesellschaft zu constituiren, auf eigene Kosten solche Wasserableitungswerke errichten, in Folge deren das Erträgniß eines fremden Grundbesitzes derart gehoben wird, daß es den auf denselben entfallenden Antheil an den Zinsen des zu den Arbeiten verwendeten Capitals und an der Amortisationsquote übersteigt, so sind die Betreffenden berechtigt, von denjenigen Grundeigenthümern, welche an den Vortheilen des Schutzes theilnehmen, einen verhältnißmäßigen Ersatz der Capitalszinsen und der Amortisationsquote zu verlangen. Allein ein derartiges Verlangen, daß der fremde Grundbesitzer zu den Kosten der durch einen oder mehrere Grundeigenthümer auf eigene Kosten errichteten Wasserableitungswerke einen verhältnißmäßigen Beitrag leisten soll, ist bei sonstiger Verjährung binnen 5 Jahren von dem Zeitpunkte der behördlich festzustellenden factischen Beendigung der Arbeiten geltend zu machen.

Könnte in Betreff des Verhältnisses ein freundschaftliches Uebereinkommen nicht erzielt werden, so hat die Partei, welche die Regulirung durchführte, dem Vicegespan oder dem gleichgestellten Beamten der betreffenden Jurisdiction detaillirte Ausweise über die Werthsteigerung vorzulegen, worauf das weitere Verfahren im Sinne des §. 7 einzuleiten ist.

§. 11.

Wenn jedoch die Ableitung von Binnengewässern aus Staats- oder Sanitätsrücksichten, oder zum Schutze bedrohter Straßen, Eisenbahnen, Gemeinden oder industrieller Etablissements nothwendig ist, und weder Einzelne noch Gesellschaften die zu diesem Zwecke erforderlichen Schritte freiwillig einleiten, so veranlaßt der Minister für öffentliche Arbeiten und Communicationen die Verfassung von Plänen und Kostenvoranschlägen, sowie die Zusammenstellung von Ausweisen über das Verhältniß der Mitbetheiligung und der Werthsteigerung der zu schützenden Territorien, und wenn sich aus denselben ergeben sollte, daß das in Folge der Werthsteigerung erzielbare Mehrerträgniß die Zinsen der zur Durchführung der Arbeiten nöthigen Capitalien und die Amortisationsquote decken wird, so hat derselbe auf Grund der vorher zu erwirkenden Verfügung der Legislative die Constituirung der Gesellschaft von Amtswegen zu versuchen; sollte dies nicht gelingen, so läßt der Minister die Arbeiten durchführen, ernennt zu diesem Behufe nöthigenfalls einen Regierungscommissär und läßt schließlich sowohl die Arbeiten, als auch die Manipulationsauslagen auf die betheiligten Grundeigenthümer verhältnißmäßig abrepartiren und im administrativen Wege exequiren.

§. 12.

Alle zum Behufe der Ableitung von Binnengewässern dienenden Werke und Gebäude sind — auch wenn sich dieselben auf fremdem Grunde befinden sollten — auf Kosten derjenigen Partei in gutem Stande zu erhalten, welche dieselben errichtet hat, beziehungsweise auch auf Kosten derjenigen, welche zu den Auslagen im Sinne der §§. 9 und 10 beigetragen haben; eine Ausnahme hievon findet dann statt, wenn ein diesfalls mit dem betreffenden Grundeigenthümer abgeschlossener rechtsverbindlicher Vergleich eine andere Bestimmung enthalten sollte.

§. 13.

Die zur Ableitung von Binnengewässern dienenden Bäche, natürlichen Gänge, Rinnsale und solche Kanäle, zu deren Erhaltung weder einzelne Grundeigenthümer, noch auch einzelne Gesellschaften rechtlich verhalten werden können, sind auf Kosten aller Betheiligten rein zu erhalten und in bestimmten Zeiträumen von Schlamm, Riedgras und sonstigen Gewächsen zu reinigen.

Die Aufsicht hierüber, sowie in dem im §. 12 erwähnten Falle obliegt den politischen Beamten, und wenn die betreffenden Uferbesitzer und interessirten Parteien sich über die zur Reinigung bestimmten Zeiträume oder über das Verhältniß der Auslagen und Arbeiten nicht einigen könnten, so erfolgt die Festsetzung des Verhältnisses über Initiative des Bicegespans oder des demselben gleichgestellten Beamten (§. 2) auf die im §. 7 bestimmte Weise.

§. 14.

Jede Beschädigung der zur Ableitung von Binnengewässern errichteten Werke und Gebäude, ferner der Wasserablaßkanäle, sowie der zum Abflusse von Binnengewässern dienenden Bäche, natürlichen Gänge und Rinnsale wird durch das im §. 93 des Ges.-Art. LIV v. J. 1868 bezeichnete Gericht im summarischen Wege nach den §§. 12, 13, 14 und 15 des Ges.-Art. IX v. J. 1840, jedoch mit Ausschluß der körperlichen Züchtigung bestraft.

§. 15.

Jene Partei, welche sich mit den im Grunde der §§. 2, 10 und 13 dieses Gesetzes im administrativen Wege getroffenen Verfügungen nicht zufrieden stellt, kann ihre Beschwerde im ordentlichen Rechtswege, allein nur extra dominium geltend machen.

§. 16.

Die Bestimmungen dieses Gesetzes sind — mit Ausnahme derjenigen über die Constituirung von Gesellschaften — auch auf jene Binnengewässer-Ableitungs-, beziehungsweise Wasserregulirungs-Gesellschaften anzuwenden, welche sich vor der Wirksamkeit des gegenwärtigen Gesetzes zum Behufe der Ableitung von Binnengewässern gebildet haben.

§. 17.

Mit der Durchführung dieses Gesetzes wird der Minister für öffentliche Arbeiten und Communicationen beauftragt.

XII. Gesetzartikel
über den mit Schweden und Norwegen am 3. November 1873 abgeschlossenen Handels- und Schifffahrts-Vertrag.

(Sanctionirt am 3. Mai 1874. Kundgemacht im Abgeordnetenhause am 7. Mai, im Oberhause am 9. Mai 1874.)

Der durch die Bevollmächtigten Sr. kaiserlichen und königlichen Apostolischen Majestät und Sr. Majestät des Königs von Schweden und Norwegen auf die im Art. III des Ges.-Art. XVI vom Jahre 1867 vorgeschriebene Weise am 3. November 1873 zu Wien abgeschlossene Handels- und Schifffahrts-Vertrag wird, nachdem derselbe durch den Reichstag angenommen und durch beide contrahirenden Theile nachträglich auf die übliche Art ratificirt worden ist, hiermit inarticulirt.

Der Wortlaut des erwähnten Vertrages ist folgender:

Se. Majestät der Kaiser von Oesterreich und Apostolischer König von Ungarn und Se. Majestät der König von Schweden und Norwegen, von dem Wunsche beseelt, die freundschaftlichen Beziehungen zwischen ihren Staaten zu befestigen und den Handels- und Schifffahrtsverkehr zu erweitern, haben beschlossen, zu diesem Zwecke einen Handels- und Schifffahrtsvertrag abzuschließen und haben aus diesem Anlaße zu ihren Bevollmächtigten ernannt:

Se. Majestät der Kaiser von Oesterreich und Apostolischer König von Ungarn

den Herrn Julius Grafen Andrássy von Csík-Szent-Király und Krasna-Horka, Allerhöchst Ihren wirklichen geheimen Rath, Minister des kaiserlichen Hauses und des Aeußern, Großkreuz des St. Stephan-Ordens u. s. w.

und Se. Majestät der König von Schweden und Norwegen:

den Herrn Grafen Karl Eduard Piper, außerordentlichen Gesandten und bevollmächtigten Minister, Großkreuz des schwedischen Nordstern-Ordens u. s. w.

welche nach gegenseitiger Mittheilung ihrer in guter und gehöriger Form befundenen Vollmachten über nachstehende Artikel übereingekommen sind:

Artikel I.

Zwischen den Unterthanen Sr. Majestät des Kaisers von Oesterreich und Apostolischen Königs von Ungarn und Sr. Majestät des Königs von Schweden und Norwegen wird vollständige Handels- und Schifffahrtsfreiheit bestehen; dieselben werden in Beziehung auf ihre Handels- und Industriegeschäfte in den Häfen, Städten und sonstigen Orten der betreffenden Staaten, mögen sie dort dauernd ansäßig sein oder sich blos vorübergehend aufhalten, keine anderen wie immer Namen habenden oder höheren Gebühren, Abgaben, Steuern oder Taxen zu entrichten haben, als jene, zu deren Zahlung die Einheimischen verpflichtet sind, und jene Rechte, Privilegien und anderen Begünstigungen, welche die Unterthanen des einen der beiden hohen contrahirenden Theile genießen, sollen auch jenen des anderen Theiles zukommen.

Artikel II.

Die Boden- und Industrieproducte der vereinigten Königreiche von Schweden und Norwegen, mögen dieselben woher immer in die österreichisch-ungarische Monarchie importirt werden, sollen unter ebendenselben Bedingungen zur Einfuhr zugelassen werden und keinen anderen, wie immer Namen habenden oder höheren Gebühren unterliegen, als die meistbegünstigten gleichartigen Producte anderer fremder Nationen in der österreichisch-ungarischen Monarchie entrichten.

Dagegen sollen aber auch die Boden- und Industrieproducte der österreichisch-ungarischen Monarchie, dieselben mögen woher immer importirt werden, unter ebendenselben Bedingungen zur Einfuhr zugelassen werden und keinen anderen, wie immer Namen habenden oder höheren Gebühren unterliegen, als die meistbegünstigten gleichartigen Producte anderer fremder Nationen in Schweden und Norwegen entrichten.

Die beiden contrahirenden hohen Theile sichern sich gegenseitig sowohl bezüglich der Durchfuhr, als auch der Ausfuhr dieselbe Behandlung zu, welche gegen die meistbegünstigte Nation in Anwendung kommt.

Artikel III.

Dieselbe Behandlung, welche die Nationalflagge in Betreff der Schiffe und deren Ladungen in der österreichisch-ungarischen Monarchie und in den vereinigten Königreichen von Schweden und Norwegen genießt, wird auch den Schiffen des anderen contrahirenden Theiles garantirt.

Artikel IV.

Die Bestimmungen des vorhergehenden Artikels über die Anwendung der der meistbegünstigten Nation zugestandenen Behandlung beziehen sich nicht:

In Schweden und Norwegen: auf die Küstenschifffahrt und die einheimische Fischerei;

in der österreichisch-ungarischen Monarchie:

a) auf jene althergebrachten besonderen Begünstigungen, welche den türkischen Unterthanen für den Handel in der österreichisch-ungarischen Monarchie zukommen;

b) auf jene Begünstigungen, welche zur Erleichterung des Grenzverkehrs zugestanden sind oder später zugestanden werden könnten; ebenso auch nicht auf jene Zollermäßigungen oder Zollbefreiungen, welche lediglich für gewisse Grenzen oder für die Bewohner einzelner Bezirke Geltung haben;

c) auf jene Erleichterungen, welche in dem Art. VI des am 9. März 1868 zwischen der österreichisch-ungarischen Monarchie und den Staaten des deutschen Zollverbandes geschlossenen Vertrages erwähnt sind, ebenso auch nicht auf sonstige ähnliche Erleichterungen;

d) auf die Küstenschifffahrt und die einheimische Fischerei.

Artikel V.

Eingangszollpflichtigen Waaren, welche als Muster dienen und nach Schweden und Norwegen durch Handelsreisende österreichisch-ungarischer Häuser, oder aber in die österreichisch-ungarische Monarchie durch Handelsreisende schwedischer oder norwegischer Häuser eingeführt werden, wird beiderseits, gegen Erfüllung der die Wiederausfuhr oder die Niederlegung in einem Packhofe sichernden Formalitäten, die Rückerstattung des bei der Einfuhr zu deponirenden Zolles gewährt.

Diese Formalitäten werden durch ein gemeinsames Uebereinkommen zwischen den zwei contrahirenden Theilen geregelt werden.

Artikel VI.

Oesterreichische und ungarische Fabrikanten und Kaufleute, sowie ihre reisenden Diener, welche in der österreichisch-ungarischen Monarchie in einer dieser Eigenschaften gehörig patentirt sind, können, wenn sie in Schweden oder Norwegen reisen, daselbst Einkäufe oder Verkäufe für das von ihnen betriebene Geschäft machen und mit und ohne Proben Bestellungen suchen, ohne jedoch Waaren mit sich herumzuführen.

Ebenso soll es in der österreichisch-ungarischen Monarchie mit Fabrikanten und Kaufleuten der vereinigten Königreiche, sowie mit deren Dienern gehalten werden.

Insolange als die schwedische Legislative die ausländischen Handelsreisenden zur Entrichtung einer besonderen Steuer verpflichtet, kann eine gleiche Steuer auch in der österreichisch-ungarischen Monarchie von den schwedischen Handelsreisenden eingehoben werden.

Artikel VII.

Man ist übereingekommen, daß der gegenwärtige Vertrag sich in Gemäßheit des Artikels XIII des zwischen Sr. Majestät dem Kaiser von Oesterreich und Apostolischen Könige von Ungarn, sowie dem souveränen Fürsten von Lichtenstein abgeschlossenen Zollvertrages auch auf das Fürstenthum Lichtenstein erstrecken soll.

Artikel VIII.

Die schwedischen und norwegischen Consuln und sonstigen Consularagenten in der österreichisch-ungarischen Monarchie sollen sämmtliche Vorrechte,

Privilegien und Immunitäten genießen, wie die Consuln und sonstigen gleichartigen Agenten der meistbegünstigten Staaten.

Das Gleiche soll in Schweden und Norwegen bezüglich der Consuln und sonstigen Consularagenten der österreichisch-ungarischen Monarchie der Fall sein.

Artikel IX.

Jene schwedischen und norwegischen, sowie jene österreichischen und ungarischen Schiffe, welche genöthigt sind, sich in einen Hafen eines der hohen contrahirenden Theile zu flüchten, sollen — falls die Veranlassung hiezu gerechtfertigt ist und keinem Zweifel unterliegt — von allen daselbst zu Gunsten des Staates eingehobenen oder einzuhebenden Hafen- und Schifffahrtsabgaben befreit sein; die betreffenden Schiffe müssen sich aber in dem Nothafen jedes Handelsgeschäftes, sowie auch jeder Ein- oder Ausladung enthalten; eine derartige Ein- oder Ausladung, welche aus Anlaß der Schiffausbesserungs-Arbeiten oder aber zum Zwecke der Verproviantirung des Schiffspersonals vorgenommen wird, soll jedoch nicht als ein einer Gebührenentrichtung unterliegendes Handelsgeschäft angesehen werden.

Im Falle eines auf dem Gebiete des einen oder des anderen der hohen vertragschließenden Theile erfolgten Schiffbruches sollen die in den betreffenden Staaten residirenden Consuln die nöthigen Verfügungen zur Rettung des schiffbrüchigen, gestrandeten oder verlassenen Schiffes treffen. Solche Schiffe, deren Bestandtheile, das Wrack, die Schiffsausrüstung und die zu derselben gehörigen Gegenstände, sowie die bei dem Schiffbruche geborgenen Güter und Waaren oder, falls selbe veräußert worden sind, der für dieselben eingeflossene Geldbetrag, und endlich alle auf dem Schiffe gefundenen Papiere sind demjenigen Consul oder Viceconsul zu übergeben, in dessen Bezirke der Schiffbruch stattfand. Die Thätigkeit der betreffenden Localbehörden hingegen soll sich auf die Erhaltung der Ordnung, auf die Wahrung der Interessen der bei der Bergung betheiligten, aber nicht zur Mannschaft des bezüglichen Schiffes gehörigen Individuen und schließlich auf das bei der Ein- und Ausladung der geretteten Waaren zu beobachtende Verfahren erstrecken.

Während der Abwesenheit und bis zur Ankunft der Consularagenten haben die Ortsbehörden auch die nöthigen Verfügungen zum Schutze der Personen und geborgenen Gegenstände zu treffen.

Weder von den Consuln, noch von den Eigenthümern darf der Ersatz anderer, als der aus Anlaß der Bergung und Aufbewahrung der Gegenstände aufgelaufenen Kosten gefordert werden; die zu entrichtenden Rettungstaglien und Quarantainetaxen sollen nicht mehr betragen, als ein inländisches Schiff in einem gleichen Falle zu zahlen hätte.

Die geretteten Waaren unterliegen, insolange sie nicht zum Verkaufe im Inlande überlassen werden, keiner Zollgebühr.

Zur Entscheidung über alle Requisitionen in Betreff des Schiffbruches oder der von demselben betroffenen Waaren und Gegenstände ist der competente Gerichtshof desjenigen Landes berufen, in welchem der Schiffbruch stattfand.

Artikel X.

Die Consuln und sonstigen Consularagenten sind berechtigt, diejenigen Seeleute und alle anderen, unter was immer für einem Titel zur Mannschaft der Schiffe ihrer Nation gehörigen Personen, welche von einem solchen Schiffe in einen Hafen des anderen contrahirenden Theiles desertirt sind, zu verhaften und an Bord oder in ihre Heimath zurückzuschicken.

Zu diesem Behufe haben sie sich schriftlich an die competente Localbehörde zu wenden und müssen durch Vorlage des Originals oder einer beglaubigten Abschrift der Schiffsurkunde, des Mannschaftsregisters oder eines anderen amtlichen Documentes nachweisen, daß das reclamirte Individuum wirklich zur Mannschaft des bezüglichen Schiffes gehört hat.

Ueber eine derart documentirte Reclamation ist jede nur mögliche Unterstützung zur Erforschung und Verhaftung der Deserteure zu gewähren, welche auf Verlangen und Kosten der Consuln und sonstigen Consularagenten in den Landesgefängnissen so lange in Gewahrsam zu halten sind, bis die Consuln und Consularagenten eine Gelegenheit zu deren Transportirung gefunden haben.

Sollte sich jedoch diese Gelegenheit binnen drei Monaten vom Tage der Gefangennehmung nicht darbieten, so sind die Deserteure über eine drei Tage vorher erfolgte Verständigung des betreffenden Consuls auf freien Fuß zu setzen und dürfen aus demselben Grunde nicht wieder verhaftet werden.

Die contrahirenden Theile einigen sich dahin, daß die Bestimmungen dieses Artikels auf solche Seeleute oder sonstige zur Schiffsmannschaft gehörige Individuen, welche Bürger des Landes sind, in dem die Desertion erfolgt, nicht anzuwenden sind.

Hat der Deserteur eine strafbare Handlung begangen, so ist derselbe dem Consul oder dem sonstigen Consularagenten nur dann auszufolgen, wenn die competente Behörde über ihn das Urtheil gefällt hat und dieses auch vollzogen worden ist.

Artikel XI.

Gegenwärtiger Vertrag bleibt zehn Jahre vom Tage des Austausches der Ratificationsurkunden an in Kraft.

Im Falle keiner der beiden hohen contrahirenden Theile dem anderen 12 Monate vor Ablauf des gedachten Zeitraumes seine Absicht kundgegeben haben sollte, diesen Vertrag aufzulösen, soll derselbe noch bis zum Ablaufe eines Jahres von dem Tage, an gerechnet, an welchem der eine oder der andere Theil denselben gekündigt hat, in Geltung bleiben.

Gegenwärtiger Vertrag soll ratificirt und sollen die Ratificationsurkunden in Wien so bald als möglich ausgetauscht werden.

Urkund dessen haben die betreffenden Bevollmächtigten diesen Vertrag unterzeichnet und demselben ihre Siegel beigedrückt.

So geschehen in Wien in doppelter Ausfertigung am 3. Novbr. 1873.

(L. S.) *Andrássy,* m. p.   (L. S.) *Eduard Piper,* m. p.

XIII. Gesetzartikel
über den mit Rußland am 21. [9.] Mai 1873 abgeschlossenen Postvertrag.

(Sanctionirt am 3. Mai 1874. Kundgemacht im Abgeordnetenhause am 7. Mai, im Oberhause am 9. Mai 1874.)

Der durch die Bevollmächtigten Sr. kaiserlichen und königlichen Apostolischen Majestät und Sr. Majestät des Kaisers von Rußland in Gemäßheit des Ges.-Artikels XVI v. Jahre 1867 geschlossene und am 21. (9.) Mai 1873 zu St. Petersburg unterzeichnete Postvertrag wird, nachdem derselbe durch den Reichstag angenommen und nachträglich von Seite beider vertragschließenden Theile in der üblichen Weise ratificirt worden ist, sammt dem dazu gehörigen Schlußprotocolle inarticulirt.

Der Wortlaut des Vertrages ist folgender:

Se. Majestät der Kaiser von Oesterreich, König von Böhmen u. s. w. und Apostol. König von Ungarn, und Se. Majestät der Kaiser aller Reußen, von dem Wunsche geleitet, die postalischen Verhältnisse zwischen ihren Staaten zu regeln, haben den Abschluß eines Postvertrages beschlossen und aus diesem Anlaße zu ihren Bevollmächtigten ernannt:

Se. Majestät der Kaiser von Oesterreich, König von Böhmen u. s. w. und Apostol. König von Ungarn:

den Herrn Ferdinand Freiherrn v. Langenau, Allerhöchst Ihren außerordentlichen Gesandten und bevollmächtigten Minister am Hofe des russischen Kaisers, General der Cavallerie, geheimer Rath und Kämmerer, Ritter des eisernen Kron-Ordens I. Classe und des Leopold-Ordens mit der militärischen Decoration, des russischen St. Annen-Ordens I. Classe und des St. Wladimir-Ordens III. Classe mit dem Schwerte, Großkreuz des schwed. Schwert-Ordens, des hannoveranischen Guelphen-Ordens, des niederländischen Löwen-Ordens, des luxemburgischen Eichenkranz-Ordens und des spanischen Ordens Königs Karl III.;

und Se. Majestät der Kaiser aller Reußen:

Allerhöchst Ihren Generaladjutanten Alexander Timacheff, General der Cavallerie, Minister des Innern, Mitglied des Reichsrathes, Ritter des russischen St. Newsky-Alexander-Ordens, des weißen Adler-Ordens, des St. Wladimir-Ordens II. Classe, des St. Annen-Ordens I. Classe mit dem Schwerte und des St. Stanislaus-Ordens I. Classe, Großkreuz des dän. Danebrog-Ordens, des schwed. Schwert-Ordens u. s. w., sowie Allerhöchst Ihren wirklichen und geheimen Rath und Director des Post-Departements Johann Freiherrn v. Velho, Ritter des russischen weißen Adler-Ordens, des St. Wladimir-Ordens II. Classe, des St. Annen-Ordens I. Classe und des St. Stanislaus-Ordens I. Classe, Großkreuz des preußischen rothen Adler-Ordens und des dänischen Danebrog-Ordens u. s. w.,

welche nach gegenseitiger Mittheilung ihrer in guter und gehöriger Form befundenen Vollmachten über folgende Artikel übereingekommen sind:

Artikel I.
Austausch der Postsendungen.

Zwischen den Postverwaltungen der österreichisch-ungarischen Monarchie und der Postverwaltung Rußlands soll ein periodischer und regelmäßiger Austausch aller Brief- und Fahrpostsendungen stattfinden, welche entweder aus den betreffenden oder aber aus solchen Ländern herrühren, welche sich der Vermittlung der Postverwaltungen der contrahirenden Theile bedienen.

Artikel II.
Transportmittel.

Der Austausch der Postsendungen kann zu Land oder zu Wasser und wenn möglich unmittelbar über die Grenzen der contrahirenden Staaten, außerdem aber auch einzeln und in geschlossenen Packeten mittelbar durch Vermittlung anderer Staaten oder mit Dampfschiffen erfolgen.

Jede Sendung ist auf den schnellsten sich darbietenden Routen zu befördern.

Wenn jedoch der Absender die Route bezeichnet, auf welcher er die Beförderung der Sendung wünscht, so ist diese Route zu benützen.

Artikel III.
Wirksamkeit des Vertrages.

Die Bestimmungen dieses Vertrages erstrecken sich einerseits auf alle Theile der österreichisch-ungarischen Monarchie und auf das Fürstenthum Lichtenstein, andererseits hingegen auf das ganze Gebiet des russischen Reiches mit Inbegriff des Großfürstenthums Finnland.

Artikel IV.
Umfang des Postdienstes.

Der Briefpostdienst erstreckt sich auf Briefe, Drucksachen aller Art und Waarenproben.

Das Gewicht dieser Gegenstände darf 250 Gramm nicht übersteigen; ebenso ist auch die Angabe des Werthes derselben nicht gestattet.

Der Fahrpostdienst erstreckt sich auf Packete aller Art, Bargeldsendungen und Werthgegenstände.

Artikel V.
Tarirungsgrundlage bei Briefsendungen.

Die Taxe für die mit der Briefpost zu befördernden Gegenstände wird nach Portosätzen berechnet; bei Briefen bilden 15 Gramm oder der 15 Gramm nicht erreichende Gewichtstheil, bei Drucksachen und Waarenproben 50 Gramm oder der 50 Gramm nicht erreichende Gewichtstheil je einen Portosatz.

Die betreffenden Postverwaltungen sind jedoch berechtigt, mit gegenseitigem Einverständnisse von der in diesem Artikel festgesetzten Gewichtsscala abweichende Gewichtsscalen anzuwenden.

Artikel VI.
Gewöhnliche Briefe.

Das Porto für einen aus der österreichisch-ungarischen Monarchie nach Rußland, oder umgekehrt aus Rußland in die österreichisch-ungarische Monarchie beförderten gewöhnlichen Brief beträgt: im Falle der Frankirung für jeden Portosatz 15 Kreuzer oder 10 Kopeken; bei unfrankirten Briefen für jeden Portosatz 25 Kreuzer oder 16 Kopeken.

Unzureichend frankirte Briefe werden unter Einrechnung des Werthes der verwendeten Briefmarken oder gestempelten Briefcouverte als unfrankirte Briefe behandelt und taxirt.

Artikel VII.
Briefaustausch zwischen Grenzämtern.

Das Porto für diejenigen gewöhnlichen Briefe, welche zwischen einander gegenüberliegenden Grenzpostämtern gewechselt werden, beträgt im Falle der Frankirung für jeden Portosatz 5 Kreuzer oder 3 Kopeken, bei nicht frankirten Briefen dagegen für jeden Portosatz 10 Kreuzer oder 7 Kopeken.

Artikel VIII.
Drucksachen und Waarenproben.

Für Drucksachen und Waarenproben jeder Gattung, welche aus einem Lande in das andere gesendet werden, ist die Frankirung obligatorisch und beträgt für jeden Portosatz 3 Kreuzer oder 2 Kopeken.

Unter Drucksachen werden alle durch Buch-, Stein- oder Kupferdruck oder aber auf eine andere mechanische Art hergestellten Gegenstände verstanden; ausgenommen sind jedoch alle mittelst der Copirmaschine oder mittelst des Durchdruckes erzeugten Schriftstücke.

Drucksachen und Waarenproben müssen derart verpackt sein, daß ihr Inhalt leicht eingesehen werden kann.

Drucksachen dürfen außer der Adresse des Empfängers, dem Namen des Aufgebers, dem Orte der Aufgabe und dem Datum, sowie bei Correcturbogen außer den auf den Text bezüglichen Aenderungen, keinerlei handschriftliche Bemerkungen enthalten.

Die Waarenproben dürfen keinen Kaufwerth haben und außer der Adresse des Empfängers, der Firma des Absenders, dem Fabrikszeichen, Nummern und Preisen keine sonstigen handschriftlichen Bemerkungen enthalten. Bezüglich des Gewichtes und Umfanges dürfen selbe das durch die Zollvorschriften festgesetzte Maximum nicht überschreiten.

Drucksachen und Waarenproben, welche entweder mit unzulässigen Bemerkungen versehen oder aber ungenügend oder gar nicht frankirt sind und im Allgemeinen den erforderlichen Bedingungen nicht entsprechen, werden als gewöhnliche Briefe behandelt und taxirt.

Artikel IX.
Recommandation.

Ein jeder Brief, welcher aus der österreichisch-ungarischen Monarchie nach Rußland oder umgekehrt abgesendet wird, kann auch recommandirt werden und der Aufgeber kann überdies auch verlangen, daß ihm eine Bescheinigung des Adressaten über die richtige Zustellung des Briefes ausgefolgt werde.

Im Falle der Recommandation hat der Absender außer dem für den gewöhnlichen Brief nach dem Gewichte entfallenden Porto eine unveränderliche Gebühr von 10 Kreuzern oder 7 Kopeken zu entrichten.

Für ein Retourrecepisse über einen recommandirten Brief hat der Aufgeber außer dem Briefporto und der Recommandationsgebühr noch eine weitere unveränderliche Taxe von 10 Kreuzern oder 7 Kopeken zu entrichten.

Das Retourrecepisse ist möglichst bald portofrei zurückzusenden.

Die Recommandation wird, soweit dies thunlich ist, auch bei Correspondenzen in solche Länder zulässig sein, bezüglich welcher die vertragschließenden Staaten den Postverkehr vermitteln.

Artikel X.
Expreß-Briefe.

Ist der Brief nach einem Orte bestimmt, in welchem sich ein Postamt befindet, und hat der Aufgeber auf der Adresse die Worte angesetzt: „Durch einen Expressen zuzustellen", so ist der Brief sogleich nach dessen Einlangen beim Abgabe-Postamte durch einen besonderen Expressen in die Wohnung des Adressaten zu senden.

In einem solchen Falle hat der Aufgeber außer der Gebühr für den frankirten gewöhnlichen oder recommandirten Brief noch eine besondere Expreß-Bestellgebühr von 20 Kreuzern oder 14 Kopeken zu entrichten.

Artikel XI.
Unrichtig instradirte oder unbestellbare Briefe.

Unrichtig adressirte oder unrichtig instradirte oder solche Briefpostsendungen, deren Adressat seinen Wohnort gewechselt hat, sind ohne Verzug auf der kürzesten Route an ihren Bestimmungsort weiter zu senden, ohne daß für diese Weiterbeförderung zu Gunsten des einen oder des andern der vertragschließenden Theile irgend eine Nachtragsgebühr zu entrichten wäre.

Unbestellbare Briefpostgegenstände sind gegenseitig zurückzusenden.

Artikel XII.
Theilung der für Briefpostgegenstände eingehobenen Gebühren.

Von dem für Briefpostgegenstände eingehobenen Porto entfällt die eine Hälfte auf die Postverwaltung der österreichisch-ungarischen Monarchie, die andere hingegen auf die russische Postverwaltung. Die Expreßgebühren verbleiben derjenigen Verwaltung, zu welcher das abgebende Postamt gehört, die übrigen fixen Gebühren hingegen derjenigen Verwaltung, welche dieselben eingehoben hat.

Artikel XIII.
Fahrpostsendungen.

Die Fahrpostsendungen unterliegen dem in den contrahirenden Staaten bestehenden inländischen Tarife; die bezüglichen Gebühren werden vom Eintritts-Grenzpunkte bis zum Austrittsgrenzpunkte berechnet und verbleiben dem betreffenden Staate; ausgenommen hievon sind diejenigen Gebühren, welche aus dem Verkehre zwischen einander unmittelbar gegenüber liegenden Grenzpostämtern herrühren; diese Gebühren fallen den contrahirenden Staaten zu gleichen Theilen zu und sind durch das einhebende Postamt nach dem niedrigsten Tarifsatze des eigenen Landes zu berechnen.

Die Fahrpostsendungen können entweder unfrankirt oder bis zur Grenze frankirt oder, falls es möglich ist, auch bis zum Bestimmungsorte frankirt aufgegeben werden.

Zurück- oder nachgesendete Gegenstände unterliegen nach Maßgabe der Weiterbeförderung einer neuerlichen Taxirung.

Artikel XIV.
Transit.

Die vertragschließenden Theile räumen sich gegenseitig das Recht ein, woher immer eingehende Sendungen, deren Verkehr entweder die österreichisch-ungarische Monarchie oder Rußland vermittelt, über ihre Gebiete einzeln oder aber in geschlossenen Packeten zu befördern.

Bei dem Einzelntransporte von Sendungen über das Gebiet der contrahirenden Staaten darf die ganze Transitgebühr die in den Artikeln 6, 8 und 13 dieses Vertrages bemessenen Gebühren nicht übersteigen.

Die Transitgebühr für geschlossene Briefpackete wird bei Briefen auf 10 Kreuzer für je 30 Gramm, bei Drucksachen und Waarenproben hingegen auf $1^1/_2$ Kreuzer für je 50 Gramm festgesetzt.

Ebendieselben Gebühren werden mit Zustimmung der deutschen Postverwaltung für jene geschlossenen Briefpackete einzuheben sein, welche zwischen Rußland und fremden Staaten durch Vermittlung der österreichisch-ungarischen Monarchie und Deutschlands ausgewechselt werden.

Obige Gebühren werden bei Briefpostgegenständen mit Hinweglassung der im Interesse des Dienstes gewechselten Correspondenzen, der Rechnungsdocumente und der unrichtig instradirten oder zurückgesendeten Briefe nach dem Nettogewichte berechnet.

Die über die Gebiete der contrahirenden Theile im Transit entweder einzeln oder in geschlossenen Briefpacketen verkehrenden Sendungen müssen allen Bedingungen entsprechen, welche für den Austausch zwischen der österreichisch-ungarischen Monarchie und Rußland vorgeschrieben sind.

Artikel XV.
Zollmanipulation.

Fahrpostsendungen, deren Inhalt zollpflichtig ist, müssen den Zollvorschriften entsprechen. Alle Folgen der Außerachtlassung der Zollvorschriften treffen lediglich den Absender.

Artikel XVI.
Frachtbriefe.

Frachtbriefe, d. i. die besonderen Begleitadressen zu den Fahrpostsendungen, unterliegen, wenn selbe nicht versiegelt sind und deren Gewicht 15 Gramm nicht übersteigt, keiner Gebühr.

Artikel XVII.
Gewährleistung.

Im Falle des Verlustes eines recommandirten Briefes oder einer Fahrpostsendung ist die Postverwaltung desjenigen Staates, in welchem die Sendung aufgegeben wurde, dem Aufgeber gegenüber ersatzpflichtig, es steht ihr jedoch das Regreßrecht — falls ein solches zulässig ist — gegen diejenige Postverwaltung zu, welcher die Sendung vor dem Verluste derselben übergeben wurde.

Dieser Schadenersatz wird für jeden recommandirten Brief mit 20 Gulden oder 12 Rubel und 50 Kopeken, bei Fahrpostsendungen hingegen im vollen Betrage des durch den Absender bei der Aufgabe declarirten Werthes geleistet.

Im Falle der Beschädigung einer Sendung erhält der Aufgeber denjenigen Ersatz, welcher ihm nach den in einem jeden Staate für den internen Verkehr giltigen Vorschriften gebührt.

Die Entschädigung ist dem Aufgeber oder in dessen Abwesenheit dem Adressaten dann zu leisten, sobald der Verlust oder die Beschädigung der Sendung gehörig nachgewiesen erscheint.

Der Aufgeber kann seinen Ersatzanspruch mittelst einer einfachen schriftlichen Erklärung an den Adressaten übertragen.

Die Verbindlichkeit zur Ersatzleistung erlischt:

a) wenn der Verlust oder die Beschädigung der Sendung innerhalb eines Jahres vom Tage der Aufgabe an gerechnet nicht angemeldet wurde;

b) wenn der Verlust oder die Beschädigung der Sendung durch die natürliche Beschaffenheit des aufgegebenen Gegenstandes oder durch die Fahrlässigkeit des Absenders herbeigeführt worden ist;

c) wenn der Verlust oder die Beschädigung außerhalb des Gebietes der contrahirenden Theile und der dazwischen liegenden Staaten erfolgte; die Postverwaltungen der vertragschließenden Theile verpflichten sich jedoch ungeachtet dessen in einem solchen Falle ohne Vergütung alle jene Schritte zu thun, welche die Interessen des Reclamanten zu fördern geeignet sind;

d) wenn der Adressat die ihm vorschriftsmäßig zugestellte Sendung anstandslos und ohne Vorbehalt übernommen hat;

e) wenn eine Fahrpostsendung ohne Werthangabe aufgegeben wurde.

Artikel XVIII.
Vertheilung der Transportauslagen.

Die contrahirenden Theile tragen die Auslagen, welche aus Anlaß der Beförderung der zwischen der österreichisch-ungarischen Monarchie und Rußland über andere Staaten verkehrenden geschlossenen Briefpackete erwachsen, zu gleichen Theilen. Die Kosten des Seetransportes belasten jene Postverwaltung, deren Schiffe den Transport besorgen.

Die Postcourse zwischen den zum Austausche bestimmten Grenzpunkten sind durch das betreffende absendende Postamt und auf dessen Kosten zu besorgen.

Die Grenz- und Malleposten, sowie auch die leer rückkehrenden Pferde und Postwägen sind von jeder Zollentrichtung befreit.

Für die Beförderung auf der Eisenbahn bis zur Grenze hat eine jede Postverwaltung nach der diesfalls festgesetzten Fahrordnung zu sorgen.

Artikel XIX.
Gegenseitige Mittheilungen.

Die Postverwaltungen der contrahirenden Theile werden sich demnächst zur Darnachachtung die auf den innern Postdienst bezüglichen und gegenwärtig in Wirksamkeit stehenden Vorschriften und sonstigen Daten, sowie auch jene Gesetze, Verordnungen und Bestimmungen gegenseitig mittheilen, welche die Einfuhr und den Verkehr von Drucksachen regeln und jene Orte bestimmen, wohin Expreßbriefe gesendet werden können, welche die Gebühren für Fahrpostgegenstände und diejenigen Formalitäten festsetzen, welche bei deren Aufgabe und Zustellung zu beobachten sind u. s. w.

Artikel XX.
Vollzugs-Reglement.

Die Auswechslungspunkte, die Instrabirung der Correspondenzen, die gesammte Manipulation, die Abrechnung und die Details der Amtscorrespondenz, der Zeitpunkt, nach Ablauf dessen die unzustellbaren Briefe zurückzusenden sind, die besonderen Bedingungen des Transits u. s. w. werden durch ein von den Postverwaltungen der contrahirenden Theile in gegenseitigem Einvernehmen auszuarbeitendes Vollzugs-Reglement angegeben und festgesetzt werden; den Postverwaltungen ist es jedoch freigestellt, so oft sie es für nöthig finden, die Verkehrsmittel zu vermehren und die Details des Postdienstes zu ändern.

Artikel XXI.
Besonderes Reglement.

Die Postverwaltungen der vertragschließenden Theile werden ermächtigt, sobald sie es für zweckmäßig erachten, den Estaffetendienst, das Postabonnement auf Zeitungen und Zeitschriften, den Postanweisungs- und Nachnahmedienst, den Austausch von Correspondenzkarten und anderen Briefpostsendungen, sowie deren Bedingungen (die Gebühren u. s. w.) durch besondere Reglements festzusetzen.

Artikel XXII.
Abrechnung.

Die Postverwaltungen der österreichisch-ungarischen Monarchie und Rußlands werden vierteljährig die Abrechnungen über die im Sinne dieses Vertrages beförderten Sendungen verfassen.

Diese Abrechnungen werden auf Gulden und Kreuzer österreichischer Währung lauten und nach Auswechslung der beiderseitigen Gegenbemerkungen festgesetzt werden. Die Ausgleichung hat sofort zu erfolgen.

Artikel XXIII.
Sprache.

Bei allen gegenseitigen Mittheilungen aus Anlaß dieses Vertrages ist sich der französischen Sprache zu bedienen.

Die Adressen und Aufschriften der Correspondenzen, desgleichen die Aufschriften der Briefpackete, Säcke und Körbe oder wenigstens der wesentliche Theil des bezüglichen Textes sind in französischer Sprache zu verfassen.

Ausnahmsweise ist der ausschließliche Gebrauch der betreffenden Nationalsprache bei den postalischen Werthzeichen, gestempelten Couverts, Stampiglien und bei Siegeln und Zeichen auf den zur Beförderung von Briefschaften nöthigen Gegenständen zulässig.

Artikel XXIV.
Dauer des Vertrages.

Gegenwärtiger Vertrag, welcher an Stelle der zwischen Oesterreich und Rußland am 9. Februar (28. Januar) 1866 geschlossenen Vereinbarung tritt und dieselbe außer Wirksamkeit setzt, tritt an dem durch die Postverwaltungen der contrahirenden Theile einverständlich festzusetzenden Tage in Kraft und bleibt so lange in Wirksamkeit, bis einer der vertragschließenden Theile dem anderen ein Jahr vorher die Absicht ausgedrückt hat, denselben aufzuheben.

Artikel XXV.
Durchführung des Vertrages.

Gegenwärtiger Vertrag wird sobald als möglich ratificirt und die Ratificationsurkunden sollen in St. Petersburg ausgetauscht werden.

Urkund dessen haben die Bevollmächtigten gegenwärtige Vereinbarung unterzeichnet und mit ihren Siegeln versehen.

So geschehen in doppelter Ausfertigung zu St. Petersburg am 21. (9.) Mai 1873.

(L. S.)   *Freiherr v. Langenau*, m. p.

(L. S.)   *Alexander Timacheff*, m. p.

(L. S.)   *Freiherr v. Velho*, m. p.

Protocoll.

Die Gefertigten sind bei der Unterzeichnung des zwischen der österreichisch-ungarischen Monarchie und Rußland abgeschlossenen Postvertrages über Nachstehendes übereingekommen:

Die Bestimmungen des Artikels 14 des erwähnten Vertrages werden auf diejenigen geschlossenen Packete, welche zwischen Rußland und Frankreich gewechselt werden, erst von jenem Zeitpunkte an Anwendung finden, in welchem die französische Postverwaltung den Transit geschlossener Packete aus Oesterreich-Ungarn über französisches Gebiet unter wenigstens ebenso günstigen Bedingungen gestatten wird.

Urkund dessen haben die Gefertigten gegenwärtiges Protocoll verfaßt und mit ihren Siegeln versehen.

So geschehen in doppelter Ausfertigung zu St. Petersburg am 21. (9.) Mai 1873.

(L. S.)   *Freiherr v. Langenau*, m. p.

(L. S.)   *Alexander Timacheff*, m. p.

(L. S.)   *Freiherr v. Velho*, m. p.

XIV. Gesetzartikel
über die Aufnahme der zweiten Hälfte des mit dem Gesetz-Artikel XXXIII vom Jahre 1873 beschlossenen Staatsanlehens von 153 Millionen Gulden österr. Währung in Silber.

(Sanctionirt am 22. Mai 1874. Kundgemacht in beiden Häusern des Reichstages am 23. Mai 1874.)

§. 1.

Nachdem mit dem Gesetz-Artikel XXXIII vom Jahre 1873 die Contrahirung eines Staatsanlehens bis zum Betrage von 153 Millionen Gulden österr. Währ. in Silber = 15 Millionen Pfund Sterling = 306 Millionen Mark deutscher Reichswährung bereits beschlossen, jedoch nur die Emission der Hälfte dieses Anlehens bewilligt und bezüglich der Emission der anderen Hälfte desselben die weitere Verfügung der Legislative vorbehalten wurde, so wird der Finanzminister ermächtigt, zu den in dem berufenen Gesetz-Artikel bezeichneten Zwecken und unter für den Staat möglichst günstigen Bedingungen auch die andere Hälfte dieses Anlehens, deren Nominalwerth $76^2/_4$ Millionen Gulden österr. Währung in Silber = $7^2/_4$ Millionen Pfund Sterling = 153 Millionen Mark deutscher Reichswährung beträgt, zu emittiren oder eventuell bis zur Höhe dieses Betrages ein anderes Staatsanlehen zu contrahiren.

§. 2.

Den Zeitpunkt der Flüssigmachung dieser Anleihe, beziehungsweise der einzelnen Theile derselben, kann der Finanzminister nach Maßgabe der jeweiligen Erfordernisse des Staatsschatzes im Einvernehmen mit den Uebernehmern des Anlehens bestimmen.

§. 3.

Die Modalitäten und Bedingungen der Emission des derart aufzunehmenden Darlehens sind nach erfolgter Contrahirung dem Reichstage zur Inarticulirung anzuzeigen.

§. 4.

Mit der Durchführung dieses Gesetzes wird der Finanzminister beauftragt.

XV. Gesetzartikel
über die Abänderung des §. 24 des Gesetz-Artikels XXXI vom Jahre 1871.

(Sanctionirt am 23. Mai 1874. Kundgemacht in beiden Häusern des Reichstages am 23. Mai 1874.)

§. 1.

Die Bestimmung des §. 24 des Gesetz-Artikels XXXI vom Jahre 1871, daß die Grundbuchsangelegenheiten bei den als Grundbuchsämter fungirenden Bezirksgerichten in einem unter dem Vorsitze des Bezirksrichters aus zwei Vicebezirksrichtern zusammenzusetzenden Senate zu erledigen sind, wird dahin abgeändert, daß die Bezirksgerichte in Hinkunft auch in Grundbuchssachen als Einzelngerichte vorzugehen haben.

Bei den Verhandlungen aus Anlaß der Erledigung dieser Angelegenheiten sind jedoch auch fernerhin die Vorschriften über die in den §§. 145—151 des Gesetz-Artikels LIV v. J. 1868 bezeichnete protocollarische Verhandlung zu beobachten.

§. 2.

Der Justizminister wird ermächtigt, jene Vicebezirksrichter, welche bei den als Grundbuchsbehörden fungirenden Bezirksgerichten in Folge dieser Verfügung disponibel werden, zu anderen Bezirksgerichten zu versetzen.

§. 3.

Mit dem Vollzuge dieses Gesetzes wird der Justizminister beauftragt.

XVI. Gesetzartikel
über das Verfahren in Wechselfälschungsfällen.

(Sanctionirt am 31. Mai 1874. Kundgemacht im Abgeordnetenhause am 12. Juni, im Oberhause am 16. Juni 1874.)

§. 1.

Der §. 28 des Gesetzartikels VI vom Jahre 1844 wird im Absatze A) a) dahin abgeändert, daß vom Tage der Wirksamkeit des gegenwärtigen Gesetzes sowohl über die Strafbemessung, als auch über die Frage der Strafbarkeit in Wechselfälschungsfällen ausschließlich die Strafbehörde zu entscheiden hat.

Zu diesem Behufe ist das Wechselgericht in dem Falle, wenn es einen Wechsel auf Grund von Beweismitteln für falsch oder gefälscht hält, verpflichtet, das Wechselverfahren mittelst Bescheides einzustellen und die Prozeßakten sammt dem Wechsel der Strafabtheilung desselben Gerichtshofes — (der Budapester Handels- und Wechselgerichtshof dem für den Pester Theil der Hauptstadt competenten Gerichtshofe) — zur Einleitung des Strafverfahrens abzutreten.

Eine Ausnahme von dieser Bestimmung findet nur dann statt, wenn das Klage- oder Regreßrecht des Wechseleigenthümers auch ohne Constatirung der Wechselfälschung oder der damit zusammenhängenden Umstände festgestellt werden kann.

In diesem Falle ist jedoch das bezügliche Gericht verbunden, sogleich nach Fällung der Entscheidung im Wechselprozeße die gesammten Prozeßakten dem Strafgerichte abzutreten.

§. 2.

Die Competenz des Strafgerichtes wird durch die im Sinne des §. 1 vollzogene Abtretung festgestellt und kann keinen Gegenstand einer weiteren Frage oder Entscheidung bilden.

Die im Falle der Collision mehrerer Verbrechen in Betreff der Competenz rechtsgiltigen Gewohnheiten und Bestimmungen werden durch diesen Paragraph nicht berührt.

§. 3.

Das Wechselverfahren kann nur auf Grund eines Beschlusses des Wechselgerichtes eingestellt werden; demnach dürfen die Strafgerichte weder die Einstellung des Wechselverfahrens, noch auch im Laufe desselben die endgiltige Abtretung des den Gegenstand des wechselgerichtlichen Verfahrens bildenden Wechsels an die Strafbehörde anordnen.

Wenn die Anzeige über die Wechselfälschung nicht beim Wechselgerichte erstattet wurde, oder wenn der Verdacht der Wechselfälschung während der Verhandlung über einen anderen Gegenstand entstehen sollte, so ist die betreffende Behörde verpflichtet, hiervon das in der Wechselsache einschreitende Gericht unter Mittheilung der Anzeige oder der bezüglichen Beweismittel in Kenntniß zu setzen und dasselbe zugleich um die Abtretung des Wechsels und aller Akten an das Strafgericht zu ersuchen.

Dem ersuchten Wechselgerichte liegt sodann ob, die ihm mitgetheilten Beweismittel und Umstände bei der Beschlußfassung über die Unterbrechung oder Fortsetzung des wechselgerichtlichen Verfahrens in Betracht zu ziehen.

§. 4.

Gegen den Einstellungsbescheid des Wechselgerichtes ist kein Rechtsmittel zulässig.

§. 5.

Das Strafgericht hat die Strafe nach dem auf die Wechselfälschung im ersten Punkte des §. 28, Abs. A) des Gesetzart. VI v. J. 1844 gesetzten Ausmaße zu bestimmen.

§. 6.

Sobald das Strafgericht das Strafverfahren durch einen rechtskräftigen Einstellungsbeschluß oder durch ein rechtskräftiges Urtheil beendet hat, ist es verpflichtet, die ihm vom Wechselgerichte abgetretenen Akten sammt einer beglaubigten Abschrift des in Rechtskraft erwachsenen Einstellungsbeschlusses oder Urtheiles dem Wechselgerichte zurückzusenden, welches letztere sodann, insoferne ein weiteres Verfahren noch stattfinden soll, die Fortsetzung des eingestellten wechselgerichtlichen Verfahrens anzuordnen hat.

§. 7.

Der im Strafverfahren gefällte und in Rechtskraft erwachsene Beschluß oder das diesbezügliche Urtheil ist rücksichtlich der in demselben entschiedenen Fragen für das Civilgericht maßgebend.

§. 8.

Die Einleitung des Strafverfahrens hindert die Geltendmachung der Sicherstellungs= und Regreßrechte der Parteien nicht.

§. 9.

Die sonstigen, von der Wechselfälschung handelnden Bestimmungen des §. 28 des Gesetzart. VI v. J. 1844 — jedoch mit Ausnahme des Punktes f) — werden außer Kraft gesetzt.

§. 10.

Mit dem Vollzuge dieses Gesetzes wird der Justizminister beauftragt.

XVII. Gesetzartikel
über die Umgestaltung und Ergänzung der Grundbücher des Pester Theiles der Hauptstadt.

(Sanctionirt am 31. Mai 1874. Kundgemacht im Abgeordnetenhause am 12. Juni, im Oberhause am 16. Juni 1874.)

§. 1.

Die Grundbücher des Pester Theiles der Hauptstadt sind den bestehenden Grundbuchsvorschriften entsprechend umzugestalten und zu ergänzen.

Die Umgestaltung ist derart vorzunehmen, daß aus den in den Grundbüchern vorkommenden und gesetzlich noch aufrecht bestehenden Eintragungen — auf die durch dieses Gesetz bestimmte Weise — den allgemeinen Grundbuchsvorschriften entsprechend eingerichtete neue Grundbücher (Grundbuchsfolien) gebildet werden, — die Ergänzung dagegen hat derart zu erfolgen, daß in den gegenwärtigen Grundbüchern bei den ohne Bezeichnung des Eigenthümers vorkommenden Liegenschaften der factische Eigenthümer festgestellt und eingetragen wird; desgleichen sind auch solche im Pester Theile der Hauptstadt liegende Immobilien, welche in den gegenwärtigen Grundbüchern nicht vorkommen, im Wege der nachträglichen Localisirung grundbücherlich einzutragen.

A) Umgestaltung.

§. 2.

Die neuen Grundbücher werden durch die zu diesem Zwecke delegirten Commissionen, welche aus je einem Richter und zwei Hilfsarbeitern bestehen, angelegt.

Die Gerichtsmitglieder der Commissionen werden durch den Präsidenten des Pester kön. Gerichtshofes aus dem Gremium des letzteren entsendet, als Hilfsarbeiter hingegen sind, insoferne dies der Geschäftsgang zuläßt, Grundbuchs- und Manipulationsbeamte des Gerichtshofes, sonst aber eigens zu diesem Behufe aufzunehmende Individuen zu verwenden.

Der Gerichtspräsident hat so viele derartige Commissionen zu bestellen, als zur pünktlichen und schnellen Durchführung der Grundbuchsarbeiten nöthig sind.

§. 3.

Ueber jede Liegenschaft, welche im gegenwärtigen Grundbuche einen besonderen Besitzkörper bildet, ist ein besonderes Folium anzulegen.

Bei Verfassung der Besitzblätter haben die bisherigen Grundbücher sowie die durch die Stadtgemeinde vorgenommene authentische Vermessung und Beschreibung als Richtschnur zu dienen.

In den neuen Grundbüchern ist die in der Stadt neu eingeführte Numerirung ersichtlich zu machen; gleichzeitig ist aber auch bei jeder Besitzparzelle die Zahl, unter welcher dieselbe gegenwärtig im Grundbuche vorkommt, dann der Name der Straße, Gasse, des Platzes oder der Ried, wo die Unbeweglichkeit liegt, anzuführen, ebenso sind auch die daselbst befindlichen Gebäude im Allgemeinen, z. B. Haus, Stall, Bierbrauerei, Dampfmühle u. s. w. anzugeben.

§. 4.

Als Eigenthümer ist derjenige in das neue Grundbuch einzutragen, wer als solcher in dem gegenwärtigen angeführt erscheint.

Die auf das Eigenthumsrecht sich beziehenden und bisher nicht gelöschten Vormerkungen sind in das neue Grundbuch von Amtswegen zu übertragen.

§. 5.

In das Lastenblatt der neuen Grundbücher sind alle in den gegenwärtigen Grundbüchern eingetragenen Lasten, deren Löschung rechtskräftig noch nicht angeordnet wurde, von Amtswegen und in derselben Rangordnung zu übertragen, in welcher sie in den gegenwärtigen Grundbüchern vorkommen.

Einen Gegenstand der Uebertragung bilden jedoch nur diejenigen Lasten, welche in die auf Grund des Gesetzart. XX v. J. 1840 angelegten Grundbücher eingetragen worden sind. Jene Servitutsrechte, welche in dem vor dem Jahre 1840 geführten und damals abgeschlossenen besonderen Servitutsbuche eingetragen waren, und bezüglich welcher seitdem eine neuerliche grundbücherliche Eintragung nicht vollzogen wurde, sind von Amtswegen nicht zu übertragen; es steht jedoch den Berechtigten frei, binnen der in Gemäßheit des §. 8 zu bestimmenden Frist um die Uebertragung anzusuchen; über dieses Einschreiten entscheidet sodann der Gerichtshof auf Grund des im §. 8 angeordneten Verfahrens.

§. 6.

Wenn eine in dem gegenwärtigen Grundbuche vorkommende Eintragung unbestimmt oder unklar ist, so hat die Commission hierüber einen Bericht an den Gerichtshof zu erstatten, welcher sich über die rechtliche Natur und den Sinn der Eintragung die nöthige Aufklärung aus den bezüglichen Akten oder aber, wenn es nöthig ist, durch Einvernehmung der Parteien zu verschaffen und sodann der Commission die erforderliche Weisung über den Sinn der fraglichen Eintragung, sowie über die Art der Uebertragung in das neue Grundbuch zu ertheilen hat.

§. 7.

In jedes angelegte Folium sind die bis zu dem Zeitpunkte, mit welchem die neuen Grundbücher in Wirksamkeit treten, angeordneten Eintragungen gleichfalls aufzunehmen.

§. 8.

Sobald die Commission ihre in den vorhergehenden Paragraphen angeführten Agenden beendet hat, zeigt sie dies dem Gerichtshofe an, welcher die Eröffnung der neuen Grundbücher, beziehungsweise Grundbuchsfolien sogleich kundzumachen und in dem zu erlassenden Edikte zugleich eine dreimonatliche Frist zu bestimmen hat, binnen welcher die Reklamationen wegen Richtigstellung der bei der Uebertragung allenfalls unterlaufenen Fehler, Auslassungen oder der im Sinne des §. 6 angeordneten Eintragungen, sowie auch wegen Uebertragung der im Schlußabsatze des §. 5 erwähnten Servitutsrechte einzubringen sind.

Auf Grund der angemeldeten Reklamationen, welche auf einem besonderen, dem neuen Folium anzuheftenden Bogen gehörig anzumerken sind, ordnet der Gerichtshof, wenn es sich um bei der Uebertragung unterlaufene Schreibfehler handelt, deren Richtigstellung von Amtswegen an; in denjenigen Fällen hingegen, in welchen sich die Reklamation auf eine bei der Uebertragung vorgekommene Auslassung, auf die Uebertragung einer nicht mehr aufrecht bestehenden Post oder aber auf die durch den Gerichtshof im Grunde des §. 6 angeordnete Interpretation, oder endlich auf die Uebertragung der im §. 5 erwähnten Servitutsrechte bezieht, — entscheidet der Gerichtshof auf Grund der Einvernahme der Parteien, u. z. wenn es sich um die Ergänzung einer Auslassung oder um die Uebertragung einer nicht mehr bestehenden Post handelt, nach Vergleichung der alten Grundbücher mit dem neuen Grundbuche mittelst Bescheides, — wenn jedoch die Bestimmung der rechtlichen Natur oder Eigenschaft der im §. 6 angeführten und in Folge gerichtlicher Weisung vollzogenen Eintragung, oder aber die Uebertragung des im §. 5 bezeichneten Servitutsrechtes den Gegenstand der Reklamation, beziehungsweise des Gesuches bildet, so entscheidet der Gerichtshof, insoferne ein Vergleich zwischen den vorgeladenen Parteien nicht zu Stande kommen sollte, auf Grund einer durchzuführenden ordentlichen Protokollarverhandlung mittelst Urtheiles.

Gegen den Bescheid, welcher den betheiligten Parteien einzuhändigen ist, können dieselben innerhalb 15 Tagen nach erfolgter Zustellung den Recurs einbringen.

Gegen zwei gleichlautende Bescheide ist ein weiteres Rechtsmittel nicht zulässig.

In Betreff der Appellation gegen ein auf Grund der ordentlichen Protokollarverhandlung gefälltes Urtheil sind die Vorschriften des Gesetzartikels LIV v. J. 1868 maßgebend.

B) Ergänzung.

§. 9.

Wenn es sich bei der oberwähnten Umgestaltung der Grundbücher aus den Anmeldungen der betreffenden Besitzer oder auf Grund der als Behelf dienenden Localisirungsoperate herausstellen sollte, daß einzelne in dem Pester Theile der Hauptstadt liegende Immobilien in den gegenwärtigen Grundbüchern überhaupt nicht vorkommen, so hat die mit der Umgestaltung der Grundbücher betraute Commission derartige Liegenschaften im Wege der nachträglichen Localisirung aufzunehmen, die Grundbücher dagegen gleich bei der Aufnahme als definitive Grundbuchsfolien anzulegen.

§. 10.

Die Ergänzung durch nachträgliche Localisirung hat auch dann zu erfolgen, wenn bei einer in den gegenwärtigen Grundbüchern vorkommenden Liegenschaft der Eigenthümer nicht bezeichnet ist.

§. 11.

Bei der nachträglichen Localisirung muß außer der gerichtlichen Commission auch ein delegirtes Mitglied des Repräsentantenkörpers der Hauptstadt gegenwärtig sein.

Zu diesem Behufe wählt der Repräsentantenkörper der Hauptstadt aus seiner Mitte über Aufforderung des Präsidenten des Pester Gerichtshofes vierundzwanzig Mitglieder, von denen die Commission jedesmal ein Mitglied zur Localisirung beizieht.

§. 12.

Ueber die Beendigung dieser Nachtrags-Localisirungs- (Ergänzungs-) Operate hat der Gerichtshof ein besonderes Edikt zu erlassen, in welchem die aus Anlaß der Ergänzung der Grundbücher neu aufgenommenen Liegenschaften unter Anführung der in dem Folium vorkommenden Bezeichnung einzeln anzuführen und zugleich zur Anmeldung der hierauf bezüglichen Ansprüche eine dreimonatliche Frist zu bestimmen ist.

Im Uebrigen sind sowohl hinsichtlich der Verlautbarung und Mittheilung des Ediktes, als auch in Betreff der Verhandlung über die Anmeldungen die Bestimmungen des ersten Theiles der Grundbuchsvorschrift maßgebend.

C) Allgemeine Verfügungen.

§. 13.

Sowohl über die Umgestaltungs- als auch über die Ergänzungsoperate sind die Edikte gleichzeitig zu erlassen und müssen in denselben die rechtlichen Folgen der Außerachtlassung der Reklamationsfrist, u. z. bezüglich der Umgestaltungsoperate der Umstand, daß aus Anlaß der Umgestaltung erfolgte spätere Richtigstellungen zum Nachtheile der durch dritte Personen mittlerweile erworbenen Rechte nicht mehr geltend gemacht werden können, hinsichtlich der Ergänzungsoperate dagegen die im §. 3 Abs. 1 und 2 des ersten Theiles der Grundbuchsverordnung erwähnten Folgen angeführt werden.

§. 14.

Die erfolgte Uebertragung ist über mündliches Ansuchen der berechtigten Partei durch das Grundbuchsamt auf der vorgewiesenen Originalurkunde zu bestätigen.

§. 15.

Mit Eröffnung der neuen Grundbücher sind die bisherigen Grundbücher abzuschließen und außer Wirksamkeit zu setzen.

§. 16.

Während der Dauer der Reklamationsfristen werden Auszüge sowohl aus den alten, als auch aus den neuen Grundbüchern ausgefolgt. Auszüge aus den alten Grundbüchern sind mit der Klausel zu versehen, daß die Grundbücher bereits abgeschlossen und außer Wirksamkeit gesetzt wurden; auf den Auszügen aus den neuen Grundbüchern ist anzumerken, an welchem Tage die noch nicht abgelaufene Reklamationsfrist zu Ende geht.

§. 17.

Die während der anberaumten 3-monatlichen Frist eingeleiteten Verhandlungen, sowie die auf dieselben sich beziehenden Eingaben und gerichtlichen Entscheidungen sind stempel- und gebührenfrei.

Die aus Anlaß dieser Verhandlungen vorkommenden Zustellungen sind durch beeidete Diener gleichfalls gebührenfrei zu veranlassen.

§. 18.

Die Hauptstadt ist verpflichtet, dem Gerichtshofe ein Exemplar der authentischen Vermessung und Beschreibung der Stadt Pest zu übergeben und zur Ertheilung von Aufklärungen, welche durch den Gerichtshof in Betreff dieser Daten etwa verlangt werden sollten, einen Ingenieur zu delegiren; ferner hat dieselbe die aus Anlaß der Anwendung des §. 2 erwachsenden gesammten Kosten der Umgestaltung der Grundbücher zu ersetzen und zu den Gesammtauslagen der Ergänzung in dem Verhältnisse beizutragen, in welchem den bestehenden allgemeinen Grundbuchsvorschriften gemäß andere Gemeinden des Landes zu den Kosten der Localisirung beisteuern müssen.

Die endgiltige Bestimmung über die Höhe und Zahlungsmodalität der eben erwähnten Kosten steht — wenn diesfalls zwischen der Hauptstadt und dem Präsidenten des Gerichtshofes eine Meinungsverschiedenheit obwalten sollte — dem Justizminister zu.

§. 19.

Mit dem Vollzuge dieses Gesetzes wird der Justizminister beauftragt.

XVIII. Gesetzartikel
über die Haftung in Betreff der durch Eisenbahnen verursachten Tödtungen und körperlichen Verletzungen.

(Sanctionirt am 7. Juli 1874. Kundgemacht im Abgeordnetenhause am 22. Juli, im Oberhause am 23. Juli 1874.)

§. 1.

Wenn Jemand bei dem Betriebe einer, wenn auch dem öffentlichen Verkehre noch nicht übergebenen Eisenbahn sein Leben verliert oder eine körperliche Verletzung erleidet, so haftet die betreffende

Eisenbahnunternehmung für den dadurch verursachten Schaden; ausgenommen ist jedoch der Fall, wenn die Unternehmung nachweist, daß der Tod oder die körperliche Verletzung durch einen unvermeidlichen Zufall (vis major) oder durch eine unabwendbare Handlung eines Dritten, welche die Unternehmung zu verhüten nicht in der Lage war, oder aber durch eigenes Verschulden des Verstorbenen oder Verletzten verursacht wurde.

§. 2.

Die Schadenersatzverpflichtung der Eisenbahnunternehmung erstreckt sich in den Fällen des §. 1 auf Folgendes:

1. Im Falle einer körperlichen Beschädigung ist die Unternehmung verpflichtet, außer dem Ersatze der Heilungskosten auch für jene Vermögensnachtheile eine Entschädigung zu leisten, welche der Beschädigte in Folge der Verletzung durch dessen zeitweilige oder dauernde Erwerbsunfähigkeit oder aber durch Verminderung seiner Erwerbsfähigkeit erleidet.

2. Im Falle des Todes obliegt der Unternehmung außer dem im vorhergehenden Punkte Erwähnten, auch der Ersatz der Leichenkosten; überdies hat aber die Unternehmung in dem Falle, wenn die verstorbene Person nach dem Gesetze oder gesetzlichen Usus zur Erhaltung oder Erziehung irgend Jemandes gehalten wäre, auch die bezüglichen Erhaltungs- oder Erziehungskosten — insoferne diese dem Betreffenden in Folge des Todesfalles entzogen würden — zu tragen.

§. 3.

Ein solcher Vertrag oder Vorbehalt (Dienstreglement), wodurch die in diesem Gesetze festgesetzte Haftung im Voraus aufgehoben oder beschränkt wird, hat keine Rechtskraft.

§. 4.

Die Entschädigungssumme ist durch den Richter nach seinem Ermessen und mit Berücksichtigung der betreffenden Umstände zu bestimmen. Der Richter hat auch darüber zu entscheiden, ob die Unternehmung verpflichtet ist, eine Sicherstellung, in welcher Weise und in welcher Höhe zu leisten.

Die Entschädigung aus Anlaß des Verlustes oder der Verminderung der Erwerbsfähigkeit, oder der Ersatz der Erhaltungs-

und Erziehungskosten ist — wenn die Parteien hierüber im Vergleichswege nichts anderes verfügen — als eine in Monatsraten in Vorhinein zu leistende Jahresrente zuzuurtheilen.

§. 5.

Die verpflichtete Eisenbahnunternehmung ist auch nach der durch das Gericht erfolgten Festsetzung der Jahresrente berechtigt, die Einstellung oder Herabminderung der letzteren zu verlangen, wenn sich die Umstände, welche bei deren Bestimmung maßgebend waren, wesentlich geändert haben. Dagegen ist aber auch der Beschädigte berechtigt, eine Erhöhung der Jahresrente oder, falls selbe eingestellt worden wäre, deren neuerliche Zusprechung zu begehren, wenn die Umstände, welche bei Festsetzung, Herabminderung oder Einstellung derselben maßgebend waren, sich wesentlich ändern.

§. 6.

Das Regreßrecht der Eisenbahnunternehmung gegen ihre für den Eisenbahnunfall verantwortlichen Organe wird durch dieses Gesetz nicht berührt.

§. 7.

Die auf gegenwärtiges Gesetz sich basirenden Entschädigungsprozesse sind bei demjenigen königl. Gerichtshofe erster Instanz anzustrengen, in dessen Sprengel der die Klage veranlassende Unfall eingetreten ist.

Bezüglich des Verfahrens sind die §§. 144—151 des Gesetzartikels LIV vom Jahre 1868 zu beobachten.

§. 8.

Ersatzansprüche mehrerer Beschädigten, welche sich auf solche Verletzungen oder Todesfälle gründen, die aus einem und demselben im Eisenbahnbetriebe erfolgten Unfalle herrühren, können auch mittelst einer einzigen Klage geltend gemacht werden.

§. 9.

Die Ersatzansprüche verjähren binnen drei Jahren, welche bei Beschädigungen vom Zeitpunkte des Unfalles, bei einem Todesfalle dagegen vom Todestage an zu rechnen sind.

§. 10.

Durch gegenwärtiges Gesetz werden diejenigen Gesetze und Vorschriften, welche sich auf die Bestrafung eines Verbrechens oder einer schuldbaren Unachtsamkeit beziehen, nicht berührt.

§. 11.

In Betreff des Schadenersatzes für die im §. 1 dieses Gesetzes nicht erwähnten Beschädigungen bleiben die diesbezüglich geltenden Gesetze, Vorschriften und Gewohnheiten auch fernerhin aufrecht.

§. 12.

Gegenwärtiges Gesetz tritt alsogleich nach dessen Kundmachung in Wirksamkeit und wird mit dem Vollzuge desselben der Justizminister, sowie der Minister für öffentliche Arbeiten und Communicationen beauftragt.

XIX. Gesetzartikel
über die Vermehrung der Anzahl der Handelsbeisitzer bei dem Budapester Handels- und Wechselgerichte.

(Sanctionirt am 11. Juli 1874. Kundgemacht im Abgeordnetenhause am 22. Juli, im Oberhause am 23. Juli 1874.)

§. 1.

Die im §. 9 des Gesetzartikels XXXI vom Jahre 1871 festgesetzte Anzahl der Handelsbeisitzer bei dem Budapester Handels- und Wechselgerichte wird um 4 Beisitzer vermehrt.

§. 2.

Mit dem Vollzuge dieses Gesetzes wird der Justizminister beauftragt.

XX. Gesetzartikel
über die Verfügungen gegen die orientalische Rinderpest.

(Sanctionirt am 13. Juli 1874. Kundgemacht im Abgeordnetenhause am 22. Juli, im Oberhause am 23. Juli 1874.)

I. Abschnitt.
Verfügungen an den Landesgrenzen.

A) Verfügungen solchen Ländern gegenüber, welche ein mit den Grund=
bestimmungen dieses Gesetzes übereinstimmendes Verfahren beobachten.

§. 1.

Hornvieh und andere wiederkäuende Thiere dürfen, wenn sie nicht mit der Eisenbahn oder dem Dampfschiffe befördert werden, nur auf gewissen, durch die betreffenden angrenzenden Jurisdictionen vorher zu bestimmenden Uebergangsplätzen und Viehtriebstraßen in das Land eingeführt werden.

§. 2.

Aus solchen Ländern, in denen gegen die orientalische Rinderpest mit den Grundprincipien dieses Gesetzes übereinstimmende Vorschriften bestehen und strenge gehandhabt werden, können die erwähnten Thiere gegen vorschriftsmäßige Viehpässe und Gesundheitscertificate so lange frei eingelassen werden, als das ganze Gebiet des betreffenden Landes seuchenfrei ist.

§. 3.
Grenzbewachung.

Wenn in dem Gebiete eines solchen Landes die orientalische Pest ausbricht, sich jedoch nur auf einige von der Grenze über 5 Meilen entfernte Orte beschränkt, so ist die bedrohte Grenze unter Bewachung zu stellen.

Während der Dauer der Grenzbewachung dürfen

a) Rinder und andere wiederkäuende Thiere im lebenden und todten Zustande;

b) alle zu den Rohproducten dieser Thiere gehörenden Artikel im rohen oder getrockneten Zustande;

c) Heu, Stroh und alle sonstigen Halmfuttergattungen;

d) gebrauchte Stallgeräthschaften und Viehgeschirre, getragene Kleider und Lumpen

aus dem betreffenden Lande auch an den regelmäßigen und nach Erforderniß zu beschränkenden Eintrittsplätzen nur dann eingelassen werden, wenn

1) glaubwürdig nachgewiesen wird, daß die Thiere oder Gegenstände aus einer seuchenfreien Gegend herstammen und auf einem seuchenfreien Wege transportirt wurden; und

2) wenn der unzweifelhaft gesunde Zustand der Thiere mit einem vorschriftsmäßigen Gesundheitscertificate und durch eine fachmännische Untersuchung an der Grenze dargethan wird.

§. 4.
Grenzsperre.

Wenn die Rinderpest im benachbarten Lande in größerem Maße auftritt oder sich der Grenze in Besorgniß erregender Weise nähert, so ist die Grenze gegen das von der Seuche betroffene Land oder die Gegend gänzlich zu sperren.

Während der Dauer der Grenzsperre sind die im §. 3 unter a) b) c) und d) angeführten Thiere und Gegenstände mit den in den §§. 5 und 6 erwähnten Ausnahmen zurückzuweisen.

Diejenigen Personen hingegen, welche mit den erwähnten Thieren und Gegenständen in Berührung standen, sind nur nach vorgenommener Desinfection einzulassen.

§. 5.

Schlachtviehtransporte dürfen aus dem seuchenfreien Gebiete des benachbarten Landes unter Beobachtung der Vorschriften des §. 3 ausnahmsweise auch während der Dauer der Grenzsperre unter folgenden Bedingungen eingelassen werden:

a) zur Einlassung ist in jedem einzelnen Falle eine besondere ministerielle Bewilligung erforderlich;

b) der Transport ist nur mittelst der Eisenbahn oder mit Schiffen und nur ununterbrochen bis zum Bestimmungsorte zulässig;

c) bei Transitotransporten muß außerdem noch glaubwürdig nachgewiesen werden, daß die Regierung desjenigen Grenzlandes, in welches der Transport zunächst gelangt, die Einfuhr über die eigene Grenze gestattet.

§. 6.

Während der Dauer der Grenzsperre können ferner auch eingelassen werden:

a) fabriksmäßig gewaschene und entsprechend in Säcken verpackte Wolle; ferner trockene oder gesalzene Därme in geschlossenen Behältnissen (Kisten) oder Fässern, sowie gegossenes Unschlitt und Topfen ohne jedweder Beschränkung;

b) nicht fabriksmäßig gewaschene, aber gehörig in Säcken verpackte Wolle, Rinder- und Ziegenhaare, trockene Knochen, Hörner und Klauen; endlich auch vollkommen getrocknete Häute, wenn der Umstand, daß diese Gegenstände aus seuchenfreien Gegenden des benachbarten Landes herrühren, im Sinne des §. 3 nachgewiesen wird;

c) entsprechend in Säcken verpackte, aber ungewaschene Wolle, Rinder- und Ziegenhaare können nur dann eingelassen werden, wenn sie unmittelbar in Fabrikswäschereien transportirt werden und dies unter den im Verordnungswege festzusetzenden Modalitäten ohne Gefahr geschehen kann;

d) Fässer und Behältnisse, welche in Heu, Stroh u. s. w. eingepackte Waaren enthalten, dürfen zwar eingelassen werden, allein das zur Verpackung dienende Heu, Stroh u. s. w. ist nach der Ausladung unter behördlicher Aufsicht an Ort und Stelle zu verbrennen.

§. 7.

In den Fällen der §§. 5 und 6 hat als Regel zu gelten:

a) daß die Umladung des Schlachtviehes unterwegs nur dann, wenn dieß der Eisenbahnbetrieb erfordert und nur an einem gänzlich abgesonderten Orte vorgenommen werden darf;

b) daß der Schlachtviehtransport nach dem Einlangen an seinem Bestimmungsorte unverzüglich durch die für Veterinäruntersuchungen bestehende Localcommission zu revidiren und nach Constatirung des gesunden Zustandes an den für das Schlachtvieh bestimmten Ort zu führen ist;

c) daß, wenn unter dem transportirten Vieh unterwegs oder an dessen Bestimmungsorte die Seuche ausbricht, der ganze Transport unter den im Verordnungswege festzusetzenden Modalitäten, sowie unter Anwendung des §. 54 gekeult werden muß;

d) daß in dem Falle, wenn bei der Untersuchung der einzuführenden trockenen Häute, Knochen und Hörner auch nur ein Stück im rohen Zustande vorgefunden wird, die ganze Sendung zurückzuweisen ist.

§. 8.

Sobald die Seuche näher als 5 Meilen von der Grenze auftritt, sind auch die auf Seuchenbezirke sich beziehenden Bestimmungen dieses Gesetzes (§§. 41, 42 und 43) anzuwenden.

B) Verfügungen solchen Ländern gegenüber, welche ein mit den Grundbestimmungen dieses Gesetzes übereinstimmendes Verfahren nicht beobachten.

§. 9.

Stabile Grenzbewachung.

Denjenigen Ländern gegenüber, in denen mit den Grundprincipien dieses Gesetzes übereinstimmende Vorschriften nicht bestehen oder aber strenge nicht gehandhabt werden, ist eine stabile bewaffnete Grenzbewachung einzuführen.

§. 10.

An den Grenzen dieser Länder ist der Verkehr mit den im §. 3 erwähnten wiederkäuenden Thieren, thierischen Rohproducten und sonstigen contagiösen Gegenständen im Allgemeinen nur durch die an bestimmten Uebergangspunkten errichteten Contumazanstalten gestattet.

Mit der Bestimmung der den Verkehrsbedürfnissen und den localen Verhältnissen entsprechenden Uebergangspunkte, sowie mit der Einrichtung der Contumazanstalten und der Festsetzung des auf Grund dieses Gesetzes zu erlassenden Contumazverfahrens wird der Minister betraut.

§. 11.

Wenn das Gesammtgebiet der im §. 9 bezeichneten Länder seuchenfrei ist oder die Seuche nur in einigen von der Grenze des ungarischen Staates mehr als acht Meilen entfernten Orten auftritt, so ist der Verkehr mit Hornvieh und anderen wiederkäuenden Thieren nur unter folgenden Vorsichtsmaßregeln zulässig:

a) das über die Grenze einzuführende Hornvieh muß durch zehn aufeinander folgende Tage, — Schafe und Ziegen hingegen müssen durch vierundzwanzig Stunden gruppenweise abgesondert in der Contumazstation unter eine strenge thierärztliche Aufsicht gestellt werden;

b) die nach überstandener vorschriftsmäßiger Contumaz als unverdächtig erkannten Thiere sind mit einem ordentlichen Grenz-Viehpasse und einem deren gesunden Zustand nachweisenden Certificate zu versehen, auf dem bestimmten Triebwege wenigstens fünf Meilen weit von der Grenze oder aber bis zur nächsten Eisenbahn- oder Schiffstation unter sicherer Aufsicht zu begleiten und durch die an den betreffenden Beobachtungsstationen aufgestellten Staats-Thierärzte zu untersuchen;

c) bei dem Weitertransporte auf Eisenbahnen oder Schiffen sind die im §. 7 enthaltenen Vorschriften zu beobachten;

d) wenn die Seuche unter den in der Contumaz befindlichen Thieren ausbricht, so muß ein jedes in der betreffenden seuchenverdächtigen Heerde befindliche Thier ohne Anspruch auf einen Schadenersatz getödtet und kann die vorschriftsmäßige Contumazzeit bezüglich der übrigen gleichzeitig in der Contumazstation zurückgehaltenen Thiere den Umständen entsprechend verlängert werden.

§. 12.

Unter den im §. 11 angeführten Umständen sind von den von wiederkäuenden Thieren stammenden Rohprodukten und anderen contagiösen Gegenständen:

a) fabriksmäßig gewaschene und entsprechend in Säcken verpackte Wolle, ferner trockene oder gesalzene Därme in geschlossenen Verschlägen oder Fässern, gegossenes Unschlitt und Topfen frei einzulassen;

b) nicht fabriksmäßig gewaschene, aber gehörig in Säcken verpackte Wolle, Rinder- und Ziegenhaare, trockene Knochen, Hörner und Klauen und vollständig ausgetrocknete Häute nach vorschriftsmäßig vorgenommener Desinfection einzulassen; dagegen ist

c) wenn diese thierischen Produkte die unter a) und b) erwähnten Eigenschaften nicht besitzen oder aber, wenn nach vorgenommener Untersuchung auch nur ein Stück in rohem Zustande vorgefunden wird, der ganze Transport zurückzuweisen;

d) in Betreff ungewaschener Wolle oder zur Emballage verwendeten Heues und Strohes sind die Punkte c) u. d) des §. 6 maßgebend.

§. 13.

Wenn die Viehseuche in einem der im §. 9 bezeichneten Länder eine größere Ausdehnung gewinnt oder in einer näheren Entfernung, als acht Meilen von der Grenze des ungarischen Staates auftritt, so ist die ordentliche Grenzbewachung gegen das von der Seuche betroffene Land in eine strenge Grenzsperre umzuändern.

Während der Dauer der strengen Grenzsperre sind alle wiederkäuenden Thiere, alle zu den Rohprodukten dieser Thiere gehörigen Artikel, ferner bereits gebrauchte Stallgeräthe und Geschirre für Rinder, endlich auch getragene Kleider und Lumpen unbedingt zurückzuweisen. Eine Ausnahme bilden in dieser Beziehung lediglich fabriksmäßig gewaschene und entsprechend in Säcken verpackte Wolle, trockene oder gesalzene Därme in geschlossenen Verschlägen (Kisten) oder Fässern, gegossenes Unschlitt und Topfen, sowie das als Emballage dienende Heu und Stroh, wenn beides letztere nach erfolgter Ausladung unter behördlicher Aufsicht verbrannt wird.

§. 14.

Vormerkbücher für das im Grenzgebiete befindliche Vieh.

In den unter beständiger Grenzbewachung stehenden Gegenden des Landes wird auf einem fünf Meilen breiten Grenzgebiete eine Zählung des Rindviehes vorgenommen werden und sind in Zukunft in einer jeden in diesem Grenzgebiete liegenden Gemeinde, den durch den Minister zu erlassenden Vorschriften entsprechend, regelmäßige Vormerkbücher über das Vieh zu führen; zu diesem Behufe ist ein jeder Viehbesitzer verpflichtet, das in seinem Besitze befindliche Vieh sammt der späteren Zucht, sowie auch das neu angeschaffte Vieh zur Eintragung, das auf den Markt getriebene Vieh zur Vormerkung und das faktisch verkaufte, sowie auch das geschlachtete oder gefallene Vieh zur Löschung anzumelden. Das gesammte in diesen Gemeinden gezüchtete Vieh muß mit dem vorschriftsmäßigen Gemeindestempel bezeichnet werden.

§. 15.

Zum Behufe der Anlegung der auf Grund des vorhergehenden Paragraphen in dem Grenzgebiete zu führenden Vormerkbücher, der

Ueberwachung der ordentlichen Führung derselben, ferner zur Versehung des das Contumazverfahren im Grenzgebiete ergänzenden Aufsichtsdienstes, endlich zur Controle und Sicherung der Durchführung sonstiger, in diesem Gesetze enthaltenen Verfügungen, wird eine entsprechende Anzahl von Staats-Thierärzten angestellt.

C) Verfügungen an den Seeküsten.
§. 16.

In Betreff des bei den Contumazanstalten an der Seeküste bezüglich der zur See transportirten wiederkäuenden Thiere und thierischen Rohproducte zu beobachtenden Verfahrens haben die in den §§. 11—13 dieses Gesetzes enthaltenen Bestimmungen, jedoch mit der Ausnahme als Richtschnur zu dienen, daß auch die zur See einlangenden gesalzenen Häute ohne Desinfection zuzulassen sind.

Die speziellen Vorschriften über die Seequarantaine sind in der Instruction für die Küstensanitätspolizei enthalten.

II. Abschnitt.
Dauernde Verfügungen im Innern des Landes.
§. 17.
Viehcertificate.

Bei dem Verkaufe oder Transporte von wiederkäuenden Thieren (Rindvieh, Schafe, Ziegen) ist außer dem das Eigenthumsrecht nachweisenden Viehpasse auch ein Certificat über den gesunden Zustand des Viehes erforderlich.

Dieses Gesundheitscertificat darf die Ortsbehörde zur Zeit des Auftretens der Seuche sowohl in dem von der Seuche betroffenen, als auch in dem Gebiete der benachbarten Jurisdictionen nur auf Grund einer ärztlichen und wenn möglich, einer thierärztlichen Untersuchung und nur mit ärztlicher Gegenzeichnung ausstellen. Der Viehpaß und das Gesundheitscertificat kann entweder für ein Stück oder aber für ganze Transporte ausgefertigt werden.

Das Gesundheitscertificat muß stets für einen bestimmten Ort lauten und ist nur auf sieben Tage von der Ausstellung desselben an gerechnet giltig. In welchen Fällen eine Ausnahme von den Bestimmungen dieses §. aus Anlaß des Uebertrittes wiederkäuender Thiere zum Behufe des Fortbetriebes der Wirthschaft, zur Weide und zum Schwemmen stattfindet, wird durch eine auf Grund des Gesetzes zu erlassende ministerielle Instruction festgesetzt werden.

§. 18.

Wenn das mit einem für den Verkaufsort lautenden Gesundheitscertificate versehene, jedoch nicht veräußerte Vieh des Verkaufes wegen an einen anderen Ort transportirt wird, so ist auf dem Markte die Marktcommission, außerhalb desselben hingegen die Ortsbehörde verpflichtet, das Gesundheitszeugniß für einen anderen Ort zu vidiren und die Giltigkeit desselben auf weitere sieben Tage zu verlängern; während des Auftretens der Viehseuche darf dies jedoch im Gebiete der im §. 17 bezeichneten Jurisdictionen gleichfalls nur mit ärztlicher oder thierärztlicher Gegenzeichnung erfolgen.

§. 19.
Viehmärkte.

In jedem Marktorte ist für das fremde (nicht zum Orte gehörige) Vieh ein besonderer Raum zu bestimmen und die unmittelbare Berührung mit dem Vieh des Ortes möglichst zu vermeiden.

In solchen Marktorten, in denen das zum internationalen Verkehre bestimmte Vieh in bedeutender Anzahl ausgestellt wird, ist das Schlachtvieh abgesondert von dem zur Zucht oder für die Landwirthschaft bestimmten Vieh aufzustellen.

§. 20.

Mit dem vorgeschriebenen Viehpasse oder Gesundheitscertificate nicht versehenes Vieh ist auf den Marktplatz überhaupt nicht zuzulassen.

§. 21.

Die zur Abhaltung eines Marktes Berechtigten sind verpflichtet, dafür zu sorgen, daß zum Behufe der am Marktplatze auszuübenden thierärztlich-polizeilichen Aufsicht bei jeder Marktcommission ein diplomirter Thierarzt und — falls ein solcher nicht vorhanden ist — ein Arzt angestellt werde.

§. 22.
Fleischhauer.

Die Fleischhauer sind verbunden, jeden Ankauf und jede Einfuhr fremden (nicht zum Orte gehörigen) Viehes binnen 12 Stunden bei der Gemeindevorstehung anzumelden. Die Gemeindevorstehung ist berechtigt anzuordnen, daß das Schlacht- und Wirthschaftsvieh der Fleischhauer abgesondert geweidet werde.

§. 23.

Zur Zeit der Viehseuche sind die Fleischhauer in dem Seuchengebiete und in dem Gebiete der angrenzenden Jurisdictionen verpflichtet, das gekaufte und aus fremden Gemeinden eingeführte Vieh — insoferne dasselbe nicht früher geschlachtet werden sollte — durch 10 Tage abgesondert von dem übrigen Wirthschaftsvieh zu halten. Nach Ablauf der zehntägigen Contumaz kann das als gesund befundene Schlachtvieh zwar gemeinschaftlich mit dem Wirthschaftsvieh der Fleischhauer, jedoch nur abgesondert von dem in der Gemeinde befindlichen Vieh in den Stallungen gehalten und geweidet werden.

§. 24.

Wenn die Viehseuche im Territorium des Comitates oder der benachbarten Jurisdictionen ausbricht, so kann die Central-Seuchencommission den Fleischhauern untersagen, in fremde Stallungen hineinzugehen oder mit dem Weidevieh in Berührung zu kommen.

§. 25.

Die Schlachtbrücken sind wo möglich außerhalb des Ortes, entfernt von bedeutenderen Verkehrsstraßen und so unterzubringen, damit das Schlachtvieh mit dem Zucht- und dem für die Wirthschaft bestimmten Vieh oder anderen wiederkäuenden Thieren nicht in Berührung komme.

Rindvieh darf nur auf der Schlachtbrücke und nur in Gegenwart des Schlachtcommissärs der Gemeinde geschlagen werden.

§. 26.

Hirten.

Den Hirten ist es nicht gestattet, fremdes Vieh ohne ortsbehördliche Erlaubniß in die Gemeindeheerde aufzunehmen.

§. 27.
Einkehrwirthshäuser.

Zur Zeit der Seuche darf fremdes Rindvieh in den Einkehrwirthshäusern nur so eingestellt werden, daß es mit den übrigen wiederkäuenden Hausthieren in keine Berührung komme.

§. 28.
Gemeinschaftliche Weideheerden.

Bevor das Rindvieh von seinem Ueberwinterungsplatze auf die gemeinschaftliche Weide getrieben wird, muß sein Gesundheitszustand untersucht und dasselbe entsprechend abgezählt werden. Durch die Ortsbehörde nicht abgezähltes Vieh darf mit der Weideheerde nicht ausgetrieben werden.

§. 29.
Viehtrieb und Viehtransport.

Schlachtvieh, sowie das Vieh der mit demselben geschäftsmäßig Handel Treibenden darf auch in dem Gebiete des Landes nur auf Eisenbahnen oder Flüssen, oder aber auf den durch die Jurisdictionen zu diesem Behufe zu bezeichnenden Viehtriebstraßen transportirt, beziehungsweise getrieben werden.

Es versteht sich von selbst, daß durch diese Verfügung der Viehtrieb auf den Triebstraßen zu dem Zwecke, um zu den Wirthschaftshöfen oder Weideplätzen zu gelangen, nicht beschränkt wird.

§. 30.
Eisenbahn- und Schifftransport.

Bei dem Transporte des Hornviehes und anderer wiederkäuender Thiere auf der Bahn oder auf Schiffen sind nachstehende Vorschriften zu beobachten:

a) Hornvieh und andere wiederkäuende Thiere dürfen nur bei dem Vorhandensein eines Viehpasses oder Gesundheitscertificates aufgenommen werden;

b) die zu befördernden Thiere dürfen nur zum Transporte an den Ort, für welchen der Viehpaß lautet, beziehungsweise bis zu der diesem Orte zunächst gelegenen Eisenbahn- oder Schiffstation aufgenommen werden;

c) bei dem Auf- und Abladen sind die Viehtransporte durch eine Veterinär-Revisionscommission zu untersuchen;

d) das Schlachtvieh darf nicht zugleich mit Zucht- oder anderem Wirthschaftsvieh transportirt werden;

e) im Falle des §. 5 darf das aus anderen Ländern eingeführte Vieh nicht auf einem und demselben Zuge mit einheimischen wiederkäuenden Thieren befördert werden;

f) die zum Viehtransporte dienenden Eisenbahnwaggons, Schiffe und Verladebrücken, sowie zur Zeit der Seuche auch die mit dem Auf- und Abladen beschäftigten Personen müssen nach jedem Transporte einer Desinfection unterzogen werden;

g) die Directionen der Eisenbahn- oder Schiffsunternehmungen, welche für die Reinigung und Desinfection eine vom Ministerium genehmigte Gebühr einheben dürfen, sind für die pünktliche Durchführung der Desinfection verantwortlich.

III. Abschnitt.

Verfügungen in Erkrankungsfällen und beim Ausbruche der Rinderpest.

§. 31.
Anmeldung.

Jedermann ist verpflichtet, eine jede innere Erkrankung, welche er bei dem in seinem Besitze befindlichen oder seiner Obsorge anvertrauten Vieh bemerkt, der Ortsbehörde, beziehungsweise dem betreffenden Sicherheitsorgane sofort anzuzeigen.

Diese Verpflichtung erstreckt sich hauptsächlich auch auf diejenigen, welche in Folge ihres Berufes eine schnelle und sichere Kenntniß von den Erkrankungsfällen erlangen können, als: Thierärzte, Mitglieder der Veterinär-Polizeicommission, Oekonomiebeamte, Hirten, Fleischhauer, Viehhändler und Personen von ähnlicher Beschäftigung.

§. 32.
Aufgabe der Ortsbehörden.

Wenn an dem kranken Thiere bei der unverzüglich vorzunehmenden Untersuchung Symptome der oriental. Rinderpest entdeckt werden oder das Vorhandensein der Seuche auch nur vermuthet werden kann, so ist die Ortsbehörde, beziehungsweise das Sicherheitsorgan verpflichtet, hievon die competente höhere Behörde sogleich zu verständigen und bis zum Eintreffen des betreffenden Organes derselben an Ort und Stelle

    a) den seuchenverdächtigen Hof strenge abschließen zu lassen;

    b) den gesammten Viehstand der Gemeinde (Hornvieh, Schafe Ziegen) zu verzeichnen;

    c) zu verhindern, daß die in der Gemeinde befindlichen Triebe von Hornvieh, Schafen und Ziegen mit einander in Berührung kommen und aus dem Hotter hinausgetrieben werden; außerdem aber auch — falls es die Ortsverhältnisse zulassen — eine strenge Stallfütterung des Hornviehes anzuordnen;

    d) den verdächtigen Fall sowohl in der Gemeinde, als auch in den Nachbarorten zur allgemeinen Kenntniß zu bringen, die Einwohner auf die Contagiösität der Seuche aufmerksam zu machen und zur strengen Befolgung der Vorschriften aufzufordern.

Das mittlerweile allenfalls gefallene Vieh ist aus dem seuchenverdächtigen Hofe unter Beobachtung der bestehenden Vorschriften auf den hiezu bestimmten Ort hinauszuführen, jedoch bis zur Untersuchung nicht zu verscharren.

§. 33.
Aufgabe der Bezirks= und Stadtbehörde.

Der competente politische Bezirks= oder städtische Beamte ist, sobald er Kenntniß von dem seuchenverdächtigen Falle erlangt, unter strenger Verantwortung verpflichtet:

sich an Ort und Stelle zu begeben oder im Verhinderungsfalle statt seiner ein politisches Organ hinauszusenden;

unter Intervention des im Orte oder in dessen Nähe ansäßigen Arztes — wenn möglich Thierarztes — den Krankheitsbefund aufnehmen, zu welchem Behufe nöthigenfalls ein krankes Thier zu keulen ist; über den Krankheitsfall muß die Anzeige an die Jurisdiction erstattet werden.

Wenn durch den Krankheitsbefund das Vorhandensein der Rinderpest constatirt wird oder auch nur mit Grund zu vermuthen ist, so hat der betreffende politische Beamte:

die Absperrung des verseuchten Hofes gegen die benachbarten Höfe, sowie die Absperrung der Gemeinde gegen die angrenzenden Gebiete zu veranlassen; ferner

das Hornvieh in der Gemeinde zu untersuchen und — falls es noch nicht geschehen sein sollte — zu conscribiren; wenn die Conscription jedoch schon vorgenommen worden sein sollte, sich von deren Richtigkeit zu überzeugen;

bezüglich der von der Seuche betroffenen Gemeinden die in der Instruction vorgeschriebenen weiteren Verfügungen zu verlautbaren und deren Vollziehung zu überwachen;

darüber, woher und auf welche Art die Seuche eingeschleppt wurde, eine strenge Untersuchung einzuleiten und über deren Resultat Bericht zu erstatten;

endlich bis zum Eintreffen der im Sinne des §. 34 durch die Jurisdiction zu entsendenden Commission alles zu veranlassen, was sich zur Verhinderung der Weiterverbreitung der Seuche als zweckmäßig und nothwendig erweist.

§. 34.
Aufgabe der Jurisdiction.

Sobald der oberste Beamte der Jurisdiction Kenntniß von dem angeblichen Falle der oriental. Pest erlangt, hat er unverzüglich die Entsendung einer aus einem politischen Beamten oder Ausschußmitgliede, sowie einem behördlichen Thierarzte, eventuell einem Comitats- oder städtischen Oberphysikus bestehenden Jurisdictions-Commission an Ort und Stelle zu veranlassen.

Diese im Vereine mit dem Bezirks- beziehungsweise Districtsbeamten fungirende Commission hat:

die Diagnose definitiv festzustellen und zu diesem Behufe nöthigenfalls ein oder zwei Thiere zu keulen;

ferner die auf Grund des §. 33 getroffenen Vorkehrungen zu prüfen und falls diese unzureichend sein sollten, selbe zu ergänzen;

dort, wo es nöthig ist, Gemeinde-Seuchencommissionen aufzustellen; endlich

über das ganze Vorgehen längstens binnen 24 Stunden einen erschöpfenden Bericht an den obersten Jurisdictionsbeamten zu erstatten.

§. 35.

Der oberste Jurisdictionsbeamte hat, sobald er von dem auf vorschriftsmäßige Weise definitiv constatirten Seuchenfalle verständigt worden ist, sofort den Ortsverhältnissen gemäß entweder selbstständig oder im Einverständnisse mit dem obersten Beamten der benachbarten Jurisdiction das Nöthige wegen Bestimmung des Seuchenbezirkes zu verfügen und einerseits den Minister, andererseits die angrenzenden politischen Behörden des Landes, beziehungsweise auch des Nachbarlandes, u. z. wo möglich auf telegraphischem Wege in Kenntniß zu setzen.

§. 36.
Seuchencommissionen.

Sobald das Ausbrechen der oriental. Rinderpest im Landesgebiete amtlich kundgemacht worden ist, hat der oberste Beamte einer jeden Jurisdiction, beziehungsweise dessen Stellvertreter unverzüglich eine Central-Seuchencommission aufzustellen.

§. 37.

Mitglieder der Central-Seuchencommission sind: der oberste Jurisdictionsbeamte, beziehungsweise dessen Stellvertreter als Präses, der Oberphysikus und ein behördlicher Thierarzt; außerdem 2 durch den Präses zu entsendende Ausschußmitglieder. Die Berufung zu dieser Commission kann ohne triftigen Grund nicht abgelehnt werden.

§. 38.

Der Vorsitzende der Central-Seuchencommission muß dieselbe unverzüglich nach Einlangen des amtlichen Berichtes über im Jurisdictionsgebiete vorgekommene Seuchenfälle, u. z. längstens binnen drei Tagen einberufen.

Die Centralcommission hat bis zum gänzlichen Erlöschen der Seuche im Jurisdictionsgebiete wenigstens alle 8 Tage eine ordentliche Sitzung abzuhalten; in dringenden Fällen kann der Präses der Commission dieselbe wann immer einberufen und nach Umständen mittlerweile auch selbst Verfügungen treffen; über sein Vorgehen hat er jedoch der Seuchencommission in der nächsten Sitzung Bericht zu erstatten.

§. 39.

Der Central-Seuchencommission obliegt in Betreff aller in diesem Gesetze und in der auf Grund desselben zu erlassenden Instruction enthaltenen Schutz- und Vertilgungsmaßregeln die Durchführung in dem betreffenden Jurisdictionsgebiete, beziehungsweise die Ueberwachung der entsprechenden Durchführung.

Innerhalb ihres Wirkungskreises verkehrt die Central-Seuchencommission mit dem Minister unmittelbar und erhält auch direct von demselben Weisungen.

Die von der Central-Seuchencommission innerhalb ihres durch das Gesetz und die Instruction normirten Wirkungskreises zu erlassenden Verordnungen muß ein jedes politische Organ der Jurisdiction bei Verantwortung unbedingt vollziehen.

§. 40.
Regierungscommissär.

Wenn die Seuche sich in dem Gebiete mehrerer Jurisdictionen oder aber im ganzen Lande in Besorgniß erregender Weise verbreitet, so kann das Ministerium zur einheitlichen Leitung der nothwendigen Verfügungen oder eventuell zum Behufe der Sicherung der strengen Anwendung der Bestimmungen dieses Gesetzes einen eigenen Seuchencommissär entsenden.

§. 41.
Seuchenbezirk.

Das einen oder mehrere Seuchenorte umgebende und nach jeder Richtung hin drei Meilen betragende Gebiet bildet den Seuchenbezirk.

Darüber, ob eine nachträgliche Abweichung von dieser Regel zulässig ist, hat auf Grund einer motivirten Vorlage der Seuchencommission der Minister von Fall zu Fall zu entscheiden.

Die Namen der in dem Seuchenbezirke liegenden Gemeinden und Pußten sind allen Gemeinden der Jurisdiction, insbesondere aber den an den Seuchenbezirk angrenzenden Gemeinden ohne Verzug bekannt zu geben und auch dem Minister anzuzeigen.

§. 42.

Nachdem die zum Seuchenbezirke gehörigen Gemeinden und Pußten vom veterinär-polizeilichen Standpunkte aus als seuchenverdächtig zu betrachten sind, so müssen in denselben die in den Punkten b) und c) des §. 32 angeordneten Schutzmaßregeln gleichfalls durchgeführt werden.

§. 43.

Während der Dauer der Sperre dürfen zwischen den zum Seuchenbezirke gehörigen Territorien oder aus denselben heraus keine mit Hornvieh bespannten Wägen verkehren, ebenso ist es auch verboten, frei gehendes Vieh, Schafe und Ziegen aus einem Hotter in den andern, oder aus dem Hotter heraus zu treiben. Während dieser Zeit dürfen weder Vieh-, Schaf- und Ziegenmärkte oder Ausstellungen abgehalten, noch auch von wiederkäuenden Thieren stammende Rohprodukte auf den Markt gebracht werden.

Unter besonderen Umständen kann auch die Abhaltung von Märkten in dem ganzen Gebiete der betreffenden Behörden verboten werden, allein nur nach vorheriger Anhörung der Seuchencommission und auf Grund einer besonderen ministeriellen Genehmigung.

§. 44.
Keulen des Viehes.

Das Keulen der von der Seuche befallenen oder seuchenverdächtigen Thiere ist an solchen Orten und in solchem Maße vorzunehmen, wo und in welchem Maße dies zur Verhinderung der Weiterverbreitung der Seuche oder zur gänzlichen Ausrottung derselben unbedingt nöthig ist.

Die gekeulten kranken Thiere sind vorschriftsmäßig zu verscharren, das Fleisch und die sonstigen Körpertheile der nach erfolgter Keulung als gesund befundenen Thiere dagegen sind nur in dem Falle und nur so zu verwerthen, wenn die vorschriftsmäßige Vornahme der Verwerthung auch die Möglichkeit der Verbreitung der Seuche ausschließt.

§. 45.
Erlöschen der Seuche.

Die in den §§. 36, 37 und 39 enthaltenen Bestimmungen treten erst dann außer Kraft, wenn der Umstand, daß die Seuche im ganzen Lande erloschen ist, amtlich kundgemacht wurde.

§. 46.

Die Seuche ist als erloschen zu erklären:

a) wenn während einundzwanzig Tagen seit dem im verseuchten Hotter, Orte, Bezirke oder Lande vorgekommenen letzten Falle des Umstehens, der Keulung oder der Genesung ein neuer Erkrankungsfall nicht mehr eingetreten ist;

b) wenn die Desinfection der inficirten Höfe vorschriftsmäßig vollzogen und

c) wenn der gesunde Zustand des Viehes in dem Seuchenorte oder Seuchenbezirke durch eine Untersuchung zweifellos constatirt worden ist.

§. 47.

Die Verfügungen über die Absperrung der von der Seuche betroffenen Höfe und Gemeinden, — über die Verscharrung des gefallenen Viehes an einem zu diesem Zwecke zu bestimmenden Orte und die diesfälligen Modalitäten, — über die Keulung der seuchenkranken und seuchenverdächtigen Thiere, — über die Absonderung der übrigen, für das Seuchencontagium empfänglichen wiederkäuenden Thiere, sowie über deren Beaufsichtigung und eventuell Keulung und Verscharrung, — über die Absperrung der übrigen Hausthiere, — über die ausnahmsweise Heilung der Erkrankten, — ferner die Vorschriften über den Transport der Rohprodukte von wiederkäuenden Thieren zur Zeit der Seuche auf der Eisenbahn oder auf Schiffen, — endlich das Desinfectionsverfahren — wird der Minister durch eine auf Grund dieses Gesetzes zu erlassende Instruction festsetzen.

IV. Abschnitt.
Tragung der Kosten und Schadenersatz.

§. 48.
Tragung der Kosten.

Die Kosten der zeitweiligen oder dauernden Absperrung der Landesgrenze, ferner die vorschriftsmäßigen Bezüge der zur außergewöhnlichen Absperrung einzelner Gegenden und Orte erforderlichen Militärpersonen, endlich die Diäten und Reiseauslagen der durch die Central-Seuchencommission im Falle der Nothwendigkeit als

Commissäre entsendeten Personen, Privat- und Thierärzte, werden durch den Staat bestritten.

§. 49.

Die mit der Absperrung der Hotter einzelner Gemeinden und Pußten verbundenen Auslagen für die erforderlichen Wächter haben die Gemeinden des betreffenden Seuchenbezirkes zu gleichen Theilen mit dem Staate zu tragen.

§. 50.

Die durch Schutz- und Ausrottungsmaßregeln innerhalb des Hotters einer von der Seuche betroffenen Gemeinde oder Pußta verursachten Kosten der Absonderung der kranken Thiere, Wegführung und Verscharrung der Cadaver treffen die bezügliche Gemeinde oder den Eigenthümer, beziehungsweise Pächter der Pußta.

§. 51.

Die Kosten der Desinfection einzelner verseuchter Höfe haben die betreffenden Eigenthümer, beziehungsweise Pächter zu tragen.

§. 52.

Schadenersatz.

Für dasjenige Vieh, welches entweder wegen Constatirung der Seuche auf Grund der §§. 33 und 34 dieses Gesetzes geschlagen wurde oder welches in Folge Auftrages der Central-Seuchencommission oder des Regierungscommissärs auf Grund des §. 44 dieses Gesetzes und der zu erlassenden Instruction gekeult wird, erhält der Eigenthümer einen Schadenersatz, wenn er

a) die Erkrankung seines Viehes sogleich angemeldet hat;
b) wenn weder er selbst, noch seine Leute durch Uebertretung irgend einer Bestimmung dieses Gesetzes den Schaden verursacht haben.

§. 53.

Für gesundes Vieh wird die Entschädigung im vollen Werthe desselben und mit Einrechnung des reinen Nutzens aus den zum Verkaufe allenfalls abgetretenen Theilen geleistet, für krankes Vieh hingegen wird nur die Hälfte des Werthes ersetzt.

§. 54.

Wenn seit der Einführung eines solchen Rindes (§. 7), welches gekeult wurde, 10 Tage noch nicht verflossen sind, so gebührt der Schadenersatz unter den im §. 52 enthaltenen Bedingungen nur in dem Falle, wenn nachgewiesen wird, daß das Vieh im Innern des Landes inficirt wurde.

§. 55.

Darüber, ob für denjenigen Schaden, welcher in Folge der wegen Ausrottung des Seuchencontagiums angeordneten Vernichtung inficirter oder contagiöser Gegenstände entstanden ist, — ein Ersatz geleistet werden soll oder nicht, entscheidet die Central-Seuchencommission auf Grund des Einschreitens der beschädigten Parteien von Fall zu Fall.

§. 56.

Schätzung des Schadens.

Die Höhe des durch Keulung des Viehes oder durch Vernichtung einzelner Gegenstände erlittenen Schadens wird auf Grund einer im Sinne der Instruction vorzunehmenden Schätzung bestimmt.

Die Grundlage der Schätzung bildet der wirkliche Werth des betreffenden Thieres oder Gegenstandes, welcher Werth ohne Rücksichtnahme auf das Ausbrechen der Seuche und auf die aus diesem Anlaße getroffenen Maßregeln lediglich den früheren Localpreisen gemäß anzunehmen ist.

§. 57.

Der auf Grund einer derartigen Schätzung und des Berichtes der Central-Seuchencommission festzusetzende Schadenersatz wird in möglichst kurzer Zeit durch die Staatscassa geleistet.

V. Abschnitt.

Verantwortlichkeit und Bestrafung der Uebertretungen.

§. 58.

Wer sich gegen dieses Gesetz oder gegen die auf Grund desselben erlassenen Verordnungen absichtlich vergeht oder den Dawiderhandelnden Beistand leistet, ist für den dadurch verursachten Schaden verantwortlich.

§. 59.

Der Eigenthümer des ohne die vorgeschriebenen Certificate zum Verkaufe aufgestellten, gekauften oder transportirten Viehes (Rinder, Schafe, Ziegen) wird für jedes Stück mit einer Strafe bis zu einhundert Gulden belegt.

Das mit falschen Certificaten zum Verkauf aufgestellte oder wissentlich mit falschen Zeugnissen gekaufte oder transportirte Vieh (Rindvieh, Schafe, Ziegen);

ferner das an der Grenze befindliche und in die Vormerkbücher (§. 14) nicht eingetragene Vieh, bezüglich dessen der Eigenthümer die Unterlassung der Anmeldung glaubwürdig zu rechtfertigen nicht vermag;

endlich die mit Durchbrechung der Ortssperre (§§. 32, 33 u. 42) oder der Grenzsperre (§§. 4 und 13) oder aber mit Umgehung der bestimmten Uebergangspunkte, Viehtriebstraßen (§. 1) und Contumazanstalten (§. 10) getriebenen oder geschmuggelten Thiere und Gegenstände — werden ohne Rücksicht auf die aus Anlaß der allfälligen Gefällsübertretung oder des Strafverfahrens eintretende Strafe — confiscirt.

Im Falle der Veräußerung gebührt — insoferne eine solche zu erfolgen hat — der einfließende Kaufschilling, beziehungsweise die Geldstrafe dem Staatsschatze.

§. 60.

Die gegen dieses Gesetz oder gegen die auf Grund desselben erlassenen Verordnungen vorsätzlich Handelnden werden nebst der Verpflichtung zum Schadenersatze (§. 58) und nebst der Confiscirung (§. 59) auch zum Ersatze derjenigen Kosten, welche mit den aus Anlaß des Vergehens oder der Unterlassung nothwendig gewordenen Verfügungen verbunden sind, und nach Umständen auch zu einer Geldstrafe bis 500 Gulden verurtheilt, welche gleichfalls in den Staatsschatz fließt; im Falle der Zahlungsunfähigkeit ist auf eine entsprechende Arreststrafe zu erkennen.

Ist die Gefahr einer Entweichung vorhanden, so kann der Betreffende durch die politische Behörde in Haft genommen werden.

§. 61.

Wer sich gegen dieses Gesetz oder gegen die auf Grund desselben erlassenen Verordnungen vergeht, wird, insoferne seine Handlung nach dem Strafgesetze keinen Gegenstand des Strafverfahrens bildet, für die Polizeiübertretung in den Fällen der §§. 59 und 60 nach dem ordentlichen Prozeßverfahren im administrativen Wege bestraft.

§. 62.

Die zum Behufe der Durchführung der Anordnungen dieses Gesetzes angestellten Staatsbeamten und Polizeiorgane, ferner die aus demselben Anlaße in Anspruch genommenen Ausschußmitglieder, Beamten und Angestellten der Jurisdictionen, endlich die Gemeindevorstände sind für die nicht in strafbarer Absicht, sondern aus Nachlässigkeit, Leichtsinn, Versäumniß und Unachtsamkeit begangene Verletzung oder nicht pünktliche Vollziehung der Anordnungen dieses Gesetzes, oder der auf Grund desselben erlassenen behördlichen Verordnungen und der ihnen demgemäß obliegenden Verpflichtungen, beziehungsweise für den in Folge dessen entstandenen Schaden — u. z. die Letzteren schon auf Grund der Gesetzartikel XLII vom Jahre 1870 und XVIII vom Jahre 1871 — verantwortlich.

§. 63.

Die auf Grund dieses Gesetzes eingeleiteten Strafverhandlungen, Disciplinar- und Schadenersatzklagen sind durch die königlichen Gerichte sofort zu erledigen.

§. 64.

Mit dem Vollzuge dieses Gesetzes wird der Minister für Ackerbau, Gewerbe und Handel beauftragt.

XXI. Gesetzartikel
über die für die königlich ungarische Universität zu Budapest zu erbauende chirurgische Klinik.

(Sanctionirt am 15. Juli 1874. Kundgemacht im Abgeordnetenhause am 22. Juli, im Oberhause am 23. Juli 1874.)

Der Minister für Cultus und Unterricht wird bevollmächtigt, die für die Budapester königlich ungarische Universität erforderliche chirurgische Klinik auf den zu diesem Zwecke in der Uellöer Straße angekauften Gründen zu erbauen und einzurichten und die Baukosten bis zu einer Höhe von viermalhunderttausend Gulden aus den demnächst anzuhoffenden Einkünften des Budapester Universitäts=fondes zu decken.

XXII. Gesetzartikel
über das Verfahren bei betrügerischer oder leichtsinniger Crida.

(Sanctionirt am 15. Juli 1874. Kundgemacht im Abgeordnetenhause am 22. Juli, im Oberhause am 23. Juli 1874.)

§. 1.

Ueber den Umstand, ob eine betrügerische oder durch strafbare Fahrlässigkeit entstandene Crida vorliegt, entscheidet in Hinkunft das Strafgericht; zu diesem Zwecke ist das die Concurseröffnung an=ordnende Urtheil gleichzeitig mit dem Edikte auch der Staatsanwaltschaft jenes Gerichtshofes mitzutheilen, welcher die Eröffnung des Concurses verfügt hat.

Das Budapester Handels- und Wechselgericht hat das durch dasselbe gefällte Urtheil über die Concurseröffnung dem Pester kön. Gerichtshofe und der bei demselben bestehenden Staatsanwaltschaft mittelst besonderer Zuschriften mitzutheilen.

Die Untersuchung kann in solchen Fällen nur durch einen Richter des Gerichtshofes durchgeführt werden.

§. 2.

Die Staatsanwaltschaft ist berechtigt, die Akten, Handelsbücher und Urkunden bei dem Concursgerichte oder bei dem Massavertreter wann immer einzusehen und sich Auszüge und Abschriften zu nehmen.

Dasselbe Recht steht auch dem Untersuchungsrichter zu, welcher überdies befugt ist, die für die Untersuchung erforderlichen Akten, Bücher und Urkunden mit Beschlag zu belegen und, falls dieselben beim Gerichtshofe erliegen, sich wegen Anschluß derselben zu den Untersuchungsakten an den Gerichtshof zu wenden.

§. 3.

Wenn der Cribatar es unterlassen hat, seinen Vermögensstand dem Concursgerichte auf die im §. 11 des Gesetzartikels XXII v. J. 1840 vorgeschriebene Weise anzuzeigen und dieses Versäumniß nicht hinreichend rechtfertigt, so hat der Untersuchungsrichter den Cribatar über diesen Umstand — u. z. nöthigenfalls unter Erlassung eines Vorführungsbefehles — einzuvernehmen.

§. 4.

Bezüglich des Verfahrens sind die bestehenden Strafprozeß=vorschriften, sowie die Praxis maßgebend.

§. 5.

Die Untersuchung hemmt den Lauf des Concursverfahrens nicht; steht jedoch der Cribatar wegen Anerkennung falscher Forderungen in Untersuchung, so muß die Urtheilsschöpfung über die Echtheit jener Forderungen, welche im Falle der Zusprechung mit den einen Gegenstand der Untersuchung bildenden Forderungen aus einer und derselben Massa auszuzahlen wären, so lange suspendirt werden, bis das Strafverfahren durch einen rechtskräftigen Einstellungsbeschluß oder ein rechtskräftiges Urtheil beendet ist.

§. 6.

Die Strafe hat das Strafgericht im Sinne der §§. 130 und 131, beziehungsweise des durch den §. 5 des Gesetzartikels VII vom Jahre 1844 abgeänderten §. 128 des Gesetzartikels XXII vom Jahre 1840 festzusetzen.

§. 7.

Rechtskräftige Beschlüsse oder Urtheile des Strafgerichtes sind hinsichtlich der darin constatirten Thatsachen für das Concursgericht maßgebend.

§. 8.

Die Punkte a), b), c) und d) des §. 130 des G.-A. XXII v. J. 1840, sowie der §. 5 des G.-A. VII v. J. 1844 werden — insoferne nicht einzelne Bestimmungen des letzteren hiemit ausdrücklich aufrecht erhalten worden sind — außer Wirksamkeit gesetzt.

§. 9.

Auf die vor der Wirksamkeit dieses Gesetzes eröffneten Concurse sind, wenn gegen den Cridatar eine Untersuchung wegen seines Concurses nicht im Zuge ist, die bisher geltenden Gesetze anzuwenden.

§. 10.

Gegenwärtiges Gesetz hat nur für jenes Gebiet Giltigkeit, in welchem der Gesetzart. XXII v. J. 1840 in Wirksamkeit ist.

§. 11.

Mit dem Vollzuge dieses Gesetzes wird der Justizminister beauftragt.

XXIII. Gesetzartikel
über die Großjährigkeit der Frauenspersonen.

(Sanctionirt am 17. Juli 1874. Kundgemacht im Abgeordnetenhause am 22. Juli, im Oberhause am 23. Juli 1874.)

§. 1.

Ledige Frauenspersonen werden, sobald sie das 24. Lebensjahr erreicht haben, großjährig und treten in den Genuß aller mit der Großjährigkeit verbundenen Rechte.

§. 2.

Jede Frauensperson wird mit ihrer Verehelichung, ohne Rücksicht auf ihre Lebensjahre, großjährig und behält dieses Recht auch vor Erreichung des im §. 1 bestimmten Alters, falls sie Wittwe, vom Manne gerichtlich geschieden oder ihre Ehe aufgelöst wird.

§. 3.

Mit dem Vollzuge dieses Gesetzes wird der Justizminister beauftragt.

XXIV. Gesetzartikel
über die praktische Richteramtsprüfung.

(Sanctionirt am 18. Juli 1874. Kundgemacht im Abgeordnetenhause am 22. Juli, im Oberhause am 23. Juli 1874.)

§. 1.

Die praktische Richteramtsprüfung kann bei jeder königlichen Tafel abgelegt werden.

§. 2.

Die Prüfungscommission besteht aus dem Präsidenten und zwei Richtern der königlichen Tafel.

Die Commissionsmitglieder ernennt der Präsident der betreffenden königlichen Tafel.

§. 3.

Zur praktischen Richteramtsprüfung ist jeder ungarische Staatsbürger zuzulassen, welcher außer den im §. 7, Abs. 2, a) des Gesetzartikels IV v. J. 1869 erwähnten Erfordernissen nachweist, daß er nach Beendigung seiner Studien und nach Ablegung der vorgeschriebenen Staatsprüfung oder des ersten Rigorosums drei Jahre hindurch in gerichtlicher Praxis gestanden ist.

§. 4.

Von der dreijährigen Gerichtspraxis müssen wenigstens zwei Jahre bei Gericht, ein Jahr hingegen bei Gericht, der Staatsanwaltschaft oder einem Advokaten zugebracht werden.

In die Gerichtspraxis wird nur jene Zeit eingerechnet, welche in derselben ausschließlich zugebracht wurde; die Zeit der Krankheit, des Militärdienstes oder des Urlaubes jedoch nur dann, wenn dieselbe während eines Jahres im Ganzen 2 Monate nicht überschreitet. Die diese Dauer überschreitende Zeit ist nicht einrechenbar.

§. 5.

Eine Befreiung von den in den §§. 3 und 4 angeführten Erfordernissen ist nicht zulässig.

§. 6.

Gegenstände der praktischen Richteramtsprüfung sind: das allgemeine ungarische Recht; das bürgerliche, Straf-, Berg-, Wechsel- und Handelsrecht, das materielle und formelle Recht; endlich die politischen und finanziellen Gesetze und Vorschriften.

§. 7.

Die Prüfung ist eine schriftliche und mündliche.

Bei der schriftlichen Prüfung hat der Candidat in einem Civil- und in einem Strafprozesse den Aktenauszug zu verfassen und das Urtheil zu entwerfen.

Die mündliche Prüfung ist öffentlich und hat bezüglich eines jeden Candidaten wenigstens eine Stunde zu dauern.

Sowohl die mündliche, als auch die schriftliche Prüfung ist in der Amtssprache des Staates abzulegen, für das Gebiet von Fiume wird jedoch der bisherige Usus aufrecht erhalten.

§. 8.

Nach Ablegung der Prüfung entscheidet die Commission mit Stimmenmehrheit über die Befähigung des Candidaten.

Als befähigt kann nur derjenige Candidat erklärt werden, welcher sowohl bei der schriftlichen, als auch bei der mündlichen Prüfung gleichmäßig dargethan hat, daß er die zur selbstständigen Ausübung des Richteramtes erforderlichen juridischen Kenntnisse, sowie auch die entsprechende Urtheilsfähigkeit und Fachbildung besitzt.

§. 9.

Wenn der Candidat von der Commission zurückgewiesen wurde, so kann er die Prüfung wiederholen, er muß jedoch nachweisen, daß er neuerdings durch sechs Monate bei einem Gerichte practicirt und daselbst während dieser Zeit den entsprechenden Fleiß an den Tag gelegt hat.

Im Falle einer abermaligen Zurückweisung ist eine Wiederholung der Prüfung nicht mehr zulässig.

§. 10.

Dem als befähigt erkannten Candidaten stellt die kön. Tafel ein Diplom aus, welches aber nur dahin zu lauten hat, daß der Candidat als befähigt erkannt wurde.

§. 11.

Hinsichtlich eines jeden Candidaten wird ein besonderes Prüfungs-protokoll aufgenommen, welches jedoch nur den Beschluß der Commission zu enthalten hat und durch die Mitglieder derselben zu unterschreiben ist.

§. 12.

Das Richterdiplom ist mit einem Gulden-Stempel zu versehen; für die Ablegung der praktischen Richteramtsprüfung und für die Ausstellung des Diploms ist keine Gebühr zu entrichten.

§. 13.

Die Wirksamkeit eines jeden durch eine kön. Tafel ausgestellten Richterdiploms erstreckt sich auf das ganze Land.

§. 14.

Mit dem Vollzuge dieses Gesetzes wird der Justizminister beauftragt.

XXV. Gesetzartikel
über die Organisirung der Landes-Statistik.

(Sanctionirt am 18. Juli 1874. Kundgemacht im Abgeordnetenhause am 22. Juli, im Oberhause am 23. Juli 1874.)

§. 1.

Die Evidenzhaltung des öffentlichen Zustandes der ungarischen Kronländer und deren von Jahr zu Jahr wechselnden Verhältnisse von allgemeinem Interesse wird hiemit angeordnet.

§. 2.

Die Leitung der Landes-Statistik, die Sammlung der statistischen Daten im Lande, sowie deren Bearbeitung, Zusammenstellung und

Veröffentlichung besorgt das statistische Centralbureau, welches dem Ministerium für Ackerbau, Gewerbe und Handel unmittelbar untergeordnet ist.

Die einzelnen Ministerien übergeben das in deren Bereich gehörige statistische Materiale gleichfalls dem statistischen Bureau.

§. 3.

Dem statistischen Bureau steht als Fachkörper der statistische Landesrath zur Seite, welcher aus Vertretern der einzelnen Fachministerien, sowie aus den durch den Minister für Ackerbau, Gewerbe und Handel ernannten Fachmännern besteht.

Präsident des Rathes ist der Handelsminister oder dessen Stellvertreter.

§. 4.

Diesem Rathe sind die Entwürfe und Muster der durch das statistische Centralbureau zu veranlassenden Landesaufnahmen immer vorher mitzutheilen.

Ebenso sind auch die Entwürfe der durch die Fachministerien zu ihren eigenen Zwecken angeordneten neuen Aufnahmen der vorherigen Begutachtung des statistischen Rathes zu unterziehen; sollte jedoch das Interesse des öffentlichen Dienstes einen Aufschub nicht zulassen, so hat die Mittheilung an den Rath nachträglich zu erfolgen.

§. 5.

Die Regierungsorgane, Kirchen-, Civil- und Militärbehörden sind verpflichtet, die zu dem im §. 1 bestimmten Zwecke nöthigen Daten zu verschaffen und dem statistischen Centralbureau selbst zuzumitteln.

Privatinstitute, Vereine und Gesellschaften, welche für Zwecke der Oeffentlichkeit und des allgemeinen Interesses thätig sind, haben aus dem Bereiche ihrer Wirksamkeit die aus obigem Anlasse erforderlichen Daten dem statistischen Bureau über dessen Aufforderung unmittelbar einzusenden.

§. 6.

Zum Behufe der Sammlung des statistischen Materiales im amtlichen Wege, sowie zu dessen fachgemäßer Beurtheilung und Zusammenstellung hat der Ausschuß einer jeden Jurisdiction eine ständige statistische Commission aufzustellen.

§. 7.

Der Wirkungskreis des statistischen Centralbureaus und Rathes, sowie der statistischen Commissionen bei den Municipien wird durch besondere Vorschriften näher bestimmt werden.

Diese Vorschriften setzt der Minister für Ackerbau, Gewerbe und Handel nach Anhörung des statistischen Rathes fest.

Der statistische Rath und die Mitglieder der statistischen Commissionen fungiren unentgeltlich.

§. 8.

Für die Richtigkeit und pünktliche Mittheilung der Daten sind die Behörden, sowie die zu deren unmittelbarer Bekanntgabe verpflichteten Institute, Vereine und Gesellschaften (§. 5) verantwortlich. Diejenigen Daten, welche in Folge entsprechender amtlicher Aufforderung, beziehungsweise Mittheilung der Mängel, ohne gehöriger oder annehmbarer Begründung der Versäumniß unrichtig oder gar nicht geliefert werden, sind auf Rechnung und Kosten des schuldtragenden Organes an Ort und Stelle zu sammeln.

§. 9.

Mit dem Vollzuge dieses Gesetzes wird der Minister für Ackerbau, Gewerbe und Handel, in Kroatien, Slavonien und Dalmatien hingegen der kroatisch-slavonisch-dalmatinische Banus beauftragt.

XXVI. Geſetzartikel
über den Nachtragscredit von 500.000 Gulden für das den Jurisdictionen zu gewährende Nothſtands-Anlehen.

(Sanctionirt am 18. Juli 1874. Kundgemacht im Abgeordnetenhauſe am 22. Juli, im Oberhauſe am 23. Juli 1874.)

§. 1.

Außer der im Geſetzart. XXXV v. J. 1873 für Nothſtands-zwecke votirten Summe wird dem Miniſter des Innern ein weiterer Betrag von 500.000 Gulden zur Verfügung geſtellt, aus welchem gegen Gutſtehung der Jurisdictionsausſchüſſe Darlehen zu dem Behufe vertheilt werden können, damit hiedurch ſowohl die zur Unterſtützung von Arbeitsunfähigen berufenen Organe ihren Verpflichtungen nachkommen, als auch Korporationen und Einzelne in dieſer Richtung Hilfe leiſten können.

§. 2.

Dieſer Betrag wird unter Capitel II, Titel 5 der im §. 2, Abſ. B) des Geſetzartikels XXXV v. J. 1873 angeführten außerordentlichen Ausgaben, u. z. zuſammen mit der daſelbſt votirten Summe von einer Million Gulden zu verrechnen ſein. Zur Deckung desſelben ſind gleichfalls die aus der Verwerthung eines Theiles des Staatsvermögens zu realiſirenden und im §. 3 unter B) vorkommenden außergewöhnlichen Einnahmen unter Cap. II, Tit. 10 in Anſpruch zu nehmen.

§. 3.

Mit dem Vollzuge des gegenwärtigen Geſetzes wird der Finanzminiſter und der Miniſter des Innern beauftragt.

XXVII. Gesetzartikel
betreffend die mit dem Fürstenthume Rumänien über die Eisenbahnanschlüsse am 31. Mai 1874 abgeschlossene Convention.

(Sanctionirt am 30. Juli 1874. Kundgemacht in beiden Häusern des Reichstages am 1. August 1874.)

Die durch die Bevollmächtigten Sr. kaiserlichen und königlichen Apostolischen Majestät und Sr. Hoheit des Fürsten von Rumänien in Betreff des gleichzeitigen Ausbaues und Betriebes der in dem Vertrage angeführten, bei Orsova und Tömös sich anschließenden ungarisch-rumänischen Eisenbahnen auf die im Cap. III des Gesetzartikels XVI v. J. 1867 vorgeschriebene Weise abgeschlossene und am 31. Mai 1874 zu Bukarest unterfertigte Eisenbahnconvention wird, nachdem dieselbe durch den Reichstag angenommen und durch beide vertragschließenden Theile auf die übliche Art ratificirt worden ist, hiemit inarticulirt.

Der Wortlaut derselben ist folgender:

Die Regierung Sr. Majestät des Kaisers von Oesterreich, Königs von Böhmen u. s. w. und des Apostolischen Königs von Ungarn, sowie

Die Regierung Sr. Hoheit des Fürsten von Rumänien, von dem gleichen Wunsche beseelt, ihren Unterthanen neue Verkehrserleichterungen zu verschaffen und die gegenseitigen Verhältnisse der beiden Grenzstaaten zu regeln, haben beschlossen, eine Convention über die Verbindung ihrer Eisenbahnen einzugehen und aus diesem Anlaße zu ihren Bevollmächtigten ernannt:

Se. kaiserliche und königliche Apostolische Majestät: den diplomatischen Agenten und Generalconsul, Freiherrn v. Calice, Ritter des eisernen Kronenordens II. Klasse u. s. w., und

Se. Hoheit der Fürst von Rumänien: seinen Minister den Herrn Boéresco, Staatssecretär des Aeußern u. s. w.,

welche nach gegenseitiger Mittheilung ihrer in guter und gehöriger Form befundenen Vollmachten sich über nachstehende Artikel geeinigt haben:

Artikel I.

Die hohen vertragschließenden Theile haben beschlossen, ohne andere Verbindungslinien, welche später im gemeinsamen Interesse der beiden Grenzstaaten zu errichten wären, auszuschließen und unabhängig von der bereits bestehenden Bahnverbindung bei Itzkani-Burdujeni, einen Anschluß ihrer

Eisenbahnen unter den in dieser Urkunde angeführten Bedingungen an den Grenzpunkten Vercserova (Orsova) und Tömös (Predeal) herzustellen.

Artikel II.

Nachdem die bei Jtzkani-Burdujeni endigenden Linien bereits ausgebaut und dem Verkehre übergeben sind, so sanctioniren die beiden Regierungen auf diesen Linien den freien internationalen Verkehr über die Grenzen und verpflichten sich, von nun an die verschiedenen polizeilichen, Zoll- und sonstigen internationalen Verhältnisse beider Länder durch eine besondere Convention zu regeln.

Die beiden anderen Anschlußlinien dagegen sollen unter den gleichen Bedingungen als Eisenbahnen ersten Ranges auf nachfolgende Weise hergestellt werden:

Erstere in der Richtung von Temesvar über Orsova (Vercserova) nach Turn-Severin, als Anschluß an die im Baue befindliche Linie Bukarest-Vercserova;

die zweite hingegen von Kronstadt aus über den Tömös- (Predeal-) Paß nach Plojesti, als Anschluß an die Linie Bukarest-Galatz.

Artikel III.

Bezüglich der im vorhergehenden Artikel erwähnten Vercserovaer Anschlußlinie wird die Regierung Sr. Majestät des Kaisers und Königs die erforderlichen Verfügungen treffen, damit dieselbe im eigenen Gebiete bis zur Grenze binnen vier Jahren vom Tage des Austausches der Ratification dieses Vertrages gebaut und in Betrieb gesetzt werde. Dagegen verpflichtet sich die fürstliche Regierung, die bei Vercserova an die Grenze reichende und das rumänische Eisenbahnnetz über Orsova mit dem ungarischen Bahnnetze verbindende Linie innerhalb derselben Frist ausbauen und in Betrieb setzen zu lassen.

Artikel IV.

In Betreff der im Art. III in zweiter Reihe angeführten und über den Tömös-Paß herzustellenden Anschlußlinie verpflichten sich die beiden Regierungen, die nöthigen Maßregeln zu treffen, damit seitens jeder derselben der Bau der Bahn und die Eröffnung des Betriebes innerhalb des eigenen Gebietes binnen vier Jahren vom Tage des Austausches der Ratification dieses Vertrages garantirt werde.

Artikel V.

Die beiden Regierungen verpflichten sich ferner, die zur Bestimmung des Grenz-Anschlußpunktes der beiden Strecken der Kronstadt-Plojestier Linie erforderlichen Studien und technischen Vorarbeiten durch eine sogleich nach Abschluß dieses Vertrages an Ort und Stelle zu entsendende Specialcommission vornehmen zu lassen. Die Beendigung dieser Arbeiten und die definitive Festsetzung des Tömöser Anschlußpunktes wird durch beide

Regierungen längstens innerhalb eines Jahres, von der Ratificirung dieses Gesetzes an gerechnet, veranlaßt werden.

Artikel VI.

Die beiden Regierungen erkennen die Nützlichkeit anderer drei Anschlüsse ihrer Bahnen, u. z. durch den Vulkan- und Rothenthurm-, sowie durch den Uz- oder Ojtor- oder Ghymes- (Palanka-) Paß prinzipiell an, ohne jedoch zu deren Ausbau eine Frist zu bestimmen. Es wird dies den Gegenstand einer späteren Vereinbarung dann bilden, sobald es beide Theile für zweckmäßig erachten.

Artikel VII.

Auf jeder Anschlußlinie soll eine gemeinschaftliche internationale Station errichtet werden, welche später nach vorheriger gegenseitiger Vereinbarung der beiden hohen vertragschließenden Theile bestimmt werden wird.

Die Bahnhofspolizei werden in erster Linie die Bahnbeamten unter Aufsicht der competenten Behörden beider Staaten und im Sinne der in dem betreffenden Gebiete zu Recht bestehenden Gesetze und Vorschriften ausüben.

Sowohl in diesen, lediglich in Betreff des Bahnverkehres und der Zollmanipulation gemeinschaftlichen Bahnhöfen, als auch auf den zwischen denselben und der Grenze liegenden Bahnstrecken bleibt das volle Oberhoheitsrecht sammt der Gerichtsbarkeit und der Polizeigewalt ausschließlich demjenigen Theile vorbehalten, auf dessen Gebiete der Grenzbahnhof liegt; ungeachtet dessen soll jedoch die benachbarte Regierung berechtigt sein:

1) Gegen die in dem erwähnten Bahnhofe und auf den betreffenden Strecken angestellten eigenen Unterthanen wegen eines gegen ihr Vaterland begangenen Verbrechens oder Vergehens die Untersuchung einzuleiten.

2) Bezüglich der Civilgerichtsbarkeit soll der betreffende Staat berechtigt sein:
   a) die Verlassenschaften dieser Beamten oder Angestellten zu ordnen;
   b) hinsichtlich des Vermögens der erwähnten Beamten oder Angestellten den Concurs zu verhängen, beziehungsweise die Liquidation einzuleiten.

Der Gerichtsbarkeit des Landes bleibt ungeachtet dessen das Recht unbenommen, die im eigenen Gebiete vorfindlichen Güter als unter einem besonderen Concurse stehend zu erklären.

Die contrahirenden Regierungen werden den competenten Behörden in allen Fällen gegenseitig die erforderliche und gesetzliche Unterstützung gewähren.

Hinsichtlich der Betriebseinnahmen der gemeinschaftlichen Bahnhöfe und deren Appertinentien, sowie auch der den Eigenthümern unter diesem Titel zu leistenden besonderen Entschädigungen werden die beiderseitigen Bahnverwaltungen, unter Vorbehalt der Zustimmung der betreffenden Regierung, eine besondere Vereinbarung abschließen.

Artikel VIII.

Die zu erbauenden Bahnen sollen, insoferne es das gemeinsame Interesse erfordert, nach gleichförmigen Vorschriften hergestellt und im Betriebe erhalten werden; namentlich:

1) werden die Schienen in Uebereinstimmung mit den Grenzbahnen einen inneren Abstand von 4 Fuß 8½ Zoll (englisches Maß) haben;

2) sind die Locomotiven und Waggons, insoweit dies thunlich ist, gleichförmig und für jeden Fall derart zu verfertigen, daß dieselben auf der ganzen Strecke dieser Bahnen anstandslos verkehren können;

3) sollen die Puffer der Locomotiven und Waggons derart angebracht sein, daß sie mit den Dimensionen übereinstimmen, welche auf den in beiden Staaten im Betriebe stehenden Bahnen angenommen sind;

4) sollen in beiden Gebieten solche Signalvorschriften in Anwendung gebracht werden, welche bezüglich der Grundprincipien auf beiden Bahnlinien gleichförmig sind;

5) wird auf der ganzen Strecke dieser Bahnen weder in Betreff der Beförderungsart oder der Gebühren, noch auch des Zeitpunktes der Abfertigung ein Unterschied zwischen den Unterthanen beider Länder gemacht werden;

6) sollen die aus einem Staatsgebiete in das andere beförderten Reisenden und Waaren in dem Gebiete desjenigen Landes, in dem sie angelangt sind, nicht ungünstiger behandelt werden, als die im Innern eines der beiden Länder verkehrenden Personen und Waaren;

7) behalten sich übrigens beide Regierungen das unbeschränkte Recht vor, die in ihrem Gebiete giltigen Preistarife herabzusetzen und verpflichten sich, dieses Recht einem Dritten, namentlich den Concessionären gegenüber, in der bestimmtesten Weise respectiren zu lassen;

8) nachdem die im Artikel II erwähnten drei Bahnen den Zweck haben, nicht nur zwischen der österr.-ungarischen Monarchie und Rumänien, sondern gleichzeitig auch mit ganz Europa eine directe Verbindung herzustellen, so werden beide Regierungen die Fahrordnung im gegenseitigen Einverständnisse festsetzen und dafür Sorge tragen, damit die Personen- und Lastzüge, welche den Transitoverkehr auf diesen Bahnen vermitteln — soweit dies thunlich ist — einen directen und bequemen Anschluß sowohl an jene Züge der österreichischen oder ungarischen Bahnen haben, welche in Itzkani-Burdujeni und an den entsprechenden Stationen der beiden Linien Vercserova und Tömös anlangen, als auch an jene Züge, welche von diesen Stationen abgehen.

Bezüglich der Anzahl der Personenzüge wird ausdrücklich ausbedungen, daß zum Zwecke der Post- und Personenbeförderung täglich wenigstens ein Zug nach jeder Richtung hin verkehren soll; diese Züge müssen, die Aufenthalte mit inbegriffen, pr. Stunde eine mittlere Geschwindigkeit von mindestens 4½ Meilen haben und mit der Zeit des Abganges und der Ankunft der Anschlußzüge, soweit dies thunlich ist, im Einklange stehen.

Beide Regierungen bestimmen und genehmigen die Fahrordnung der Züge und die Preistarife; letztere sind nach möglichst gleichen Grundsätzen festzustellen und werden, soweit thunlich, die Bedürfnisse des internationalen Handels begünstigen.

Artikel IX.

Beide Regierungen werden zum Behufe der Ausübung ihrer Territorial- und Aufsichtsrechte permanente Commissäre bestellen und dieselben mit der Vertretung in ihren Beziehungen zur Bahnverwaltung in allen Fällen betrauen, welche unmittelbar weder zum gerichtlichen, noch zum polizeilichen Wirkungskreise gehören.

Diese mit der Oberaufsicht über die betreffenden Eisenbahnen betrauten Commissäre können mit einander in allen Fragen, welche sich auf den Bahnbetrieb oder die Interessen des Handels beziehen, auch unmittelbar verkehren.

Artikel X.

Beide contrahirenden Theile versprechen sich gegenseitig, auf den in Folge dieses Vertrages zu errichtenden Stationen weder ein Amt, noch eine Beschäftigung wissentlich an solche Individuen zu übertragen, welche wegen gemeiner Verbrechen oder Vergehen, wegen Schleichhandels oder schwereren Uebertretungen gegen die Verzehrungssteuervorschriften ordnungsmäßig verurtheilt worden sind.

Diejenigen Beamten und Angestellten, welche im Grunde dieser Convention in dem Gebiete des andern Staates in Verwendung stehen, sind in Betreff ihres Dienstverhältnisses und der Disciplin ausschließlich von jener Regierung abhängig und derjenigen untergeordnet, von welcher sie ernannt wurden.

Artikel XI.

Zum Behufe der möglichsten Erleichterung des internationalen Verkehrs werden die durch die beiden contrahirenden Regierungen an der Grenze aufgestellten Zollämter auf der (später zu bestimmenden) Zwischenstation knapp neben einander errichtet werden und wird daselbst ein jedes derselben bezüglich der Einhebung der Einfuhr-, Ausfuhr- und Transitogebühren seinem eigenen Wirkungskreise gemäß amtshandeln.

Diese Zollämter sind auch von beiden Seiten mit der nöthigen und den Anforderungen eines raschen Verfahrens entsprechenden Vollmacht zu versehen.

Artikel XII.

Rücksichtlich der festzustellenden speziellen Formalitäten desjenigen Verfahrens, welches sowohl bei der zollämtlichen Untersuchung des Gepäckes der Reisenden und der ein- und austretenden Handelswaaren, als auch bei der weiteren zollämtlichen Behandlung zu beobachten ist, garantiren die beiden Regierungen einander gegenseitig, daß die in Frage stehenden Bahnlinien nicht minder günstig behandelt werden sollen, als welche immer ihrer in das Ausland führenden Eisenbahnen, und daß sie gleichzeitig auch im Interesse des Handelsverkehres jedwede Erleichterung und alle mit den in ihren Staaten giltigen Gesetzen vereinbarlichen Vereinfachungen gestatten werden.

Artikel XIII.

Die beiden Regierungen gewähren volle Zollfreiheit:
a) den Angestellten der genannten Eisenbahnen in Betreff ihrer Effecten (insoferne diese bereits im Gebrauche waren); die kaif. und kön. Regierung räumt überdies die gleiche Zollfreiheit
b) den in den Zwischenstationen in Verwendung stehenden fürstlichen Zoll-, Post- und Polizei-Angestellten bezüglich deren Effecten ein (insoferne dieselben gleichfalls bereits im Gebrauche gestanden sind).

Artikel XIV.

Die Regierung Sr. kaif. und kön. Majestät willigt ein, daß die durch die fürstliche Regierung in Betreff der Fremden eingeführte polizeiliche Aufsicht auf dem gemeinschaftlichen Bahnhofe gleichzeitig auch durch rumänische Beamte ausgeübt werde.

Die Ausübung der Aufsicht hat auf Grundlage der vollen Reciprocität zu erfolgen und ein jeder der vertragschließenden Theile soll seinerseits bezüglich der anlangenden und abreisenden Personen gleichmäßig jene Polizeivorschriften und Gesetze anwenden können, welche in dem betreffenden Staate Geltung haben.

Artikel XV.

Die hohen vertragschließenden Theile werden ihre Polizeiorgane mit den nöthigen Instructionen über den Wirkungskreis und die Competenz derselben versehen.

Artikel XVI.

Beide Regierungen werden Vorsorge treffen, damit die Beamten beider Staaten, welche sich als solche entweder durch ihre Uniform oder aber durch Legitimationen ihrer Vorgesetzten ausweisen, von den Paßformalitäten dann enthoben werden, wenn sie in ihrem aus diesem Vertrage entspringenden Dienste die Grenze überschreiten müssen.

Artikel XVII.

Die Post- und Telegrafenverwaltungen beider Staaten werden sich rücksichtlich derjenigen Instruction, welche in Betreff des auf den fraglichen Eisenbahnlinien ins Leben tretenden Dienstes festzusetzen ist, nachträglich einigen.

Uebrigens wird schon jetzt bestimmt, daß die Post- und Telegrafenanstalten mit den Anforderungen eines geregelten Verkehres in Einklang gebracht werden müssen.

Artikel XVIII.

Die betreffenden Verwaltungen sind verpflichtet, in den im Art. VII bestimmten Zwischenstationen alle jene Localitäten herzustellen und zu erhalten, welche zur Unterbringung der internationalen Aemter, sowie auch als Wohnungen für die Beamten und als Kasernen für die Zoll-, Polizei- und Verzehrungssteuer-Wachmannschaft erforderlich sind.

Eine jede der beiden Regierungen wird sich mit den Bahnverwaltungen besonders und unmittelbar über alles das ins Einvernehmen setzen, was den Umfang der erwähnten Verpflichtungen, die Möblirung, Heizung, Beleuchtung in den am Bahnhofe errichteten Aemtern und sonstigen Localitäten, ferner die Aufsicht über die Reinigung und eventuell die Erfordernisse der Beamtenwohnungen betrifft.

Schließlich werden sie sich auch über die Frage einigen, welche Entschädigung den Gesellschaften für jene Vorschüsse gebührt, welche dieselben aus Anlaß der Erfüllung der oben angeführten Verpflichtungen geleistet haben.

Artikel XIX.

Beide Regierungen verpflichten sich im gemeinsamen Interesse des Verkehres, das Paßwesen, soweit als dies die Sicherheit des Staates zuläßt, zu erleichtern.

Artikel XX.

Gegenwärtige Convention wird nach erfolgter Genehmigung der betreffenden gesetzgebenden Körper in Wirksamkeit treten und sollen die Ratificationsurkunden in Bukarest ausgetauscht werden.

Urkund dessen haben beide Bevollmächtigten die gegenwärtige Convention unterfertigt und mit ihrem Siegel versehen.

So geschehen zu Bukarest in drei Exemplaren am 19./31. Mai 1874.

L. S. *Baron Heinrich Calice*, m. p.

L. S. *V. Boéresco*, m. p.

XXVIII. Gesetzartikel
über den Ausbau der Temesvar-Orsovaer Eisenbahn.

(Sanctionirt am 30. Juli 1874. Kundgemacht in beiden Häusern des Reichstages am 1. August 1874.)

§. 1.

Die Concessionsurkunde über den Ausbau und Betrieb der Temesvar-Orsovaer Locomotiveisenbahn wird durch dieses Gesetz genehmigt und inarticulirt.

§. 2.

Gegenwärtiges Gesetz tritt erst nach der gegenseitigen Ratificirung und Auswechslung der mit Rumänien in Betreff der Eisenbahnanschlüsse eingegangenen Convention in Wirksamkeit und wird mit dessen Vollzuge der Minister für öffentliche Arbeiten und Communicationen, sowie der Finanzminister beauftragt.

Concessionsurkunde
über den Ausbau und Betrieb der Temesvar-Orsovaer Eisenbahn.

Die kais. kön. privilegirte österreichische Staatseisenbahngesellschaft erhält unter folgenden Bedingungen das Recht zum Baue und Betriebe einer an dem gegen Bazias liegenden Ende des Temesvarer Bahnhofes beginnenden, über Lugos, Karansebes und bei Mehadia nach Orsova bis zur Landesgrenze führenden Locomotiveisenbahn.

Allgemeine Bedingungen.

§. 1.

Der Concessionär ist verpflichtet, sich beim Baue und Betriebe der concessionirten Bahn insolange an den Inhalt der gegenwärtigen Concessionsurkunde, ferner an die durch den Minister für öffentliche Arbeiten und Communicationen am 20. April 1868 unter Z. 4973 erlassene und vom

Reichstage genehmigte provisorische Eisenbahn-Concessions-Vorschrift, sowie an das im §. 8 des Zoll- und Handelsvertrages vom Jahre 1867 provisorisch angenommene Eisenbahn-Betriebsreglement zu halten, bis die an Stelle dieser Vorschriften durch die vaterländische Legislative zu schaffenden neuen Gesetze und die durch die Regierung zu erlassenden Verordnungen nicht ins Leben treten, und sich sowohl diesen, als auch bis zu deren Einführung den durch die ungarische Regierung an den bestehenden Vorschriften vorzunehmenden jedweden Aenderungen zu fügen und unbedingt zu unterwerfen.

§. 2.

Der Bau der Bahn und deren Betriebseinrichtung wird nach Maßgabe der durch den Concessionär auszuarbeitenden und der Regierung zur Ueberprüfung und Genehmigung vorzulegenden allgemeinen und Detailprojecte erfolgen, bei deren Ausarbeitung insbesondere die Anforderungen der Regierung, sowie auch die bestehenden allgemeinen Bau- und polizeilichen Vorschriften vor Augen zu halten sind.

Sowohl mit Rücksicht auf die Erfüllung der gesetzlichen Bestimmungen, als auch im Interesse des Bahndienstes und öffentlichen Verkehres, und endlich auch zum Behufe der Hintanhaltung für die Nachbargegenden oder für Einzelne etwa entspringender Gefahren und Schäden behält sich die Regierung das Recht vor, die durch den Concessionär vorzulegenden Pläne auf Grund der technischen Prüfung derselben, des Localaugenscheines und der gesetzlichen politischen Begehung der Linie, sowie auch auf Grund der in Folge von Beschwerden der interessirten Nachbarbesitzer von Fall zu Fall vorzunehmenden Untersuchung abzuändern.

Durch Modificationen, welche von der Regierung nach Genehmigung des Resultates der politischen Begehung vorgenommen werden, kann jedoch die schon festgestellte Bahnlinie keine Aenderung erleiden.

Sollte sich bei der Bauausführung aus ökonomischen oder Betriebsrücksichten eine Abänderung der Bahntrace oder der Detailpläne als wünschenswerth oder nothwendig darstellen, wodurch aber weder die Hauptrichtung der Bahn eine Aenderung erleiden, noch auch gegenüber der angenommenen Trace eine Verschlechterung der Niveau- und Richtungsverhältnisse stattfinden darf, so muß zu solchen Modificationen die Genehmigung der Regierung eingeholt werden.

Ebenso wird die Regierung berechtigt sein, die Bauarbeiten auch nach Beginn derselben bis zur Collaudirung vom Standpunkte der oben erwähnten Interessen wann immer abändern zu lassen.

Die Kosten aller, entweder über Verlangen der Regierung oder aber über Ansuchen des Concessionärs genehmigten und bis zur Collaudirung vorgenommenen Aenderungen hat der Concessionär zu tragen.

Uebrigens muß auch beim Baue den bestehenden Bau- und polizeilichen Vorschriften gemäß vorgegangen werden und wird insbesondere ausbedungen, daß die gegenwärtigen Verkehrsstraßen insolange nicht zerstört werden dürfen, bis nicht an deren Stelle neue Straßen hergestellt worden sind oder bis nicht wenigstens (mit Genehmigung der competenten Behörde) für provisorische Straßen gesorgt ist.

Sollte es sich nach der Collaudirung herausstellen, daß die bei Gelegenheit des Eisenbahnbaues zur Ableitung der Gewässer getroffenen Maßregeln, sowie die mit Rücksicht auf die Communication festgestellten Straßenübergänge dem factischen Bedürfnisse nicht entsprechen, so ist der Concessionär verpflichtet, die diesbezüglichen Verfügungen der Regierung auch nach erfolgter Collaudirung auf seine Kosten zu vollziehen.

§. 3.

Der Unterbau der Bahn ist nur für ein Geleise herzustellen, die Gesellschaft ist aber berechtigt, die Expropriation auf der ganzen Länge der Linie oder nur auf einzelnen Theilen derselben auf einen solchen Flächenraum auszudehnen, welcher für eine zweigeleisige Bahn erforderlich ist.

Die eventuell zu erbauenden Tunnels sind schon jetzt für ein Doppelgeleise herzustellen. Die für das erste Geleise nöthigen Arbeiten sind jedoch derart zu bewerkstelligen, daß dadurch die Anlage des zweiten Geleises weder gehindert, noch vertheuert werde.

Sobald der Verkehr so weit zugenommen hat, daß die jährliche Bruttoeinnahme durch 2 auf einander folgende Jahre pr. Meile 150.000 Gulden österr. Währung in Silber übersteigt, ist der Concessionär verpflichtet, auf Verlangen der Regierung und ohne jede Entschädigung binnen drei von der Aufforderung zu rechnenden Jahren ein zweites Geleise legen zu lassen.

§. 4.

Die Regierung behält sich das Recht vor, insoferne in Betreff der Einmündung anderer Bahnen, der gemeinschaftlichen Benützung der Bahnhöfe, des Ausleihens von Waggons und der Entschädigung hiefür, zwischen den betreffenden Gesellschaften eine Vereinbarung nicht zu Stande kommen könnte, die Bedingungen derselben festzustellen.

§. 5.

Der Concessionär wird für den Ausbau der concessionirten Bahn das Expropriationsrecht im Sinne des Gesetzartikels LV vom Jahre 1868 eingeräumt.

§. 6.

Der Concessionär ist verpflichtet, die Post und die Postmanipulanten im Sinne des Art. VIII des Zoll- und Handelsbündnisses vom Jahre 1867 und des §. 68 des Eisenbahn-Betriebsreglements vom 16. November 1851 mit den gewöhnlichen Personenzügen unentgeltlich zu befördern und steht es mit Rücksicht hierauf dem Minister für öffentliche Arbeiten und Communicationen frei, im Einvernehmen mit dem Handelsminister bei einem von jeder Endstation täglich nach allen Richtungen verkehrenden Zuge sowohl die Abfahrtsstunde, als auch die Fahrgeschwindigkeit zu bestimmen.

So oft der Postdienst mehr als einen achträbrigen oder zwei vierräbrige Waggons in Anspruch nimmt, gebührt dem Concessionär für jeden benöthigten weiteren Waggon eine nach Meilen zu berechnende angemessene Entschädigung, welche im gemeinsamen Einvernehmen festgesetzt werden wird.

Wenn die betreffenden Minister es für gut befinden sollten, daß auf der concessionirten Bahn eine ambulante Post, wie eine solche schon auf anderen Bahnen besteht, eingeführt werde, so sind durch den Concessionär anstatt der gewöhnlichen 8- oder 4-räbrigen Waggons den Anforderungen der Regierung entsprechend eingerichtete Postwaggons unentgeltlich herzustellen und in Stand zu halten.

Der Postverwaltung ist auf jeder durch die Regierung zu bezeichnenden Briefaufgabs- und Briefabgabs-Station eine geeignete Postkanzlei im Bahngebäude unentgeltlich zu überlassen. — Hinsichtlich der Befriedigung der nach Eröffnung des Betriebes etwa eintretenden weiteren Bedürfnisse wird eine besondere Vereinbarung getroffen werden.

Der Concessionär ist ferner verpflichtet, die ohne Begleitung von Postbeamten oder Dienern abgehenden Postsendungen — mit Ausnahme der Werthsendungen — in die betreffende Station gebührenfrei zu befördern und daselbst abzugeben.

Correspondenzen, welche in Angelegenheiten des Bahnbetriebes zwischen der Verwaltung und den untergeordneten Organen oder aber zwischen den letzteren gewechselt werden, dürfen durch die Bahnbediensteten auf der betreffenden Bahnlinie portofrei befördert werden.

§. 7.

Den Bau der längs der concessionirten Eisenbahnlinie für den Eisenbahnbetrieb nothwendigen Telegrafenleitungen, mit Inbegriff des auf den Stationsgebäuden und Wächterhäusern anzubringenden Isolators und eventuell der drehbaren Schutzsignalvorrichtung, wird die königlich ungarische Telegrafenverwaltung auf Grund des mit dem Concessionär bezüglich der Details zu schließenden Uebereinkommens ausführen lassen.

In Folge dessen ist der Concessionär verpflichtet, das Ersuchen wegen Anordnung des Telegrafenbaues und Feststellung der oberwähnten Vereinbarung an die kön. ungar. Telegrafenverwaltung rechtzeitig zu stellen, damit derselben zur Anschaffung der für den Telegrafenbau nöthigen Materialien und zur Ausführung der diesfälligen Arbeiten bis zur Eröffnung des Bahnbetriebes genügende Zeit bleibt.

Der Concessionär ist verpflichtet, zu gestatten, daß die erforderlichen Telegrafenleitungssäulen auf dem der Bahn eigenthümlich gehörigen Territorium aufgestellt werden dürfen, derselbe ist aber nicht berechtigt, für den in Anspruch genommenen Raum gegenwärtig oder in Zukunft eine Entschädigung zu fordern.

Die Plätze für die Telegrafensäulen, sowie die übrigen Punkte zur Befestigung der Telegrafenleitung werden der Concessionär und die betreffenden Organe der kön. ungar. Telegrafenverwaltung einverständlich derart bestimmen, daß weder der Eisenbahnbetrieb, noch die Sicherheit des Betriebspersonals gefährdet werde.

Der Concessionär ist in dem Falle, wenn mit der Telegrafenleitung für den Betrieb gleichzeitig nicht auch eine Staats-Telegrafenleitung gebaut werden sollte, verpflichtet, der kön. ungar. Telegrafendirection den Gesammtpreis der Telegrafensäulen und sonstigen Baumaterialien, sowie alle Telegrafenbauten, — falls jedoch gleichzeitig auch eine Staats-Telegrafenleitung errichtet werden sollte, den Gesammtpreis der zur Herstellung der Betriebsleitung nothwendigen Baumaterialien, sowie von den Gesammtbaukosten den auf die Betriebsleitung entfallenden verhältnißmäßigen Theil zu ersetzen.

In beiden Fällen ist der Concessionär verpflichtet, über Verlangen der kön. ungar. Telegrafenverwaltung die zur Herstellung der in dem vorigen Punkte erwähnten Telegrafenbauten erforderlichen Beträge bis zur nachträglichen Verrechnung zinsenfrei vorzuschießen und sowohl die Telegrafensäulen, als auch die übrigen Baumaterialien längs der zu bauenden Bahn auf dem bereits gelegten Geleise in der durch die kön. ungar. Telegrafenverwaltung zu bestimmenden Weise und Zeit auf eigene Kosten zu vertheilen.

Zur Zeit der Uebergabe der Leitungen geht das gesammte Inventar der auf Rechnung des Concessionärs errichteten Betriebstelegrafenleitung in den Besitz des Concessionärs über.

Die kön. ungar. Telegrafendirection ist jedoch berechtigt, an den längs der Eisenbahn aufgestellten Säulen wann immer Staats-Telegrafenleitungen anzubringen, in welchem Falle die Telegrafensäulen unentgeltlich in das Eigenthum der kön. ungar. Telegrafenverwaltung mit der Verpflichtung übergehen, dieselben auf Staatskosten zu erhalten.

Die Telegrafenleitungen für den Eisenbahnbetrieb darf der Concessionär unter der üblichen Controlle der kön. ungar. Telegrafenverwaltung nur für jene Telegramme benützen, welche aus Anlaß des Eisenbahnbetriebes zwischen der Direction und deren untergeordneten Organen oder zwischen diesen letzteren gewechselt werden. Die kön. ungar. Telegrafenverwaltung wird dagegen berechtigt sein, insoferne es der Betriebsverkehr gestattet, die Benützung dieser Betriebsleitungen im Einvernehmen mit der Bahndirection und unter entsprechender Controlle zur Weiterbeförderung von Staats- und Privatdepeschen zu verlangen und anzuordnen.

In diesem Falle wird jedoch die Art der Benützung und die Vertheilung der Telegrammgebühren zwischen dem Concessionär und der kön. ungar. Telegrafenverwaltung durch eine besondere Vereinbarung geregelt werden.

In gleicher Weise werden auch diejenigen Bedingungen, welche sich auf die Ueberwachung, Erhaltung und auf die späterhin über Verlangen der Eisenbahndirection allenfalls vorzunehmende Aenderung der neben der Eisenbahn erbauten Telegrafenleitungen, sowie überhaupt auf alle in den obigen Punkten nicht geregelten Angelegenheiten des Telegrafenwesens beziehen, durch eine besondere Vereinbarung zwischen dem Concessionär und der kön. ungar. Telegrafenverwaltung festgestellt werden.

§. 8.

Dem Concessionär wird gestattet, die einzuhebenden Transportgebühren in inländischen Silber- oder Goldmünzen derart zu berechnen, daß die mit Berücksichtigung des Courswerthes entfallende Gebühr in der Landeswährung eingehoben werde.

Die Umrechnung des Tarifes auf Landeswährung hat unter der Controlle der Regierung über Ansuchen des Concessionärs oder über Anordnung der Regierung allmonatlich nach dem Durchschnittscourse des Silbers vom unmittelbar abgelaufenen Monate und in außerordentlichen Fällen auch in kürzeren Zeiträumen nach dem Silbercourse des früheren gleichen Zeitraumes zu erfolgen.

In den Grenzstationen muß der Concessionär von den Reisenden bei der Zahlung auch Gold und Silber, und zwar zum Tagescourse berechnet annehmen.

§. 9.

Die im §. 24 festgesetzten Tarife können durch den Concessionär in der Zwischenzeit für die ganze Länge oder nur für einzelne Strecken der Bahn, in einer oder in beiden Richtungen, für alle Transportentfernungen oder aber bei der Zunahme derselben in größerem Maße herabgesetzt werden.

Die derart ermäßigten Tarife können wieder auf ihr ursprüngliches Maß erhöht werden, aber nur nach Ablauf einer dreimonatlichen Anwendung.

Wenn einem Spediteur oder Frächter unter gewissen Bedingungen eine Frachtermäßigung oder eine sonstige Begünstigung zugestanden wird, so muß dieselbe auch einem jeden Spediteur oder Frächter, der eben dieselben Bedingungen annimmt, derart eingeräumt werden, daß eine persönliche Begünstigung in keinem Falle stattfinden darf.

Alle diese Begünstigungen sind auch in Form von Schein-Refactien nicht zulässig.

§. 10.

Im Falle einer im Inlande eingetretenen außerordentlichen Theuerung der Lebensmittel ist die Regierung berechtigt, die Transportgebühr für dieselben für die Dauer der Theuerung auf die Hälfte des Maximaltarifes herabzusetzen.

§. 11.

Der Militärtransport muß nach ermäßigten Tarifen erfolgen, u. z. auf Grund der zwischen dem Kriegsministerium und der privil. Staats-Eisenbahngesellschaft am 10. Dezember 1860 abgeschlossenen Vereinbarung, deren Bestimmungen einen ergänzenden Theil dieser Urkunde bilden.

Mit dem Concessionär in Betreff des Militärtransportes auf anderen Linien zu Stande kommende und für den Staat günstigere Vereinbarungen sollen auch für diese Bahn Geltung haben.

Diese Bestimmungen haben auch auf die Finanzwache, sowie auf die Staats- und Municipal-Sicherheitswache, endlich auch auf die Sträflinge Anwendung.

Uebrigens sind auf der Temesvar-Orsovaer Linie auch alle diejenigen Bestimmungen giltig, welche aus Anlaß größerer Militärtransporte die gegenseitige Aushilfe zwischen den österreichisch-ungarischen Bahngesellschaften, die Herstellung und Bereithaltung der zu diesen Transporten nöthigen Einrichtungen, die Organisirung von Feldeisenbahn-Abtheilungen und schließlich die Verwendung der in Friedenszeiten beim Eisenbahnbau und bei der Erhaltung der Bahn aufzustellenden derartigen Lehrtruppen regeln, daher sich auch die Gesellschaft verpflichtet, die Mannschaft der in Friedenszeiten zu errichtenden Feldeisenbahn-Abtheilungen über jeweiliges Verlangen des kais. und kön. gemeinsamen Kriegsministers unter den mit demselben festgestellten Bedingungen sowohl beim Baue dieser Linien, als auch bei den Bahnerhaltungsarbeiten zu verwenden.

Die auf Militärtransporte sich beziehenden Bestimmungen und Begünstigungen finden selbstverständlich sowohl auf die Honvéds, als auch auf jene Truppen Anwendung, welche als integrirender Theil der Armee unter völkerrechtlichem Schutze stehen.

§. 12.

Staatsbeamte und Diener, welche im Auftrage der die Verwaltung und den Betrieb der Eisenbahnen überwachenden Behörden, oder zur Wahrung der aus dieser Concession entspringenden Staatsinteressen, oder aber aus Gefällsrücksichten die Eisenbahn benützen und sich über den behördlichen Auftrag legitimiren, sind sammt ihrem Reisegepäcke unentgeltlich zu befördern.

§. 13.

Von solchen Parteien, welche die Eisenbahn in unredlicher Absicht ohne vorheriger Entrichtung der Fahr- oder Frachtgebühr benützen, oder aber durch unrichtige Angabe der Gattung oder des Gewichtes der Fracht, oder endlich auf andere Weise eine Benachtheiligung der Unternehmung beabsichtigen, kann die tarifmäßige Gebühr in dreifachem Betrage eingehoben werden.

§. 14.

Zum Behufe der Wahrung der Staatsinteressen ist die Regierung berechtigt, sich sowohl von dem Baue der Bahn, als auch von der zweckmäßigen und soliden Einrichtung des Betriebes und von der fortwährenden Erhaltung desselben in gutem Stande zu überzeugen und anzuordnen, daß die wahrgenommenen Mängel behoben werden.

Die Regierung behält sich das Recht vor, die Bahn nach Beendigung des Baues zu collaudiren.

Zweck der Collaudirung ist zu constatiren, ob der Concessionär seinen concessionsmäßigen Verpflichtungen in Betreff des Baues und der Einrichtung der Bahn entsprochen hat.

Als Ersatz der Kosten und Auslagen, welche der Regierung aus Anlaß der Ausübung des derselben laut den allgemeinen gesetzlichen Bestimmungen und insbesondere laut der gegenwärtigen Concessionsurkunde vorbehaltenen Oberaufsichtsrechtes sowohl während der Dauer der Bauzeit, als auch nach Eröffnung der concessionirten Linie erwachsen, hat der Concessionär an den Staatsschatz eine durch die Regierung zu bestimmende jährliche Pauschalsumme zu entrichten.

Der Concessionär ist ferner verpflichtet, einen entsprechenden Theil der Auslagen für jenes Controllsorgan, welches aus Anlaß der Ausfolgung der Zinsengarantie zur Ueberprüfung der Rechnungen der Gesellschaft berufen ist, in einem durch die Regierung nach Maßgabe der Meilenlänge der Bahn zu bestimmenden Verhältnisse zu ersetzen.

Der Concessionär ist schließlich auch zum Ersatze aller derjenigen Auslagen verpflichtet, welche der Regierung bis zur Ertheilung der Concession durch die Vorstudien über die concessionirte Linie erwachsen sind, und muß diesen Betrag binnen 14 Tagen von dem Zeitpunkte an gerechnet, mit welchem das Concessionsgesetz in Wirksamkeit tritt, an den Staatsschatz ausbezahlen.

§. 15.

Die Concessionsdauer wird mit Inbegriff des im §. 9, Abs. a) der im §. 1 berufenen provisorischen Eisenbahn-Concessions-Vorschrift ausgesprochenen Schutzes gegen die Errichtung einer neuen Eisenbahn, bis zum 1. Jänner 1967 — mit welchem dieselbe erlischt — festgestellt.

Außerdem erlischt die Concession auch dann, wenn die zur Beendigung der Tracirungsarbeiten und des Baues, sowie zur Eröffnung des Betriebes bestimmten Termine nicht eingehalten werden und dieses Versäumniß nicht im Sinne des §. 11, Abs. b) der vorerwähnten Concessions-Vorschrift gerechtfertigt werden kann.

§. 16.

Die Regierung behält sich das Recht vor, diese Bahn sammt den übrigen Linien der Gesellschaft und gleichzeitig mit denselben im Sinne des §. 1 des am 1. Dezember 1866 abgeschlossenen Vertrages nach Ablauf der baselbst festgesetzten Frist einzulösen.

Zum Behufe der Feststellung des Einlösungspreises wird das jährliche reine Einkommen der Gesellschaft während sieben, der wirklichen Einlösung vorhergehender Jahre ermittelt, von diesem Betrage das Reinerträgniß der zwei ungünstigsten Jahre in Abzug gebracht und darnach das reine Einkommen der übrigen fünf Jahre berechnet werden.

Diese Durchschnittssumme, welche jedoch nicht geringer sein darf, als der Reinertrag des letzten der erwähnten sieben Jahre, wird dem Concessionär bis zum Ablaufe der festgesetzten Concessionsdauer als Jahresrente ausgezahlt.

§. 17.

Mit dem Erlöschen der Concession oder mit der Einlösung der Bahn tritt der Staat, u. z. im ersten Falle unentgeltlich, im letzteren jedoch gegen Entrichtung der im Sinne des §. 16 bestimmten Jahresrente in den lastenfreien Besitz und Genuß der concessionirten und in gutem Zustande zu übergebenden Eisenbahn, und nimmt insbesondere in seinen Besitz: den Grund und Boden der Bahn, die Erd- und Kunstbauten, die Ober- und Unterbauten sammt allem Zugehör, d. i. den Betriebsmitteln, Bahnhöfen, Auf- und Abladeplätzen, Gebäuden, Wächter- und Aufseherhäusern auf den Abfahrts- und Ankunftsplätzen, allen Einrichtungen, Möbeln, Beweglichkeiten und Immobilien.

An Betriebsmitteln muß die Gesellschaft so viel übergeben, als von allen auf den ungarischen Linien vorhandenen derartigen Betriebsmitteln auf diese Linie im Verhältnisse des nach Meilen zu ermittelnden Bruttoertrages entfällt.

Sowohl im Falle des Erlöschens der Concession, als auch in dem der Einlösung behält der Concessionär nach Rückerstattung aller vom Staate erhaltenen Vorschüsse und deren Zinsen das Eigenthum des aus dem eigenen Einkommen der Unternehmung gegründeten Reservefondes und der ausständigen Activforderungen, sowie auch der aus dem eigenen Vermögen erbauten Gebäude, als: Coaksöfen, Gießereien, Maschinen- und sonstige Fabriken, Remisen, Docks, zu deren Erwerbung oder Herstellung derselbe durch die Regierung mit dem ausdrücklichen Bemerken ermächtigt wurde, daß dieselben kein Zugehör der Bahn bilden werden.

§. 18.

Wenn der Concessionär ungeachtet vorhergegangener Mahnungen seine in der Concessionsurkunde oder im Gesetze enthaltenen Verpflichtungen wiederholt verletzen oder außer Acht lassen sollte, so behält sich die Regierung das Recht vor, gegen denselben die gesetzmäßigen Verfügungen einzuleiten und nach Umständen auch die Concession für erloschen zu erklären.

§. 19.

Alle urkundlichen Ausfertigungen des Concessionärs unterliegen nur der Stempelgebühr von einem Gulden.

Besondere Bedingungen.

§. 20.

Bezüglich der Baubedingungen zerfällt die hiemit concessionirte Eisenbahn in folgende Strecken:
1) Die erste Strecke reicht vom Endpunkte der Temesvarer Station bis zu dem der Körpaer Station,
2) die zweite Strecke von Körpa bis an das Ende der Landesgrenze.

Die Arbeiten muß der Concessionär den folgenden Bestimmungen gemäß bewerkstelligen:

a) Unterbau.

Auf der ersten Strecke darf die Steigung der Bahn auf eintausend (1000) Meter Länge fünf (5) Meter nicht übersteigen und der Radius der Krümmungen darf auf offener Bahn nicht kleiner sein, als 400 Meter.

Auf der zweiten Strecke kann zwischen der Wasserscheide und der in der Nähe von Kornia zu errichtenden Station bei 1000 Meter Länge ausnahmsweise eine Steigung von 20 Meter angebracht werden, im Uebrigen jedoch wird die Maximalsteigung auf dieser Strecke bei 1000 Meter Länge auf 13 Meter festgesetzt; der Radius der Krümmungen auf dieser Strecke darf im Allgemeinen nicht weniger als dreihundert Meter betragen.

Wenn aus den Detailplänen hervorgehen sollte, daß die Anwendung der Krümmungen von 300 Meter auf besonderen einzelnen Punkten der zweiten Strecke mit technischen Schwierigkeiten verbunden wäre, so wird das Communications-Ministerium ermächtigt, auch Krümmungen mit einem Radius von 275 Meter zu gestatten.

In Betreff der Querprofile des Bahnkörpers und der Schotterbettung sind die zwischen der Regierung und dem Concessionär vereinbarten und beim Communications-Ministerium deponirten Vorschriften und Normalpläne maßgebend, an denen der Communicationsminister über Antrag des Concessionärs zweckmäßige Abänderungen zulassen kann.

Die Kronenbreite des Bahnkörpers darf an der oberen Fläche der Schwellen nicht weniger als 4 Meter betragen.

Die Kunstbauten sind als stabile Bauten, daher aus Stein-, Ziegel- oder Eisenmateriale herzustellen.

Allenfalls vorkommende Tunnels sind für Doppelgeleise zu erbauen.

b) Oberbau.

In Betreff der Construction des Oberbaues und aller Bestandtheile desselben, sowie auch in Betreff der Anlage der Stationsgeleise sind die zwischen der Regierung und dem Concessionär vereinbarten und beim Communications-Ministerium deponirten Vorschriften und Normalpläne maßgebend, an denen der Communicationsminister über Antrag des Concessionärs zweckmäßige Aenderungen gestatten kann.

Alle zum Oberbaue erforderlichen Eisenmaterialien und Erzeugnisse sind, soweit dies nur thunlich ist, im Inlande anzuschaffen; sollten diese

Materialien jedoch wegen Unannehmbarkeit der bezüglichen Offerte aus dem Auslande bezogen werden, so hat der Concessionär den entfallenden Einfuhrzoll zu entrichten.

c) Gebäude, Bahnabschluß, Signale.

Die Gebäude sind aus Stein oder Ziegeln zu errichten und nur der Oberbau der Waarenmagazine und kleineren Nebengebäude darf auch aus Holz hergestellt werden.

In Betreff des Grundrisses, der Eintheilung, Einrichtung und Adaptirung aller Gebäude sind die zwischen der Regierung und dem Concessionär vereinbarten Normalpläne und Vorschriften maßgebend, doch kann die Regierung eine zweckentsprechende Aenderung oder Erweiterung derselben, sowie auch eine hievon abweichende Bauart verlangen, beziehungsweise über Antrag des Concessionärs gestatten.

Dasselbe gilt auch hinsichtlich der Bahneinfriedungen, Bahnschranken, Signalvorrichtungen und auch des ganzen Signalisirungssystems, jedoch mit dem Bemerken, daß bezüglich des letzteren die bei der Staats-Eisenbahngesellschaft bestehenden Prinzipien, Vorschriften und Typen als Grundlage zu dienen haben.

Der Concessionär ist verpflichtet, die hiemit concessionirte Bahn den Ansprüchen des zu erwartenden Verkehres entsprechend, mit den erforderlichen Gebäuden zu versehen, insbesondere auf den Stationen die zur Aufnahme und zum Betriebe des Personen- und Frachtenverkehres, die zur Vollziehung des Zug-, Bahnerhaltungs-, Betriebs- und Directionsdienstes nothwendigen Bauten, Adaptirungen und Einrichtungen in einem den Ansprüchen des factischen Verkehres entsprechenden Maßstabe herzustellen und anzuschaffen.

Sollte mit der Zunahme des Verkehres eine Erweiterung der bestehenden oder die Errichtung neuer Gebäude nothwendig werden, so muß der Concessionär den diesfälligen Anforderungen der Regierung aus eigenen Mitteln entsprechen.

Die Herstellungskosten derjenigen Gebäude, welche auf der Grenzstation zur Aufnahme der Localitäten für den Polizei-, Zoll- und Postdienst, sowie zur Unterbringung des Personals dieser Dienstzweige erforderlich sind, trägt die Regierung, allein der Concessionär ist verpflichtet, über deren Verlangen die diesfälligen Baulichkeiten unter den gegenseitig zu vereinbarenden Bedingungen aufzuführen.

Die zur zollämtlichen Behandlung des Gepäckes der Reisenden nöthige Localität dagegen muß der Concessionär im Aufnahmsgebäude auf eigene Kosten herstellen.

d) Stationen.

Außer der Temesvarer Abfahrtsstation und der Orsovaer Hauptstation sind wenigstens noch vierzehn (14) Stationen zu errichten.

Die Stationen sind auf der Linie derart zu vertheilen und mit Geleisen von gehöriger Länge und Menge so zu versehen, daß die Züge auf dieser Bahn in einer dem Bedarfe entsprechenden Anzahl anstandslos verkehren können.

Im Uebrigen sind die Stationen mit Rücksichtnahme auf später nothwendig werdende Erweiterungen nach den zwischen der Regierung und dem Concessionär festgesetzten Normalplänen zu erbauen.

Sollte mit der Zunahme des Verkehres eine Erweiterung dieser Stationen nothwendig werden, so ist der Concessionär verbunden, die bezüglichen Arbeiten aus Eigenem vollführen zu lassen.

Desgleichen hat die concessionirte Gesellschaft die Kosten der die Temesvar-Orsovaer Linie belastenden und durch die ungarische und rumänische Regierung einverständlich zu bestimmenden Grenzstation aus Eigenem zu tragen.

e) Betriebsmittel.

Sämmtliche Betriebsmittel, unter denen blos die mit Tendern und allem Zugehör versehenen Locomotiven, Personen-, Post- und Lastwaggons, sowie die Schneepflüge, also die Rollmaterialien zu verstehen sind, müssen nach den für die Linien der Staats-Eisenbahngesellschaft giltigen Typen und wo möglich im Inlande in solcher Menge angeschafft werden, daß der Anschaffungspreis, den der Concessionär nachweisen muß, für jede Meile einen Werth von mindestens sechzigtausend (60.000) Gulden repräsentirt.

Sollte mit der Zunahme des Verkehres eine Vermehrung der Betriebsmittel nothwendig werden, so ist der Concessionär verpflichtet, den Mehrbedarf aus Eigenem anzuschaffen.

f) Qualität und Quantität der Arbeiten.

Alle zur Errichtung und Investirung der concessionirten Eisenbahn nothwendigen Baulichkeiten und Erzeugnisse sind aus gutem und nach technischen Regeln bearbeitetem, vollkommenem Materiale herzustellen.

Was jedoch die Quantität und das Maß dieser Arbeiten, Baulichkeiten, Erzeugnisse und Materialien anbelangt, so ist der Concessionär verpflichtet, die concessionirte Eisenbahn den jeweiligen Anforderungen eines zweckmäßig und ökonomisch verwalteten Betriebes entsprechend herzustellen, zu investiren und mit allen Einrichtungen und Arbeiten zu versehen, welche zur vollständigen betriebsmäßigen Herstellung und sowohl zur Versetzung derselben in Betrieb, als auch zur Adaptirung und Einrichtung der für den Lasten- und Personenverkehr, sowie für die Besorgung des gesammten Dienstes nöthigen Localitäten erforderlich sind, mögen selbe auch in den obigen Bestimmungen speziell nicht angeführt worden sein.

Sollte die Lebhaftigkeit des Verkehres eine Vermehrung alles dessen beanspruchen, so hat der Concessionär für die nothwendigen Ergänzungen ohne neuerlicher Belastung des Staates zu sorgen.

§. 21.

Der Concessionär ist verpflichtet, der Regierung die Detailpläne binnen 180 Tagen von dem Tage an gerechnet, mit welchem das Concessionsgesetz in Wirksamkeit tritt, vorzulegen.

Die Regierung dagegen verpflichtet sich, die Entscheidung über die vorgelegten Pläne dem Concessionär binnen 60 Tagen von der Einreichung an gerechnet, bekannt zu geben.

Der Letztere verpflichtet sich, die concessionirte Linie innerhalb vier Jahren von dem Tage an, mit welchem das Concessionsgesetz in Wirksamkeit tritt, zu vollenden. Sollte der Bau auch vor Ablauf dieser Frist beendet werden, so darf die Strecke Karansebes-Orsova höchstens 3 Monate vor dem oben festgesetzten Termine dem allgemeinen Verkehre übergeben werden.

§. 22.

Der den ungarischen Staat belastende Theil des jährlichen Zinsengarantiepauschales von 5,200.000 Gulden, welches der concessionirten Gesellschaft in den zwischen derselben und der seinerzeit bestandenen Regierung abgeschlossenen Verträgen zugestanden wurde und durch beide Theile der Monarchie zu zahlen ist, wird vom Tage der Eröffnung der ganzen Linie Temesvar-Orsova für die volle Dauer der Concession um eine Million Gulden in Silber erhöht.

Die eventuelle Flüssigmachung der unter dem Titel „Zinsengarantie" zu erfolgenden Vorschüsse und der Rückersatz der angewiesenen Beträge hat in Gemäßheit der Bestimmungen des Artikels XIII der Concessionsurkunde vom 1. Jänner 1855 stattzufinden.

§. 23.

Insolange das reine Einkommen der concessionirten Bahn 1 Million Gulden nicht erreicht, ist weder eine Einkommen- oder Erwerb-, noch eine sonstige an deren Stelle etwa einzuführende Steuer zu entrichten.

Sollte aber das Erträgniß obige Summe übersteigen, so kann die Steuer in die Betriebsrechnung aufgenommen werden.

Bis dahin jedoch, als der die obige Summe überschreitende Ueberschuß des Reinerträgnisses die Höhe der Einkommensteuer nicht erreicht, ist an Steuer lediglich der dem factischen Erträgnißüberschusse gleichkommende Betrag zu entrichten.

In Folge dessen muß über den Betrieb der Temesvar-Orsovaer Eisenbahn so lange, als die Gesellschaft die Befreiung von der Einkommen- und Erwerbsteuer beansprucht, eine abgesonderte Rechnung geführt werden; in dieselbe sind als Einnahme die durch die Gesellschaft für den Personen- und Frachtentransport auf der Temesvar-Orsovaer Eisenbahnstrecke eingehobenen Gebühren, als Ausgabe hingegen außer den diese Linie unmittelbar und ausschließlich betreffenden Lasten ein verhältnißmäßiger Theil der gemeinschaftlichen Ausgaben dieser Eisenbahn und der übrigen Linien der Gesellschaft aufzunehmen, u. z.

a) der im Verhältniß zum Bruttoerträgnisse der Temesvar-Orsovaer Bahn und der übrigen Linien der Gesellschaft zu bestimmende Theil der Verwaltungsauslagen;

b) der im Verhältniß zu dem auf der Temesvar-Orsovaer Bahn und den übrigen Linien der Gesellschaft ausgezahlten Personalbezügen festzusetzende Theil der Dotation des Pensions- und Aushilfsfondes;
c) der im Verhältniß zu den auf der Temesvar-Orsovaer Bahn und den übrigen Linien der Gesellschaft zurückgelegten Bahnmeilen entfallende Theil der zur Ausbesserung und Erhaltung der Verkehrsmittel erforderlichen Auslagen; endlich
d) der auf den Concessionär entfallende Theil der Auslagen für den Temesvarer Bahnhof.

In Betreff der grundbücherlichen Ueberschreibung der zum Ausbau der Bahn nöthigen Immobilien wird dem Concessionär die Stempel- und Gebührenfreiheit eingeräumt.

Ebenso sind auch alle in Angelegenheit der Geldbeschaffung, sowie des Baues und der ersten Betriebsinvestirung auszustellenden Verträge, Eingaben und Urkunden stempel- und gebührenfrei.

§. 24.

Die Fahr- und Frachtgebühren werden für diese Bahn folgendermaßen festgesetzt:

Der **Maximaltarifsatz für eine Meile beträgt bei Reisenden für eine Person**

in der I. Klasse . . 36 kr. ö. W. in Gold oder Silber
" " II. " . . 27 " " " "
" " III. " . . 17 " " " "

Bei Schnellzügen, welche aus Waggons I. und II. Klasse bestehen müssen, dürfen diese Gebühren unter der Bedingung um 20% erhöht werden, daß die Fahrgeschwindigkeit dieser Züge nicht geringer sei, als die mittlere Geschwindigkeit der Schnellzüge auf anderen ungarischen und österreichischen Bahnen.

Bei Waaren beträgt der Maximaltarifsatz für einen Zollzentner und bei gewöhnlicher Fahrgeschwindigkeit, u. z.

bei Waaren I. Klasse . . . . . 1.56 kr. ö. W.
" " II. " . . . . . 2.34 " "
" " III. " . . . . . 3.12 " "

und ausnahmsweise bei ganzen Wagenladungen von Getreide, Mehl, Brenn- und Floßholz 1.4 kr. ö. W., von Steinsalz, Coals, Briquetts, Mineralkohle, Preßtorf, Bausteinen, Ziegeln und Kies 1 kr. ö. W. pr. Zentner und Meile.

Hinsichtlich der Maximalsätze der Versicherungs- und Nebengebühren, der Waarenklassification und der sonstigen den Verkehr betreffenden Bestimmungen sind die für die ungarische Hauptlinie der privil. Staatseisenbahn geltenden Vorschriften maßgebend.

Sollte die Legislative die Transportgebühren auf allen durch dieselbe concessionirten Bahnen regeln, so wird das diesbezügliche Gesetz auch für diese Bahn Geltung haben.

Die concessionirte Gesellschaft, welche zugleich Besitzerin der Ungarn von Temesvar bis zur österreichischen Grenze durchschneidenden Eisenbahn ist, verpflichtet sich, daß sie im Interesse der vaterländischen Produkte, der Gewerbe und des Handels von den durch Ungarn zu transportirenden Waaren auf der zu diesem älteren Bahnnetze gehörigen Linie von Orsova bis zur Grenzstation ihrer ungarischen Linie nie eine geringere Frachtgebühr einheben wird, als sie für den Transport gleicher Waaren von irgend einer Station ihrer ungarischen Linie bis zu derselben Grenzstation einhebt.

Ebenso darf die Gesellschaft von Orsova bis zu einer ihrer ungarischen Stationen keine geringere Frachtgebühr einheben, als für dieselbe Waare von einer ihrer ungarischen Stationen bis an denselben Bestimmungsort bei gleicher oder geringerer Transportentfernung eingehoben wird.

Sollte irgend eine andere ungarische Linie mit dem rumänischen Eisenbahnnetze verbunden werden, ohne daß die eine Station der österreichischen Staatsbahn von der rumänischen Grenze aus berührende Concurrenzbahn den nämlichen Bedingungen unterworfen würde, so erlischt die Wirksamkeit der die Staats-Eisenbahngesellschaft bindenden Tarifbestimmungen.

§. 25.

Wenn der Concessionär die Bahn innerhalb der bestimmten Frist dem Verkehre nicht übergeben sollte, so ist er verpflichtet, für jeden Tag der Verzögerung 1000, d. i. eintausend Gulden ö. W. als Pönale binnen 30 Tagen nach der von Seite der Regierung erfolgten Aufforderung zu Gunsten des Staatsschatzes zu bezahlen; im Falle der Nichtzahlung steht der Regierung das Recht zu, den als Pönale entfallenden Betrag von dem Concessionär im summarischen Wege eintreiben zu lassen.

Eine Nachsicht dieses Betrages kann nur dann erfolgen, wenn der Concessionär eine Erstreckung des festgesetzten Terminnes von der Regierung vorher erwirkt oder aber die Verzögerung entsprechend gerechtfertigt hat.

§. 26.

Während der Dauer des Eisenbahnbaues ist der Concessionär verpflichtet, für seine Arbeiter Spitäler einzurichten; sollte jedoch der Fall eintreten, daß einzelne dieser Arbeiter in öffentlichen Krankenhäusern Aufnahme gefunden haben, so ist der Concessionär verbunden, die entfallenden Kosten dem betreffenden Institute vierteljährig zu vergüten.

XXIX. Gesetzartikel
über die Modification der Concessionsurkunde der Oedenburg-Preßburg-Lundenburg-Waagthalbahn — sowie über den Ausbau der Flügelbahn von Nemsova durch das Blarathal bis an die Landesgrenze.

(Sanctionirt am 30. Juli 1874. Kundgemacht in beiden Häusern des Reichstages am 1. August 1874.)

§. 1.

Die mit dem Gesetzart. XXIX v. Jahre 1872 inarticulirte Concessionsurkunde über den Ausbau der Oedenburg-Preßburg-Lundenburg-Waagthalbahn wird folgendermaßen modificirt:

a) die genannte Eisenbahn wird von nun an den Namen „Waagthalbahn" führen.

b) die im §. 26 der Concessionsurkunde bestimmte Baufrist wird auf 6 Jahre von dem Tage an gerechnet, mit welchem der Gesetzart. XXIX v. J. 1872 in Wirksamkeit getreten ist, festgesetzt.
Die in demselben Paragraph enthaltene Bestimmung, daß die streckenweise Eröffnung der Linie von Preßburg südlich und von Tirnau nördlich in gleichem Verhältniße stattfinden muß, — wird außer Kraft gesetzt.

c) Jene Bestimmung der Concessionsurkunde, daß die Eisenbahn bei Preßburg durch einen Schienenweg mit der Staatseisenbahn verbunden werden muß, wird dahin abgeändert, daß der Anschluß dieser beiden Bahnen durch ein die Staatsbahnstation Weinern und die Waagthalbahnstation Ratzersdorf verbindendes Geleise herzustellen ist.

d) Schließlich ist die von der Preßburg-Tirnau-Trentschiner Hauptlinie gegen Uezbég abzweigende Flügelbahn nur in dem Falle auszubauen, wenn die concessionirt gewesene Nordwest- oder eine andere Eisenbahn, welche Uezbég berühren würde, gebaut werden sollte.

§. 2.

Ueberdies wird die Regierung ermächtigt, der genannten Eisenbahngesellschaft von Fall zu Fall zu gestatten, daß sie gewisse, ursprünglich festgesetzte Baulichkeiten dort, wo dies ohne Gefährdung der öffentlichen Sicherheit thunlich ist, entweder ganz weglassen oder aber eventuell auf eine billige Art herstellen dürfe; insbesondere:

a) daß sie auch auf der zweiten, dritten und vierten Strecke die für die übrigen Strecken zulässigen Krümmungen mit dem kleinsten Radius anwenden dürfe;

b) daß sie die zweite, dritte und vierte Strecke mit der größten Steigung von 6·67 Meter anstatt 5 Meter bei 1000 Meter Länge bauen könne;

c) daß sie einige der aus Stein und Eisen zu errichtenden Brücken ganz aus Holz erbauen dürfe;

d) daß sie die Gebäude in kleinerem Maßstabe und auf billigere Art aufführen könne, als ursprünglich bestimmt war; schließlich

e) daß sie den Unterbau der Bahngebäude in kleinerem Maßstabe und die Stationsgeleise in geringerer Anzahl herstellen dürfe, als ursprünglich festgesetzt worden ist.

§. 3.

Im Falle die Gesellschaft die im §. 2 angeführten Begünstigungen beanspruchen sollte, ist dieselbe verpflichtet, den Unterschied, welcher zwischen den Kosten der ursprünglich festgesetzten und der auf Grundlage der besonderen Genehmigung der Regierung factisch vollführten Arbeiten besteht, und welchen der Minister für öffentliche Arbeiten und Communicationen von Fall zu Fall zu bestimmen haben wird, aus dem Baufonde zu reserviren und dem im Sinne des §. 16, Absatz 3) der Concessionsurkunde zu bildenden Reservefonde entweder in eigenen Actien oder aber in baarem Gelde zuzuschlagen.

§. 4.

Die Waagthalbahn-Gesellschaft erwirbt gleichzeitig das Recht, als Anschluß an die von der Grenze des Blarathales gegen Troppau zu bauende Eisenbahn, von der Preßburg-Tirnau-Trentschin-Silleiner Hauptlinie und zwar von der Station Nemsova aus abzweigend, eine Flügelbahn durch das Blarathal bis an die Landesgrenze unter den Bedingungen, welche in der mit dem Eingangs berufenen Gesetzartikel inarticulirten Concessionsurkunde, sowie im gegenwärtigen Gesetze bestimmt sind, bauen und im Betriebe erhalten dürfe.

§. 5.

Die Gesellschaft ist aber verpflichtet, die Nemsovaer Station derart zu errichten, daß dieselbe dem Verkehre auf dieser Flügelbahn auch vollkommen entspreche.

§. 6.

Die Regierung wird übrigens ermächtigt, auf dieser Flügelbahn — insoferne dies durch die Niveauverhältnisse der mährischen Anschlußbahn begründet sein sollte — auch die höchste Steigung von 10 Meter auf 1000 Meter Länge zu gestatten, — in diesem Falle wird aber der Kostenunterschied zwischen dieser und der im §. 2, Abs. a) bewilligten Steigung in der durch den Minister für öffentliche Arbeiten und Communicationen zu bestimmenden Höhe im Sinne des §. 3 aus dem Baufonde der Gesellschaft in den Reservefond einzuzahlen sein.

§. 7.

Gegenwärtiges Gesetz tritt am Tage der Kundmachung desselben in Wirksamkeit und wird mit dessen Vollzuge der Minister für öffentliche Arbeiten und Communicationen beauftragt.

XXX. Gesetzartikel
in Betreff der Modification einiger Punkte der Concessionsurkunde der von Raab über Oedenburg gegen Ebenfurth bis an die Landesgrenze zu erbauenden Eisenbahn.

(Sanctionirt am 30. Juli 1874. Kundgemacht in beiden Häusern des Reichstages am 1. August 1874.)

§. 1.

Die in der mit dem Gesetzartikel XXVII vom Jahre 1872 inarticulirten Concessionsurkunde festgesetzten Bedingungen in Betreff des Baues der von Raab über Oedenburg gegen Ebenfurth bis an die Landesgrenze zu errichtenden Eisenbahn werden folgendermaßen modificirt:

A) Von der im Sinne der §§. 4 und 26 deponirten Caution pr. 500.000 Gulden werden dem Concessionär nach anstandslos erfolgter Collaudirung der Strecke Raab-Oedenburg 400.000 fl., nach der der Strecke Oedenburg-Landesgrenze dagegen 100.000 fl. rückgestellt.

B) Der Concessionär wird im Falle der Constituirung der Gesellschaft berechtigt, zum Behufe der Geldbeschaffung bis zu $2/5$ des Stammkapitals Aktien, und mit Einwilligung der General= versammlung der Aktionäre bis zur Höhe von $3/5$ des Stamm= kapitals auf den Ueberbringer lautende Prioritäts=Obligationen zu emittiren.

Der Concessionär darf dieses Recht jedoch nur in dem Falle ausüben, wenn die Elocirung des ganzen oben bezeichneten Aktien= kapitals nachgewiesen wird, wenn 50% desselben factisch eingezahlt sind und wenn der Concessionär bezüglich des nicht eingezahten Aktien= kapitals die Haftung übernimmt. Das Prioritätsanlehen wird ein Passivum der Gesellschaft bilden und ist daher unter Aufrechterhaltung der aus dem Gesetzartikel I vom Jahr 1868 fließenden Prioritäts= rechte auf diese Eisenbahn grundbücherlich primo loco einzuverleiben; sowohl dies, als auch der Umstand, daß diese Bahn keine Zinsen= garantie seitens des Staates genießt, ist im Texte der Aktien und Prioritäts=Obligationen anzuführen.

C) Der Concessionär wird von der Verpflichtung, die größeren Bahnhöfe in dem ursprünglich festgesetzten Maßstabe zu erbauen und die zwischen dem Ministerium für öffentliche Arbeiten und Communicationen und dem Concessionär vereinbarten sonstigen minderen Arbeiten (deren Verzeichniß beim erwähnten Ministerium erliegt) herzustellen, enthoben, ist aber verpflichtet:

aa) in Raab und Oedenburg an den für definitive Stationen bestimmten Plätzen den Anforderungen des anfänglichen Verkehres entsprechende kleinere Stationen, u. z. an jedem Orte bis zur Höhe des nach den zwischen dem Ministerium für öffentliche Arbeiten und Communicationen und dem Concessionär festgesetzten Normalpreisen besonders zu ermittelnden Kostenbetrages von 300.000 fl. zu erbauen, wobei gestattet wird, die Gebäude in diesen Stationen — insoferne hiedurch die Sicherheit vollkommen gewahrt erscheint — nach einer leichteren Bauart, als in der Concessionsurkunde bestimmt wurde, herzustellen.

bb) Der Concessionär wird verpflichtet sein, aus Anlaß der Enthebung von den im Abs. C) erwähnten Arbeiten Werthpapiere der Gesellschaft im Nominalbetrage von 1,021.850 Gulden, u. z. $^3/_5$ in Prioritäts-Obligationen und $^2/_5$ in Aktien in die Cassa der Gesellschaft zu hinterlegen.

cc) Wenn die Baukosten für eine jede der in Raab und Oedenburg zu errichtenden Stationen 300.000 Gulden übersteigen oder nicht erreichen sollten, so ist der diesbezügliche Unterschied nach den im Punkte aa) erwähnten Normalpreisen zu ermitteln und dem Concessionär aus dem im Sinne des Punktes bb) deponirten Betrage auszuzahlen, beziehungsweise durch denselben nach der gleichen Berechnung in die Cassa der Gesellschaft nachträglich zu hinterlegen.

dd) Der Concessionär ist ferner verpflichtet, den Raaber Bahnhof mit dem dortigen Bahnhofe der privil. Staatseisenbahn, den Oedenburger Bahnhof hingegen mit dem der Südbahn durch einen Schienenweg zu verbinden, dessen Kosten nach den im Punkte aa) erwähnten Normalpreisen in die für jeden Bahnhof mit 300.000 Gulden festgesetzten Auslagen einzurechnen sind.

ee) Wenn eine andere Bahngesellschaft im Vereine mit der Raab-Oedenburg-Ebenfurther Eisenbahn, oder aber diese letztere, abweichend von der im Punkte aa) enthaltenen Bestimmung, mit einer anderen, in Raab eine Station besitzenden oder den Bau einer solchen beabsichtigenden Eisenbahnunternehmung einen gemeinschaftlichen Bahnhof errichten wollte, so ist der Concessionär verpflichtet, zum Baue eines solchen Bahnhofes den Baarbetrag von 300.000 Gulden beizusteuern und versteht es sich von selbst, daß durch denselben etwa schon hergestellte Arbeiten und Investitionen zu seinen Gunsten einzurechnen sein werden.

In Betreff der Benützung des gemeinschaftlichen Bahnhofes u. s. w. haben die betreffenden Unternehmungen eine besondere Vereinbarung abzuschließen.

D) Zum Behufe des Ausbaues der Raab-Oedenburger Strecke und der Eröffnung des Betriebes wird die im §. 25 der Concessionsurkunde bestimmte Frist um sechs Monate verlängert.

E) Das im §. 30 der Concessionsurkunde festgesetzte Kapital im Nominalbetrage von 14,300.000 Gulden wird um 160.400 fl. in Silber, d. i. auf 14,460.400 Gulden in Silber erhöht und der hievon nach Abschlag der laut Absatz bb) zu deponirenden 1,021.850 Gulden verbleibende Betrag von 13,438.550 Gulden ist auf beide Strecken der Linie derart zu vertheilen, daß auf die Strecke Raab-Oedenburg 9,695.780, d. i. neun Millionen, sechshundertneunzigfünftausend siebenhundertachtzig Gulden, und auf die Strecke Oedenburg-Landesgrenze 3,742.770, d. i. drei Millionen, siebenhundertvierzigzweitausend siebenhundertsiebzig Gulden entfallen.

F) Schließlich wird dem Concessionär unter Aufrechthaltung der im Anhange zur Concessionsurkunde angeführten Verpflichtungen — caeteris paribus — das Prioritätsrecht in Betreff des Ausbaues der zu den Siegendorfer Zuckerfabriken und von dort nach Margarethen führenden Flügelbahn gewahrt.

§. 2.

Mit dem Vollzuge dieses Gesetzes wird der Minister für öffentliche Arbeiten und Communicationen, sowie der Finanzminister betraut.

XXXI. Gesetzartikel
in Betreff des zur Durchführung des Gesetzes über die Einführung des Metermaßes für das Jahr 1874 erforderlichen Nachtragscredites.

(Sanctionirt am 2. August 1874. Kundgemacht in beiden Häusern des Reichstages am 14. August 1874.)

§. 1.

Zur Deckung der mit der Aufstellung und Wirksamkeit der Staats-Central-Aichungs-Commission verbundenen und für die Einrichtung derselben erforderlichen Auslagen wird dem Minister für Ackerbau, Gewerbe und Handel für das Jahr 1874 ein außerordentlicher Nachtragscredit von zwanzigtausend vierhundert Gulden zur Verfügung gestellt.

§. 2.

Zum Behufe der Anschaffung der für die Jurisdictionen und Aichämter nothwendigen Normalmaße, Normalgewichte und Aichapparate wird dem Minister für Ackerbau, Gewerbe und Handel vorschußweise ein außerordentlicher Nachtragscredit von einhunderttausend Gulden eingeräumt.

Der für die Normalmaße, Normalgewichte und Aichapparate entfallende Preis ist durch die betreffenden Jurisdictionen längstens bis zum Schluße des Jahres 1876 zu vergüten.

Die in den §§. 1 und 2 votirten Beträge sind aus den außerordentlichen Staatseinkünften zu decken.

§. 3.

Mit dem Vollzuge dieses Gesetzes wird der Minister für Ackerbau, Gewerbe und Handel, sowie der Finanzminister beauftragt.

XXXII. Gesetzartikel
über die mit Portugal am 9. Jänner 1873 abgeschlossene Consularconvention.

(Sanctionirt am 18. September 1874. Kundgemacht im Abgeordnetenhause am 28. Oktober, im Oberhause am 7. November 1874.)

Die durch die Bevollmächtigten Seiner kaiserlichen und königlichen Apostolischen Majestät und des Königs von Portugal auf die im Absatze III des Gesetzartikels XVI vom Jahre 1867 am 9. Jänner 1873 zu Lissabon abgeschlossene Consularconvention wird, nachdem dieselbe durch den Reichstag angenommen und nachträglich durch beide vertragschließenden Theile auf die übliche Art ratificirt worden ist, hiemit inarticulirt.

Der Wortlaut derselben ist folgender:

Seine Majestät der Kaiser von Oesterreich und Apostolische König von Ungarn, sowie Seine Majestät der König von Portugal und Algarbien von dem Wunsche geleitet, sowohl die gegenseitigen Rechte, Privilegien, Immunitäten der Generalconsuln, Consuln, Viceconsuln und Consularagenten, dann deren Kanzler und Secretäre, als auch deren Wirkungskreis und jene Verpflichtungen, welche denselben in der österreichisch-ungarischen Monarchie, beziehungsweise in Portugal und den dazu gehörigen überseeischen Besitzungen obliegen — genau und klar festzustellen, haben beschlossen, eine Consularconvention einzugehen und aus diesem Anlasse zu ihren Bevollmächtigten ernannt:

Seine kaiserliche und königliche Apostolische Majestät den Freiherrn Alois von Dumreicher-Oesterreicher, Allerhöchst Ihren außerordentlichen Gesandten und bevollmächtigten Minister bei Seiner allergetreuesten Majestät, Ritter des eisernen Kronordens II. Klasse und des kaiserl. österr. Leopoldordens, Großkreuz des Christusordens u. s. w.,

und Seine Majestät der König von Portugal und Algarbien den Herrn Johann Andrade-Corvo, Rath Seiner Majestät, Pair des Landes, Minister und Staatssecretär des Aeußern, Professor an der politechnischen Schule in Lissabon, Commandeur des alten erhabenen und erlauchten San Thiago-Ordens für Verdienste auf dem Gebiete der Wissenschaft, Literatur und Kunst, sowie des Christusordens, Großkreuz des kaiserl. österr. Leopoldordens und des spanischen Ordens Königs Karl III. u. s. w.,

welche sich nach gegenseitiger Mittheilung ihrer in guter und gehöriger Form befundenen Vollmachten über folgende Artikel geeinigt haben:

---

*) Ratificirt am 30. April 1874; der Austausch der Ratifications-Urkunden erfolgte zu Lissabon am 10. August desselben Jahres.

Artikel I.

Jedem der hohen vertragschließenden Theile wird es freistehen, Generalconsuln, Consuln und Viceconsuln oder Consularagenten in den Häfen und Handelsplätzen, sowie auch überseeischen Besitzungen und Colonien des anderen Theiles zu bestellen.

Sie behalten sich jedoch das Recht vor, jene Orte zu bestimmen, welche hievon ausgenommen sind; hiebei wird aber vorausgesetzt, daß diese Ausnahme allen Mächten gegenüber gleichmäßig Anwendung finde.

Die den Bestimmungen dieses Artikels gemäß für das Staatsgebiet des einen oder anderen der hohen Contrahenten bestellten Generalconsuln, Consuln und Viceconsuln oder Consularagenten dürfen die ihnen durch die gegenwärtige Convention übertragenen Rechte im ganzen Lande oder Bezirke, in dessen Hauptorte sie residiren, frei ausüben.

Sobald die erwähnten Beamten oder Agenten ihre, den in den betreffenden Ländern bestehenden Vorschriften und Förmlichkeiten entsprechend ausgestellten Beglaubigungsschreiben vorweisen, werden sie gegenseitig zur Ausübung ihrer Functionen zugelassen und anerkannt.

Das zur freien Ausübung ihrer Functionen erforderliche Exequatur der Regierung wird ihnen tarfrei ausgefolgt werden und gegen Vorweisung dieses Exequaturs soll die Oberbehörde ihres Amtssitzes unverzüglich die nöthigen Verfügungen treffen, damit sie ihren Verpflichtungen nachkommen können und in den Genuß der ihnen zustehenden Befreiungen, Vorrechte, Amtsbefugnisse und Privilegien treten.

Artikel II.

Die Generalconsuln, Consuln, Viceconsuln und Consularagenten, sowie deren Kanzler sollen in den betreffenden Staaten, die ihrer Stellung im Allgemeinen zukommenden Privilegien, insbesondere die Befreiung von Militäreinquartirungen und Contributionen, ferner von allen entfallenden ordentlichen und außerordentlichen Luxussteuern, directen, sowohl persönlichen, als auch von ihren Mobilien genießen, ausgenommen, wenn sie Bürger jenes Landes sind, in welchem sie residiren, oder wenn sie Handel oder Gewerbe treiben; in diesen Fällen sollen sie den nämlichen Steuern, Lasten und Gebühren unterworfen sein, wie andere Privatpersonen.

Es wird bemerkt, daß jene Besteuerung, welcher ein Agent bezüglich des in der österreichisch-ungarischen Monarchie oder in Portugal liegenden unbeweglichen Vermögens unterliegt, keinen Gegenstand der obenerwähnten Befreiung bildet.

Die Generalconsuln, Consuln, Viceconsuln und Consulargenten genießen überdieß die persönliche Immunität, jedoch mit Ausnahme jener Handlungen und Thaten, welche nach den Gesetzen jenes Landes, in dem sie wohnen, als Verbrechen angesehen werden.

Wenn die Betreffenden dem Handelsstande angehören, so kann die persönliche Haft gegen sie nur wegen kaufmännischer Verpflichtungen, nicht aber auch wegen sonstiger privatrechtlicher Angelegenheiten erfolgen.

Artikel III.

Sind die Generalconsuln, Consuln, Viceconsuln und Consularagenten oder deren Kanzler Bürger jenes Staates, von dem sie ihr Creditiv erhalten haben, so dürfen sie nicht zum Erscheinen als Zeugen vor Gericht vorgeladen werden.

Wenn jedoch die Localgerichts-Behörde die Zeugeneinvernahme des Consuls für nothwendig erachtet, so wird sie ihn in seiner Wohnung mündlich einvernehmen, oder einen competenten Beamten zu diesem Behufe entsenden, oder aber eine schriftliche Erklärung von ihm abverlangen.

Artikel IV.

Die Generalconsuln, Consuln, Viceconsuln und Consularagenten dürfen oberhalb des Einganges in ihre Amtslocalitäten ein Amtsschild mit der Aufschrift „......sches Consulat" anbringen.

Es ist ihnen ferner gestattet, ihre gesetzliche Flagge bei Feierlichkeiten oder anderen üblichen Gelegenheiten auf dem Consulatsgebäude aufzuziehen, wenn sie nicht in derselben Stadt wohnen, in welcher auch die Gesandtschaft ihrer Regierung residirt.

Deßgleichen können sie ihre Flagge auch auf jenen Schiffen aufhissen, deren sie sich bei Ausübung ihres Berufes im Hafen bedienen.

Es wird jedoch bemerkt, daß der Gebrauch dieser äußeren Insignien niemals als ein Zeichen des Asylrechtes ausgelegt werden darf.

Artikel V.

Die Consulatsarchive sind stets unverletzlich und den Localbehörden ist unter keiner Bedingung die Durchsuchung oder Beschlagnahme der zu denselben gehörigen Papiere gestattet.

Diese Schriften sind von jenen Büchern und Papieren, welche sich auf das von dem betreffenden Consularbeamten allenfalls betriebene Handelsgeschäft oder Gewerbe beziehen, stets vollständig abzusondern.

Artikel VI.

Im Falle der Verhinderung, der Abwesenheit oder des Ablebens der Generalconsuln, Consuln, Viceconsuln oder Consularagenten haben diejenigen Consulareleven, Kanzler und Secretäre, welche in dieser Eigenschaft bei den betreffenden Behörden bereits accreditirt sind, sogleich die provisorische Führung der Consulatsagenden zu übernehmen, wobei sie von Seite der Localbehörden nicht nur nicht gehemmt werden sollen, sondern vielmehr unter deren Mithilfe und Unterstützung während der Zeit ihrer provisorischen Amtirung aller durch diese Vereinbarung den Generalconsuln, Consuln, Viceconsuln und Consularagenten gewährten Rechte, Befreiungen und Privilegien theilhaftig sein werden.

Artikel VII.

Den durch ihre Regierungen entsprechend bevollmächtigten Generalconsuln und Consuln ist es gestattet, in den zu ihrem Consulatsbezirke gehörigen Häfen, Städten und Orten, wo dies die Interessen des ihnen übertragenen Dienstes erheischen, Viceconsuln und Consularagenten zu ernennen; — hiezu ist jedoch selbstverständlich die Genehmigung und Bestätigung der betreffenden Regierung erforderlich. Zu Viceconsuln und Consularagenten können Unterthanen beider hohen vertragschließenden Theile oder aber Ausländer frei gewählt werden, sie sind durch denjenigen Consul, von welchem sie ernannt worden sind, mit Ernennungsdecreten zu versehen und diesem auch untergeordnet. Im Uebrigen genießen auch sie — jedoch mit den im Artikel II erwähnten Ausnahmen — die durch gegenwärtige Convention den Consuln eingeräumten Vorrechte und Befreiungen.

Artikel VIII.

Die Generalconsuln, Consuln und Viceconsuln oder Consularagenten können sich ungehindert an die in ihrem Bezirke befindlichen Behörden, und im Falle der Nothwendigkeit, wenn ein diplomatischer Vertreter ihres Staates nicht vorhanden ist, auch an die Regierung desjenigen Staates, in welchem sie fungiren, zu dem Behufe wenden, damit dieselben gegen die Verletzungen, der zwischen den hohen vertragschließenden Theilen bestehenden Verträge und Vereinbarungen und gegen die sonstigen Mißbräuche einschreiten, welche den Staatsangehörigen einen Anlaß zu Beschwerden geben; auch sind sie berechtigt, jedwede als nothwendig erachtete Verfügung zu treffen, um einen schnellen und entsprechenden Rechtsschutz zu erlangen.

Artikel IX.

Die Generalconsuln, Consuln, Viceconsuln oder Consularagenten, sowie deren Kanzler sind berechtigt, sowohl in ihren Kanzleien, als auch in den Wohnungen der Parteien oder am Bord der Schiffe der Staatsangehörigen diejenigen Erklärungen oder sonstigen Rechtsacte entgegenzunehmen, welche die Schiffscapitäne, das Schiffspersonale, Reisende, Handelsleute oder Angehörige ihrer Nation bei ihnen abzugeben, beziehungsweise vorzunehmen wünschen; hiezu gehören auch Testamente, letztwillige Verfügungen und alle sonstigen, eine Beglaubigung erfordernden Thatsachen oder wie immer gearteten Verträge.

Sie dürfen außerdem auch diejenigen Verträge entgegennehmen, welche zwischen ihren Landsleuten, und den Bewohnern des Landes, wo sie ihren Wohnsitz haben, geschlossen werden.

Derartige Urkunden sind so auszustellen, wie es die Gesetze des Staates, dem der Consul angehört, erfordern; zugleich soll aber auch den Formalitäten Genüge geleistet werden, welche die Gesetze des Landes vorschreiben, in dem der Vollzug erfolgt; diesen Urkunden wird vor den Behörden der hohen vertragschließenden Theile sowohl im gerichtlichen Verfahren, als auch außergerichtlich dieselbe Rechtswirksamkeit zukommen, als wenn sie in dem Staatsgebiete der erwähnten Contrahenten durch die hiezu berufenen behördlichen oder ministeriellen Organe ausgestellt worden wären.

Wenn eine pfandrechtliche Verpflichtung oder eine sonstige rechtsverbindliche Handlung, welche sich auf Unbeweglichkeiten jenes Landes bezieht, in dem der Consul residirt, den Gegenstand der Urkunde bildet, so ist dieselbe auch in der durch die betreffenden Landesgesetze vorgeschriebenen Form und den besonderen Bestimmungen dieser Gesetze gemäß auszufertigen.

Die betreffenden Generalconsuln, Consuln, Viceconsuln oder Consularagenten dürfen auch die Uebersetzung oder Beglaubigung der durch Behörden oder Beamte ihrer Länder ausgestellten Urkunden vornehmen und derartige Uebersetzungen besitzen in den Ländern, in denen die Consule residiren, dieselbe Rechtswirksamkeit, als ob sie durch einen beeideten Dolmetsch des Landes verfaßt worden wären.

Artikel X.

Die Unterthanen der hohen vertragschließenden Theile dürfen über ihr Eigenthum innerhalb des Gebietes der betreffenden Staaten mittelst Testamentes, Vermächtnisses, Schenkung oder auf sonstige Weise frei verfügen.

Desgleichen können sie auch, ebenso wie die Inländer, die ihnen im Gebiete des anderen Contrahenten im Wege einer Schenkung, eines Vermächtnisses, Testamentes oder in Ermangelung des Letzteren im Wege der Erbschaft zugefallenen Güter frei besitzen und sind die betreffenden Erben, Legatare oder Beschenkten nicht verpflichtet, andere oder höhere Erb- oder Uebertragungsgebühren zu entrichten, als in gleichen Fällen die Inländer zu zahlen haben.

Bezüglich der Immobilien werden die Erbangelegenheiten nach den Gesetzen jenes Landes geregelt, in welchem die Unbeweglichkeiten liegen, und die Entscheidung über alle dießfälligen Ansprüche oder Klagen gehört ausschließlich zur Competenz der Gerichtshöfe des betreffenden Landes.

Erbschaftsansprüche, die sich auf bewegliche Nachlässe oder solche Mobilien beziehen, welche die angesiedelten oder während ihres Aufenthaltes verstorbenen Unterthanen des einen Contrahenten im Gebiete des anderen Theiles hinterlassen haben, sind durch die zuständigen Gerichte oder Behörden jenes Landes und nach den Gesetzen jenes Landes zu erledigen, welchem der Verstorbene angehört hat.

Artikel XI.

Wenn der Unterthan des einen der hohen vertragschließenden Theile im Gebiete des anderen stirbt, so sind die Localbehörden verpflichtet, hievon den dem Sterbeorte zunächst residirenden Generalconsul, Consul, Viceconsul oder Consularagenten sogleich zu verständigen.

Desgleichen sind auch die Letzteren gehalten, die Localbehörden in Kenntniß zu setzen, wenn sie früher benachrichtigt worden wären.

Die Generalconsuln, Consuln, Viceconsuln oder Consularagenten derjenigen Nation, welcher der Verstorbene angehörte, dürfen nachstehende Amtshandlungen vollziehen:

1. Dürfen sie entweder von Amtswegen oder über Ansuchen der Betheiligten alle Werthgegenstände, Beweglichkeiten und Schriften des Verstorbenen versiegeln, haben jedoch hievon vorher die zuständige Localbehörde in

Kenntniß zu setzen, welche — wenn es die Landesgesetze erfordern — bei der Amtshandlung zugegen sein und ihr Siegel beidrücken kann. Sollte die Localbehörde früher von dem Todesfalle verständigt worden und nach den Landesgesetzen zur Versiegelung des Nachlasses verpflichtet sein, so muß sie die Consularbehörde zum gemeinschaftlichen Einschreiten auffordern.

Sollte sich die alsogleiche Vornahme der Versiegelung als unumgänglich nothwendig erweisen, und ein gemeinsames Einschreiten wegen der Ortsentfernung oder aus einem anderen Grunde nicht thunlich sein, so ist die Local-, eventuell die Consularbehörde berechtigt, die Siegel vorläufig ohne Intervention der anderen Behörde anzulegen, sie muß aber hievon die letztere in Kenntniß setzen und dieser steht es sodann frei, den bereits angelegten Siegeln auch ihr Siegel beizudrücken.

Ohne Gegenwart der betreffenden Behörde dürfen weder die Siegel der Local-, noch die der Consularbehörde herabgenommen werden.

Wenn jedoch die Localbehörde durch die Consularbehörde oder umgekehrt zur Intervention bei der Herabnahme der beiderseitigen Siegel aufgefordert worden wäre, die aufgeforderte Behörde aber binnen achtundvierzig Stunden nach Zustellung der Verständigung nicht erscheinen sollte, so darf die andere Behörde die fragliche Amtshandlung auch allein vornehmen.

2. Nehmen sie, nachdem die Localbehörde hievon vorher auf die obenangeführte Art in Kenntniß gesetzt worden ist, das Inventar über alle dem Verstorbenen gehörigen Beweglichkeiten und Werthgegenstände auf.

Sollte die Localbehörde es für nöthig erachten, so ist das in ihrer Gegenwart aufgenommene Protokoll auch durch sie zu unterfertigen.

3. Ordnen sie hinsichtlich aller, dem Verderben ausgesetzten oder schwer zu erhaltenden Gegenstände, sowie derjenigen Erzeugnisse und Werthobjecte, welche unter günstigen Bedingungen veräußert werden können, die öffentliche Versteigerung an.

Hievon ist die Localbehörde zu dem Behufe zu verständigen, damit der Verkauf durch die zuständige Behörde auf die nach den Landesgesetzen vorgeschriebene Art erfolgen kann.

Ist die Localbehörde zur Vornahme der Veräußerung berufen, so ist sie verpflichtet, die Consularbehörde zur Intervenirung einzuladen.

4. Deponiren sie die inventirten Gegenstände und Wertheffecten an einem sicheren Orte, bewahren die eingetriebenen Forderungen, sowie die aus den aufgenommenen Renten eingehenden Beträge in der Consulatswohnung, oder vertrauen sie anderen, eine volle Sicherheit gewährenden Personen an.

Die Deponirung muß im Einverständnisse mit den zum oberwähnten Verfahren berufenen Localbehörden vorgenommen werden, wenn bei der Erbschaft ein Landesangehöriger oder der Unterthan einer fremden Macht interessirt ist, und wenn es sich um die Sicherstellung der den Landesgesetzen zufolge zu entrichtenden Erbschafts- oder Uebertragungsgebühren handelt.

5. Sollte der Nachlaßwerth zur vollständigen Befriedigung der Forderungen nicht hinreichen, so sind die zum Nachlasse gehörigen Urkunden,

Wertheffecten und Gegenstände über den seitens der Gläubiger auf die in dem betreffenden Lande vorgeschriebene Weise geltend gemachten Wunsch der Gerichtsbehörde oder dem Concursmassa-Vertreter zu übergeben und je nachdem die Angelegenheit der einen oder dem anderen zukommt, — ist es Aufgabe der Consularbehörde, in dringenden Fällen die eigenen Staatsangehörigen, soferne es abwesende, minderjährige oder unter Curatel gehörige Erben oder Legatare sind, zu vertreten.

Die Consularbehörde darf die Erbschaft oder deren Werth den gesetzlichen Erben oder deren Bevollmächtigten in keinem Falle früher ausfolgen, bis nicht alle durch den Verstorbenen im Lande contrahirten Schulden beglichen sind.

6. Haben sie entweder selbst oder unter eigener Verantwortung durch das von ihnen ernannte Personale den aus Beweglichkeiten bestehenden Theil der Erbschaft zu verwalten und können auch die lediglich aus Beweglichkeiten bestehende Erbschaft ausfolgen, außer es wäre bezüglich der durch die Localbehörde Namens der eigenen Staatsangehörigen, oder der im Lande ansässigen Unterthanen einer anderen Macht anzumeldenden Ansprüche der den Landesgesetzen gemäß bestimmte Termin noch nicht abgelaufen, oder es wären gegen derlei Anmeldungen Einwendungen erhoben worden; denn in diesen zwei Fällen müssen die Consularbehörden die Uebergabe sistiren und sich auf solche Verfügungen beschränken, durch welche die Befriedigung der erwähnten Ansprüche nicht gehindert wird.

Ueber diese Ansprüche entscheiden, soferne dieselben nicht auf den Rechtstitel der Erbschaft oder eines Legates beruhen, ausschließlich die Gerichtsbehörden des Landes.

Sobald über die obenerwähnten Ansprüche, bezüglich deren die Beschlußfassung den Gerichtsbehörden des Landes vorbehalten ist, urtheilsmäßig entschieden oder die zu deren Befriedigung erforderliche Summe festgesetzt worden ist, muß der gesammte bewegliche Nachlaß, soferne er nicht etwa als Sicherstellung haftet, nach Entfernung der durch die Localbehörde angebrachten Siegel zur weiteren Verfügung an die Consularbehörde übergeben werden.

Artikel XII.

Sollte der Unterthan eines der hohen Contrahenten bei einer im Gebiete des anderen Theiles eintretenden Erbschaft — dieselbe mag von einem Landsmanne, einem In- oder Ausländer herrühren, — interessirt sein, so sind die Localbehörden verpflichtet, der dem Todfallsorte zunächst residirenden Generalconsul, Consul, Viceconsul oder Consularagenten von der fraglichen Erbschaft in Kenntniß zu setzen.

Artikel XIII.

Wenn ein österreichischer oder ungarischer Staatsbürger in Portugal oder dessen überseeischen Provinzen, oder aber ein portugiesischer Staatsbürger in der österreichisch-ungarischen Monarchie an einem solchen Orte gestorben ist, wo eine Consularbehörde der betreffenden Nation nicht besteht, so ist die competente Localbehörde verpflichtet, die hinterbliebenen Werthgegenstände den Landesgesetzen gemäß zu inventiren, das Nachlaßvermögen zu übergeben und von dem Resultate dieses Verfahrens binnen kürzester Zeit die Gesandtschaft derjenigen Nation, welcher der Verstorbene angehörte, oder aber diejenige Consularbehörde zu verständigen, welche sich dem Orte, wo der Erblasser mit oder ohne Hinterlassung eines Testamentes verstorben ist, zunächst befindet.

Sobald der dem Todfallsorte zunächst residirende Generalconsul, Consul, Viceconsul oder Consularagent an dem betreffenden Orte entweder persönlich erschienen ist, oder einen Bevollmächtigten dahin entsendet hat, ist die bezügliche Localbehörde verbunden, nach den im Artikel XI der gegenwärtigen Vereinbarung enthaltenen Bestimmungen vorzugehen.

Artikel XIV.

Den Generalconsuln, Consuln, Viceconsuln oder Consularagenten der hohen vertragschließenden Theile steht die ausschließliche Entscheidung zu.

Bezüglich aller derjenigen Inventirungs- und sonstiger Acte, welche sich auf die Erhaltung solcher Gegenstände und Güter beziehen, die nach den, während der Reise auf einem nationalen Schiffe, oder aber nach dem Einlangen im Hafen, auf dem Festlande verstorbenen Matrosen oder Reisenden ihres Staates hinterblieben sind.

Wenn derlei Personen auf einem Schiffe des anderen Landes gestorben sind, so sollen deren Löhnungen und Wertheffecten beim Einlangen im Hafen entweder der competenten Behörde desjenigen Landes, welchem der Verstorbene angehörte, oder der Consulatsbehörde dieses Landes ausgefolgt werden.

Artikel XV.

Die Generalconsuln, Consuln, Viceconsuln oder Consularagenten dürfen sich, sobald der Verkehr mit dem Festlande gestattet ist, an Bord der Schiffe ihrer Staatsangehörigen entweder selbst begeben, oder einen Vertreter dahin entsenden, den Schiffscapitän und die Mannschaft einvernehmen, die Schiffspapiere prüfen, die Berichte über die Reise, den Bestimmungsort des Schiffes und den Verlauf der Fahrt entgegennehmen, die Ladungsverzeichnisse ausfertigen und den Abgang des Schiffes fördern, endlich die betreffenden Schiffscapitäne und die Mannschaft zu den Gerichten und politischen Behörden des Landes zu dem Behufe begleiten, um den Betreffenden in deren Geschäfts- oder Streitangelegenheiten als Dolmetsche oder Sachwalter zu dienen; ausgenommen sind jedoch diejenigen Fälle, welche durch die in den Ländern der hohen Contrahenten bestehenden Handelsgesetze geregelt sind, deren Verfügungen durch gegenwärtige Bestimmung keine Aenderung erleiden.

Es wurde vereinbart, daß die Gerichts- und Zollbeamten, sowie die Zollamtsagenten früher keinerlei Visitationen oder Durchsuchungen auf den

Schiffen vornehmen sollen, bevor nicht die Consularbehörde der betreffenden Nation hievon zu dem Behufe verständigt worden ist, damit sie der Amtshandlung beiwohnen könne.

Deßgleichen sind auch die Generalconsuln, Consuln, Viceconsuln oder Consularagenten rechtzeitig in Kenntniß zu setzen, damit sie bei den seitens der Schiffscapitäne oder Mannschaftsindividuen vor den Gerichten oder politischen Localbehörden abzugebenden Erklärungen gegenwärtig sein, und derart jedweden Irrthum oder jede falsche Auslegung, wodurch die richtige Handhabung der Justiz beeinträchtigt werden würde, verhindern können.

In den an die Generalconsuln, Consuln, Viceconsuln oder Consularagenten zu richtenden diesfälligen Verständigungen ist der Zeitpunkt des Erscheinens genau anzugeben, und wenn dieselben versäumen sollten, persönlich zu erscheinen oder sich durch einen Bevollmächtigten vertreten zu lassen, so ist die Amtshandlung auch in ihrer Abwesenheit vorzunehmen.

Selbstverständlich kann dieser Artikel auf jene Verfügungen keine Anwendung finden, welche auf Grund der Polizei-, Zoll- und Sanitätsvorschriften getroffen werden und auch fernerhin ohne Intervention der Consularbehörden vollzogen werden sollen.

Artikel XVI.

In allen die Hafenpolizei, die Ein- und Ausladung der Schiffe, sowie die Sicherung der Waaren, Güter, und Wertheffecten betreffenden Angelegenheiten sollen die Landesgesetze und Vorschriften maßgebend sein.

Die Aufrechterhaltung der innern Ordnung soll auf dem Schiffe einer jeden Nation den Generalconsuln, Consuln, Viceconsuln oder Consularagenten zustehen.

In Folge dessen sind dieselben berufen, alle zwischen den Schiffscapitänen, Schiffsoffizieren und der Mannschaft vorkommenden, und insbesondere die auf die Ausfolgung der Löhnungen oder die Erfüllung der gegenseitig übernommenen Verpflichtungen sich beziehenden Streitigkeiten zu schlichten.

Die Localbehörden dürfen nur in solchen Fällen einschreiten, wenn durch die am Bord des Schiffes vorgefallenen Unordnungen die Ruhe und öffentliche Ordnung am Festlande oder im Hafen gestört wird, oder wenn an den betreffenden Vorfällen außer den Angehörigen des bezüglichen Staates oder der Mannschaft auch andere Personen betheiligt sind.

Mit Ausnahme der eben erwähnten Fälle werden sich die Localbehörden darauf beschränken, den Generalconsuln, Consuln, Viceconsuln und Consularagenten über deren Verlangen bei der Verhaftung, provisorischen Gefangenhaltung einer in das Schiffsregister eingetragenen Person und Zurücksendung derselben an Bord, so oft thatkräftigen Beistand zu leisten, als es die erwähnten Agenten aus irgend einem Grunde für nöthig erachten.

Artikel XVII.

Die Generalconsuln, Consuln, Viceconsuln oder Consularagenten dürfen diejenigen Matrosen oder sonstigen, unter was immer für einem Titel zur Mannschaft der Schiffe ihrer Nation gehörigen Personen, welche auf dem Gebiete eines der hohen vertragschließenden Theile desertirt sind, verhaften und entweder an Bord oder in ihre Heimath zurückschicken lassen.

Zu diesem Behufe haben sie sich schriftlich an die competente Localbehörde zu wenden, und müssen durch Vorlage des Schiffs- oder Mannschaftsregisters, oder wenn das Schiff schon früher abgesegelt sein sollte, einer beglaubigten Abschrift dieser Urkunde nachweisen, daß die reclamirten Individuen wirklich zur Schiffsmannschaft gehören.

Ueber ein derart documentirtes Ersuchen darf die Ausfolgung des Deserteurs nicht verweigert werden.

Es soll überdieß den Generalconsuln, Consuln, Viceconsuln oder Consularagenten jede nur mögliche Unterstützung und Hilfeleistung zur Erforschung und Verhaftung der Deserteure gewährt werden, welche auf Verlangen und Kosten der Consularbehörde in den Landesgefängnissen so lange in Gewahrsam zu halten sind, bis sich eine Gelegenheit zu deren Transportirung ergibt.

Diese Gefangenhaltung darf aber nicht länger, als drei Monate dauern und nach Ablauf dieser Zeit muß der Gefangene, nachdem die Consularbehörde hievon drei Tage vorher verständigt worden ist, auf freien Fuß gesetzt, und darf aus dem gleichen Anlasse nicht wieder verhaftet werden.

Sollte jedoch der Deserteur am Festlande eine strafbare Handlung begangen haben, so steht es der Localbehörde frei, die Ausfolgung bis dahin zu verschieben, bis das gerichtliche Urtheil über ihn gefällt und vollzogen worden ist.

Die hohen vertragschließenden Theile einigen sich dahin, daß die Bestimmungen des gegenwärtigen Artikels auf Matrosen oder sonstige, zur Schiffsmannschaft gehörige Individuen, welche Bürger desjenigen Landes sind, in dem die Desertion erfolgte, keine Anwendung finden sollen.

Artikel XVIII.

In allen Fällen, in welchen zwischen dem Schiffsrheder, dem Eigenthümer und Versicherer der Ladung nichts anderes vereinbart worden ist, werden die Havarien, von denen Schiffe beider Länder auf offener See betroffen wurden, sowohl bei dem freiwilligen Einlaufen des Schiffes in einen anderen Hafen, als auch dann, wenn dasselbe hiezu durch die Witterungsverhältnisse gezwungen worden ist, durch die Generalconsuln, Consuln, Viceconsuln oder Consularagenten derjenigen Nation, der das Schiff angehört, geregelt, insoferne hiebei nicht auch gleichzeitig Bürger desjenigen Landes, in welchem die fraglichen Functionäre residiren, oder Angehörige eines dritten Staates betheiligt sind.

Wenn jedoch dies der Fall ist, oder wenn ein gütlicher Vergleich zwischen allen betheiligten Parteien nicht zu Stande kommt, so soll die Regelung der Havarie durch die Localbehörde vorgenommen werden.

Artikel XIX.

Wenn ein der Regierung oder den Unterthanen eines der hohen vertragschließenden Theile gehöriges Schiff an der Küste des anderen Theiles Schiffbruch erleidet oder scheitert, so sind die Localbehörden gehalten, von diesem Vorfalle den in dem betreffenden Bezirke residirenden, eventuell denjenigen Generalconsul, Consul, Viceconsul oder Consularagenten in Kenntniß zu setzen, welcher dem Orte des Unfalles zunächst residirt.

Alle auf die Bergung solcher österreichischer oder ungarischer Schiffe, welche in der Nähe der Küsten Portugals oder der portugiesischen Besitzungen Schiffbruch erlitten haben, oder gestrandet sind, sich beziehenden Vorkehrungen sollen durch die Generalconsuln, Consuln, Viceconsuln oder Consularagenten der österreichisch-ungarischen Monarchie, dagegen alle die Bergung der nächst den Küsten der österreichisch-ungarischen Monarchie gescheiterten oder gestrandeten portugiesischen Schiffe betreffenden Vorkehrungen durch die portugiesischen Generalconsuln, Consuln, Viceconsuln oder Consularagenten geleitet werden.

Das Einschreiten der Localbehörden soll sich lediglich auf die Unterstützung der Consularbehörden, Aufrechterhaltung der Ordnung, Sicherung der Rechte, der bei der Bergung mitwirkenden und nicht zur Schiffsmannschaft gehörigen Personen, sowie auf die Controle über die Befolgung der bei der Aus- und Einfuhr geborgenen Waaren zu beobachtenden Vorschriften beschränken.

Während der Abwesenheit und bis zur Ankunft der Generalconsuln, Consuln, Viceconsuln oder Consularagenten, oder aber der durch dieselben bestellten Vertreter, haben die Localbehörden alle zum Schutze der beim Schiffbruche geretteten Personen, sowie zur Erhaltung der geborgenen Gegenstände nothwendigen Vorkehrungen zu treffen.

Aus Anlaß des Einschreitens der Localbehörden in derlei Fällen, darf außer dem Ersatze der für die Bergung, dann die Erhaltung der Waaren aufgelaufenen, sowie derjenigen Auslagen, welche in ähnlichen Fällen auch durch die inländischen Schiffe zu tragen sind, keine weitere Forderung gestellt werden.

Sollte die Nationalität des gescheiterten Schiffes zweifelhaft sein, so gehören alle in diesem Artikel erwähnten Verfügungen zum Wirkungskreise der Localbehörden.

Die hohen vertragschließenden Theile einigen sich überdieß dahin, daß die geborgenen Waaren, soferne dieselben nicht etwa zum Verbrauche im Lande bestimmt sind, die volle Zollfreiheit genießen sollen.

Artikel XX.

Die Generalconsuln, Consuln, Viceconsuln und Consularagenten, sowie die Consulareleven und Kanzler sollen im Gebiete der hohen Contrahenten alle diejenigen Immunitäten, Vorrechte, Befreiungen und Privilegien genießen, welche den gleichgestellten Functionären der meist begünstigten Nation zugestanden werden.

Artikel XXI.

Gegenwärtige Convention soll zehn Jahre in Kraft bleiben und tritt ein Monat nach Austausch der Ratificationsurkunden in Wirksamkeit.

Wenn keiner der vertragschließenden Theile ein Jahr vor Ablauf des erwähnten Zeitraumes die Absicht kund geben sollte, den Vertrag zu lösen, so soll derselbe noch ein weiteres Jahr und so fort von Jahr zu Jahr bis zum Ablaufe eines Jahres von dem Tage an, an dem die Kündigung erfolgt, in Wirksamkeit verbleiben.

Artikel XXII.

Die Ratificationsurkunden über die gegenwärtige Convention sollen binnen kürzester Zeit in Lissabon ausgetauscht werden.

Urkund dessen haben die betreffenden Bevollmächtigten die gegenwärtige Convention unterzeichnet und derselben ihre Siegel beigedrückt.

So geschehen zu Lissabon in doppelter Ausfertigung am neunten Januar 1873.

(L. S.) *Alois Freiherr von Dumreicher* m. p.
(L. S.) *Johann de Andrade-Corvo* m. p.

XXXIII. Gesetzartikel
über die Modificirung und Ergänzung des G.-A. V v. J. 1848 und des siebenbürgischen G.-A. II v. J. 1848.

(Sanctionirt am 26. November 1874. Kundgemacht in beiden Häusern des Reichstages am 30. November 1874.)

I. Abschnitt.
Das Wahlrecht.

§. 1.

Bei der Wahl der Reichstagsabgeordneten steht das Wahlrecht — mit Ausnahme der Frauen — allen eingeborenen oder naturalisirten Bürgern zu, welche das 20. Lebensjahr vollendet haben und die in den §§. 1 und 2 des G.-A. V v. J. 1848, sowie in den

§§. 3 und 4 des siebenbürgischen G.-A. II v. J. 1848 festgesetzten und in den nachfolgenden §§. genauer bestimmten Erfordernisse besitzen.

§. 2.

Das Wahlrecht kann in Hinkunft auf die vor dem Jahre 1848 bestandenen Privilegien nicht gegründet werden, denjenigen jedoch, welche im Sinne des G.-A. V v. J. 1848 und des siebenbürgischen G.-A. II v. J. 1848 auf Grund der früheren Berechtigung in eine der vom Jahre 1848 bis einschließlich 1872 angelegten Listen der Reichstagswähler eingetragen erscheinen, wird bezüglich ihrer Person die Ausübung des Wahlrechtes belassen.

§. 3.

In königlichen Freistädten, sowie in Städten mit geregeltem Magistrate steht das Wahlrecht denjenigen zu, welche entweder als ausschließliches Eigenthum oder gemeinschaftlich mit ihren Ehegattinnen, beziehungsweise minderjährigen Kindern:

a) ein solches, wenn auch zeitweilig steuerfreies Haus besitzen, welches wenigstens drei, der Haussteuer unterliegende Wohnbestandtheile enthält;

b) einen solchen Grund besitzen, von welchem die Grundsteuer nach einem Reinertrage von 16 fl. ausgeworfen ist.

§. 4.

In jenen Landestheilen, in welchen der G.-A. V v. J. 1848 giltig ist, steht das Wahlrecht denjenigen zu, welche in Großgemeinden oder kleinen Gemeinden $1/4$ Urbarialsession oder einen anderen Grund von gleichem Umfange als ausschließliches Eigenthum oder gemeinschaftlich mit ihren Ehegattinnen, beziehungsweise ihren minderjährigen Kindern besitzen, derselbe mag auf wen immer von diesen grundbücherlich eingetragen sein.

Als ein einer $1/4$ Urbarialsession an Umfang gleicher Besitz wird jener Grundbesitz angesehen, von welchem an Steuer ebensoviel gezahlt wird, als in derselben Gemeinde auf den am mindesten besteuerten $1/4$ Urbarialgrund entfällt.

Sollte jedoch in irgend einer Gemeinde ein Urbarialbesitz nicht bestehen, so ist die mindestbesteuerte $1/4$ Urbarialsession jener benachbarten Gemeinde als Grundlage anzunehmen, in welcher die für den Grundwerth maßgebenden Verhältnisse mit denen der fraglichen Gemeinde die größte Aehnlichkeit haben.

In den dem Bács-Bodroger, Temeser, Torontaler und Krassóer Comitate einverleibten Theilen der provinzialisirten Militärgrenze, sowie im Szörényer Comitate sind zehn Joch cultivirten Bodens zu 1600 $\square^0$, im Mittel-Szolnoker, Kraßnaer und Zarander Comitate, im Kóvárer Districte und in Jazygien und Kumanien sind acht Joch zu 1200 $\square^0$ als ein $\frac{1}{4}$ Urbarialsession gleichkommender Besitz anzusehen.

Als cultivirter Grund ist Intravillangrund, Garten, Weingarten, Acker und Wiese zu betrachten.

§. 5.

In jenen Landestheilen, in denen der siebenbürgische G.-A. II v. J. 1848 giltig ist, steht das Wahlrecht in den Großgemeinden und in kleinen Gemeinden denjenigen zu

a) welche auf Grund des gegenwärtig bestehenden Grundsteuercatasters die Grundsteuer nach 84 fl., wenn sie jedoch ein in die I. Steuer-Classe gehöriges Haus besitzen, nach 79 fl. 80 kr., und wenn ihr Haus in die II. oder eine höhere Steuer-Classe fällt, nach 72 fl. 80 kr. Reinertrag zahlen.

Im Falle der Richtigstellung des gegenwärtigen Catasters oder der Aufnahme eines neuen Catasters ändern sich obige Reinertragssummen in dem Verhältnisse, in welchem das in dem gegenwärtigen Cataster ersichtliche gesammte reine Grunderträgniß der siebenbürg. Landestheile zu dem in dem richtiggestellten Cataster aufgenommenen gesammten reinen Grunderträgnisse stehen wird.

b) welche die Staatssteuer nach einem der Grund-, Haus- oder aber der Einkommensteuer I. oder III. Classe unterliegenden jährlichen Gesammtreinertrage von mindestens 105 fl. zahlen.

Außerdem nimmt eine jede Gemeinde, welche außer den im Grunde des G.-A. XII vom Jahre 1791 Berechtigten wenigstens 100 Hausstellen zählt, durch zwei, — kleinere Gemeinden dagegen durch einen frei gewählten Vertreter an der Abgeordnetenwahl theil.

§. 6.

Das Wahlrecht besitzen außerdem diejenigen:

a) welche ein solches Haus, von dem die Hauszinssteuer mindestens nach einem jährlichen Reinerträgnisse von 105 fl. bemessen wurde, entweder als ausschließliches Eigenthum oder aber gemeinschaftlich mit ihren Ehegattinen, beziehungsweise minderjährigen Kindern auf die im §. 4 erwähnte Art besitzen;

b) welche die Staatssteuer von dem ihnen auf die unter a) erwähnte Art gehörigen Grundbesitze, oder von ihren eigenen Capitalien, oder aber von beiden zusammen wenigstens nach einem jährlichen Reinertrage von 105 fl. entrichten;

c) welche als Kaufleute oder Fabrikanten nach einem jährlichen Einkommen von wenigstens 105 fl. besteuert sind;

d) welche in kön. Freistädten oder in Städten mit geregeltem Magistrate als Handwerker nach einem Jahreseinkommen von mindestens 105 fl. besteuert sind;

e) welche in Großgemeinden oder kleinen Gemeinden wenigstens für einen Gehilfen Einkommensteuer zahlen.

§. 7.

Das Wahlrecht steht auch denen zu, welche die Einkommensteuer von einem nach G.-A. XXVI v. J. 1868 in die I. Classe gehörigen jährlichen Einkommen von mindestens 105 fl. oder in die II. Classe gehörigen jährlichen Einkommen von mindestens 700 fl. zahlen, ferner jene Staats-, Municipal- und Gemeindebeamten, welche die Einkommensteuer von einem in die II. Classe gehörigen Jahreseinkommen von mindestens 500 fl. entrichten.

§. 8.

In den Fällen der §§. 6 und 7 wird erfordert, daß die den erwähnten Grundlagen gemäß in die Namensliste einzutragenden Wähler bereits im verflossenen Jahre wenigstens nach dem oben festgesetzten Einkommen besteuert waren.

§. 9.

Das Wahlrecht steht ohne Rücksicht auf ihr Einkommen zu: den Mitgliedern der ung. Akademie der Wissenschaften, Professoren, akadem. Künstlern, Doktoren, Advokaten, öffentlichen Notaren, Ingenieuren, Wundärzten, Apothekern, diplomirten Oekonomen, Förstern und Montanisten, ferner Seelsorgern, Caplänen, Gemeindenotären, Schullehrern und diplomirten Kleinkinderbewahrern in jenen Wahlbezirken, in denen sie ihren ständigen Wohnsitz haben.

Zur Ausübung des den Seelsorgern und Caplänen zustehenden Wahlrechtes wird jedoch erfordert, daß dieselben als solche in irgend einer Kirchengemeinde ämtlich angestellt sind.

Professoren, Schullehrer, Kinderbewahrer und Gemeindenotäre dagegen besitzen ein Wahlrecht nur dann, wenn sie auf ihre Stelle im Sinne des Gesetzes ernannt, gewählt oder aber in ihrem Amte bestätigt worden sind.

§. 10.

Das Wahlrecht besitzen auch bei dem Vorhandensein eines der in den obigen §§. angeführten Erfordernisse diejenigen nicht, welche unter väterlicher, vormundschaftlicher oder dienstherrlicher Gewalt stehen.

Als unter dienstherrlicher Gewalt stehend werden die Lehrlinge des Handels- und Gewerbestandes, sowie die im öffentlichen und Privatdienste stehenden Diener und Dienstboten angesehen.

Oekonomiebeamte sind nicht als unter dienstherrlicher Gewalt stehend zu betrachten.

§. 11.

Das Wahlrecht dürfen nicht ausüben und sind daher in die Wahlliste nicht einzutragen:

1. die im Armeestande activ dienenden oder während ihrer activen Dienstzeit zeitweilig beurlaubten Soldaten, Matrosen und Honvéds; zu diesen gehören jedoch die im Sinne des §. 36 des G.-A. XL v. J. 1868 und des G.-A. XXXII v. J. 1873 zur Controllrevue oder zur zeitweiligen Waffenübung einberufenen Reservisten und Honvéds nicht;

2. die Finanzwach-, Zoll- und Steuerwach-Mannschaft;

3. die Gensdarmen;

4. die Staats-, Municipal- und Gemeinde-Polizeiwachmannschaft.

§. 12.

Das Wahlrecht dürfen nicht ausüben und können daher, selbst wenn ihnen das Wahlrecht aus irgend einem Grunde zustehen sollte, in die Wahlliste nicht aufgenommen werden:

1. diejenigen, welche wegen eines Verbrechens oder Vergehens, oder wegen eines in den §§. 6, 7, 8, 9, 10, 11 und 12 des G.=A. XVIII v. J. 1848 erwähnten Preßvergehens zu einer Freiheitsstrafe verurtheilt worden sind, während der Dauer derselben;

2. welche sich auf Grund eines rechtskräftigen gerichtlichen Beschlusses wegen eines Verbrechens oder Vergehens in Untersuchungshaft befinden;

3. welche zum Verluste ihres Wahlrechtes verurtheilt worden sind, während der durch das rechtskräftige Urtheil bestimmten Zeit;

4. die in Concurs Verfallenen insolange, als derselbe nicht aufgehoben wurde;

5. diejenigen, welche ihre in dem Wahlbezirke zu zahlende directe Steuerschuldigkeit für das der Conscription, beziehungsweise der Richtigstellung vorhergehende Jahr nicht entrichtet haben.

Die in den Punkten 1, 2, 3 u. 4 angeführten Wähler sind, wenn sie ihre sonstige Wahlberechtigung nachweisen, in eine besondere Liste einzutragen und können ihr Wahlrecht ausnahmsweise ausüben, wenn sie ihre Freisprechung oder die Aufhebung des Concurses durch einen rechtskräftigen gerichtlichen Beschluß, die gänzliche Abbüßung der Strafe durch ein Zeugniß der competenten Behörde, den Ablauf der bezüglich des Verlustes des Wahlrechtes bestimmten Frist dagegen durch das gerichtliche Originalurtheil vor der Conscriptions= beziehungsweise Rectificirungscommission, oder eventuell vor dem Wahlpräses nachgewiesen haben.

§. 13.

Wählbar ist jeder Wähler, welcher das 24. Lebensjahr vollendet hat, in eine Wahlliste aufgenommen wurde und der Bestimmung des Gesetzes, daß die Sprache der Legislative die ungarische ist, zu entsprechen vermag.

Wer nach Beginn der Wirksamkeit dieses Gesetzes mittelst eines rechtskräftigen gerichtlichen Urtheiles wegen Mordes, Raubes, Brandstiftung, Diebstahls, Hehlerei, Urkundenfälschung, Betruges, betrügerischer Crida oder Meineides verurtheilt worden ist, kann nicht gewählt werden.

§. 14.

Die Höhe der zur Documentirung des Wahlrechtes erforderlichen Steuer ist mittelst des Steuerbüchels, einer steuerämtlichen

Bestätigung oder mittelst eines Auszuges aus dem Gemeindehauptbuche über directe Steuern (B. Tabelle) nachzuweisen.

Das Grund- und Hauseigenthumsrecht ist in zweifelhaften Fällen dort, wo Grundbücher bestehen, mit einem Grundbuchsauszuge, anderwärts mit sonstigen das Eigenthumsrecht darthuenden Urkunden, die Größe des Grundbesitzes mit einem Auszuge aus dem Lagerbuche (Cataster) oder Commassations-Grundbuche zu erweisen.

Bei dem Mitbesitze von einem Compossessorate ist das individuelle Verhältniß des Mitbesitzes an dem gemeinschaftlichen Besitzthume oder Erträgnisse durch eine öffentliche Urkunde oder ein solches Compossessoratsprotokoll, welches bereits als Grundlage der Vertheilung des gemeinschaftlichen Einkommens gedient hat, nachzuweisen.

Auf Grund eines solchen Besitzthums, welches grundbücherlich auf mehrere Eigenthümer zu unbestimmten Antheilen eingetragen ist, wird das Wahlrecht aller grundbücherlichen Eigenthümer dann als gerechtfertigt angesehen, wenn der betreffende Besitz hinsichtlich des Umfanges oder Erträgnisses den durch das gegenwärtige Gesetz als Bedingung der Wahlberechtigung festgesetzten Umfang oder Ertrag so oft in sich enthält, als Eigenthümer im Grundbuche eingetragen sind.

Der Pfandbesitz verleiht dem Pfandbesitzer das Wahlrecht bis zum Zeitpunkte der Rücklösung.

§. 15.

In solchen Orten, in denen ein Grundbuch besteht, ist das Wahlrecht demjenigen, welcher dasselbe auf Grund eines unbeweglichen Besitzes beansprucht, jedoch im Grundbuche als Eigenthümer noch nicht eingetragen erscheint, dann zu ertheilen, wenn er nachweist:

a) daß er im Besitze der Unbeweglichkeit ist;

b) daß das Eigenthum auf die fragliche Unbeweglichkeit ihm auf Grund des Erbrechtes, eines Rechtsgeschäftes oder in Folge der mittlerweile stattgefundenen Besitzregelung zusteht;

c) daß entweder die Erbabhandlung im Zuge ist oder aber, wenn dies nicht der Fall ist, daß die Erbschaft, beziehungsweise das Rechtsgeschäft über die Eigenthumsübertragung zur Gebührenbemessung angemeldet wurde;

d) daß die Steuer von dem unbeweglichen Besitze durch ihn selbst, oder statt seiner durch jemand anderen gezahlt wird.

In den hier angeführten Fällen gebührt jedoch das Wahlrecht dem den Anspruch Erhebenden nur dann, wenn jene Person, deren Eigenthumsrecht im Grundbuche eingetragen ist, das Wahlrecht auf Grund desselben unbeweglichen Besitzes nicht selbst beansprucht.

§. 16.

In jenen Gemeinden der provinzialisirten Militärgrenze, in denen Hauscommunionen bestehen, wird das Wahlrecht durch das Haupt der Communion ausgeübt, wenn der gemeinschaftliche Grundbesitz die im §. 4 festgesetzte Größe erreicht.

Haben jedoch die Mitglieder einer Hauscommunion ihren gemeinschaftlichen unbeweglichen Besitz unter Aufrechterhaltung des Communionverbandes unter einander vertheilt, so üben alle, welche an Unbeweglichem so viel besitzen, als im §. 4 festgesetzt ist, das Wahlrecht aus.

II. Abschnitt.
Der Centralausschuß.

§. 17.

In jeder Jurisdiction und in jeder solchen Stadt, welche auf Grund des §. 5 des G.=A. V v. J. 1848 einen Abgeordneten entsendet, ist zum Behufe der Zusammenstellung und Rectificirung der Wählerliste, sowie zur Leitung der Reichstags=Abgeordnetenwahl ein Centralausschuß zu constituiren.

§. 18.

Präses des Centralausschusses ist der oberste Jurisdictions= oder städtische Beamte, oder dessen gesetzlicher Stellvertreter.

In solchen Jurisdictionen oder Städten, welche nur einen Wahlbezirk bilden, besteht der Centralausschuß außer dem Präses aus 12 Mitgliedern, bei zwei Wahlbezirken aus 16, und bei drei Wahlbezirken aus 24 Mitgliedern; bestehen jedoch mehr als drei Wahlbezirke, so sind für jeden weiteren Bezirk außerdem noch zwei Mitglieder zu wählen.

Der Centralausschuß ist stets derart zu bilden, daß in denselben aus jedem Wahlbezirke mindestens zwei Mitglieder gewählt werden.

§. 19.

Mitglied des Centralausschusses, der Conscriptions- und Scrutiniums-Commission kann jeder Wähler derjenigen Wahlbezirke sein, auf welche sich der Wirkungskreis des Ausschusses erstreckt, ferner ein jedes Mitglied des betreffenden Jurisdictionsausschusses, welchem das Wahlrecht im Sinne des gegenwärtigen Gesetzes zusteht.

§. 20.

Die Mitglieder des Centralausschusses werden von der Generalversammlung der Jurisdiction oder Stadt mittelst Stimmzetteln und mit relativer Stimmenmehrheit auf drei Jahre gewählt.

An Stelle der verstorbenen oder ausgetretenen Mitglieder sind für die Dauer der noch rückständigen Zeit in der nächsten Generalversammlung neue Mitglieder zu wählen.

Die Wahl ist zu einer solchen Zeit auf die Tagesordnung zu setzen, daß die neugewählten Mitglieder die Agenden des Centralausschusses nach Ablauf der drei Jahre allsogleich beginnen können.

§. 21.

Die Mitglieder des Centralausschusses, der Conscriptions- und Scrutiniumscommission haben folgenden Eid abzulegen:

„Ich N. N. schwöre u. s. w. (gelobe feierlich), daß ich alles das, was mir nach den Landesgesetzen hinsichtlich (der Zusammenstellung der Wählerliste) der Wahl des (der) Reichstagsabgeordneten meiner Entsendung gemäß obliegt, treu, unparteiisch und gewissenhaft erfüllen werde. So wahr mir Gott u. s. w."

§. 22.

Ueber jede Berathung hat der Centralausschuß durch einen aus seiner Mitte zu wählenden Schriftführer ein ordentliches Protokoll, in welchem die Namen der Gegenwärtigen zu verzeichnen sind, — führen zu lassen, und ein Exemplar hievon im Archiv zu hinterlegen, das zweite hingegen von Zeit zu Zeit dem Minister des Innern vorzulegen.

§. 23.

Bezüglich der Geschäftssprache des Centralausschusses sind die Bestimmungen des G.-A XLIV v. J. 1868 maßgebend.

§. 24.

Der Centralausschuß tritt so oft zusammen, als es dessen in dem gegenwärtigen Gesetze bestimmte Agenden erfordern.

Von dem ersten Sitzungstage verständigt der Präses die Mitglieder mittelst besonderer Einladungen; diese Einladung ist in Städten 3 Tage, in anderen Jurisdictionen dagegen 8 Tage vor Beginn der Sitzungen zu versenden, beziehungsweise kundzumachen; ausgenommen sind außerordentliche Fälle, in denen der Präses berechtigt ist, den Centralausschuß allsogleich einzuberufen, sowie jene Fälle, in welchen der erste Tag der Centralausschuß-Sitzungen durch dieses Gesetz bestimmt wird.

Zu einer giltigen Beschlußfassung ist außer dem Präses dort, wo der Ausschuß aus 12 Mitgliedern besteht, die Anwesenheit von wenigstens 4 Mitgliedern, anderwärts hingegen von wenigstens 6 Mitgliedern erforderlich.

Der Präses hat nur im Falle der Stimmengleichheit eine Stimme.

§. 25.

Die Sitzungen des Centralausschusses, sowie der Conscriptionscommission sind öffentlich.

§. 26.

Der Centralausschuß verkehrt mit dem Minister des Innern, den Gerichten, Behörden, Corporationen und mit Einzelnen unmittelbar.

Gegen Beschlüsse des Ausschusses steht, sofern sich dieselben auf die Wahlberechtigung beziehen, der Recurs im Sinne des §. 50 an die königl. Curie, in allen anderen, sowie in den Fällen der §§. 34 und 107 an den Minister des Innern offen.

§. 27.

Die Vollziehung der Verfügungen des gegenwärtigen Gesetzes durch die Betreffenden überwacht der Minister des Innern und erläßt an die bezüglichen Centralausschüsse die zu diesem Behufe erforderlichen Weisungen und Verordnungen.

§. 28.

In benjenigen gemischten Wahlbezirken, in welchen die zu einer Comitatsjurisdiction gehörigen Gemeinden mit einem oder

mehreren städtischen Municipien, beziehungsweise mit den Gemeinden
eines mit Jurisdictionsrecht bekleideten Districtes zusammen einen
Wahlbezirk bilden, entscheidet der Minister des Innern im Sinne
der Bestimmungen des gegenwärtigen Gesetzes und unter Einvernahme der Betreffenden über die zwischen den Jurisdictionen hinsichtlich der Durchführung dieses Gesetzes etwa entstehenden Fragen.

III. Abschnitt.
Die Wählerliste.

§. 29.

Die Wählerliste wird von Amtswegen zusammengestellt und
jährlich auch von Amtswegen rectificirt.

§. 30.

Zum Behufe der Zusammenstellung und alljährlichen Rectificirung der Wählerliste wählt der Centralausschuß jährlich für jeden
Wahlbezirk eine aus 3 Mitgliedern bestehende ständige Commission
und bestimmt die Zeit, binnen welcher diese Commission ihr Operat
im ganzen Bezirke beendet haben muß.

§. 31.

In denjenigen Wahlbezirken, welche aus einer oder mehreren
königl. Freistädten und aus solchen Gemeinden gebildet worden sind,
die zu einer oder mehreren benachbarten Jurisdictionen gehören,
entsendet der Centralausschuß einer jeden Jurisdiction je zwei Mitglieder in die Wählerconscriptions-Commission, welche insgesammt die
Wählerconscription im ganzen Bezirke vornehmen.

Sollte in dieser Commission bei Entscheidung einer Frage
Stimmengleichheit herrschen, so tritt in jedem einzelnen Falle ein
durch das Los zu bestimmendes Mitglied aus der Commission aus
und wird die in Rede stehende Frage mit Stimmenmehrheit der
übrigen Mitglieder entschieden; nach Entscheidung einer derartigen
Frage setzen jedoch alle Commissionsmitglieder ihre Thätigkeit wieder fort.

§. 32.

Der Präses der Conscriptionscommission ist verpflichtet, innerhalb der durch den Centralausschuß festzusetzenden Frist den Tag zu

bestimmen, an dem er in jeder Großgemeinde des Bezirkes und in dem Amtssitze eines jeden Bezirksnotariates zur Vornahme der Conscription erscheinen wird.

Diese Termine sind im Wege der Gemeindevorstehung in einer jeden Gemeinde mindestens 8 Tage vor der Conscription auf die übliche Weise zu verlautbaren.

Die anberaumten Termine sind durch die Commission pünktlich einzuhalten und im Falle eines eingetretenen unvermeidlichen Hindernisses sind neue Termine festzusetzen, welche gleichfalls wenigstens 8 Tage früher kundgemacht werden müssen.

§. 33.

Der Conscriptionscommission sind zur Verfügung zu stellen:

a) die vom Jahre 1848 an bis zum Jahre 1872 verfaßten Conscriptionslisten;

b) das Gemeindehauptbuch über directe Steuern (die B. Tabelle);

c) das Grundsteuerlagerbuch (der Cataster);

d) dort, wo die Commassation bereits erfolgt ist, das Commassations-Grundbuch.

Eine jede Behörde, sowie jeder öffentliche Beamte und Seelsorger ist verpflichtet, sowohl der Conscriptionscommission, als auch dem Centralausschusse die zum Behufe der Zusammenstellung und Berichtigung der Namensliste nothwendigen Daten zu liefern.

§. 34.

In denjenigen Gemeinden, in denen im Sinne des §. 4 die Nothwendigkeit zur Erhebung der mindestbesteuerten $1/4$ Urbarialsession eintritt, hat dies die Conscriptionscommission vorzunehmen und das Resultat der Erhebung sammt den Daten dem Centralausschusse anzuzeigen.

Wird in dieser Angelegenheit eine Beschwerde eingebracht, so entscheidet der Centralausschuß.

§. 35.

Die Gemeindevorstände sind verpflichtet, bei der Conscription gegenwärtig zu sein und die erforderlichen Aufklärungen zu ertheilen.

§. 36.

Wem die im erſten Abſchnitte des gegenwärtigen Geſetzes feſtgeſetzte Wahlberechtigung zuſteht, der muß in die Wählerliſte aufgenommen werden, wenn er ſich auch perſönlich nicht gemeldet hat.

Erſcheint jedoch Jemand zum Behufe der Nachweiſung ſeines Wahlrechtes vor der Commiſſion perſönlich, ſo muß er angehört werden.

§. 37.

Die Conſcriptionscommiſſionen verfaſſen ſowohl bei der erſten Aufnahme, als auch bei den alljährlichen Richtigſtellungen für jede Gemeinde eine beſondere Wählerliſte und ſind verpflichtet, dieſelbe mit ihren Unterſchriften verſehen ſogleich nach Beendigung ihrer Functionen an den Centralausſchuß einzuſenden.

§. 38.

Ein jeder Wähler iſt nur in eine u. z. in die Liſte jener Gemeinde aufzunehmen, in welcher er ſeinen ordentlichen Wohnſitz hat. Sollte jedoch dasjenige Beſitzthum, Handels-, Fabriks- oder Induſtrie-Etabliſſement, auf welches er ſeine Wahlberechtigung gründet, in einer anderen Gemeinde oder in einem anderen Wahlbezirke liegen, ſo iſt der Wähler ſeinem Wunſche entſprechend entweder in die Liſte ſeines ordentlichen Wohnſitzes, oder in die der fraglichen Gemeinde, beziehungsweiſe des betreffenden Wahlbezirkes aufzunehmen.

Diejenigen, welche das Wahlrecht auf Grund der §§. 2 u. 9 beſitzen, können jedenfalls nur in die Liſte jener Gemeinde aufgenommen werden, in welcher ſie ihren ordentlichen Wohnſitz haben; ſollte bezüglich des letzteren ein Zweifel obwalten, ſo kann der Betreffende ſelbſt erklären, in welche der fraglichen Gemeinden oder in welchen Stadttheil er aufgenommen zu werden wünſcht.

Desgleichen können auch diejenigen, welche das Wahlrecht auf Grund eines Haus- oder Grundbeſitzes, eines Handels-, Induſtrie- oder Fabriksetabliſſement in mehreren Gemeinden oder Wahlbezirken zuſteht, ſelbſt jene Gemeinde oder jenen Wahlbezirk bezeichnen, wo ſie in die Wählerliſte eingetragen zu werden wünſchen.

Die zur erſten Anlage, ſowie zur alljährlichen Richtigſtellung der Liſten erforderlichen rubricirten Bögen werden den Centralausſchüſſen durch den Miniſter des Innern zugemittelt.

§. 39.

Bei der alljährlich vorzunehmenden Richtigstellung der Wählerliste ist dasselbe Verfahren, wie bei der ersten Conscription zu beobachten.

Bei der Richtigstellung müssen diejenigen, welche verstorben oder ihres Wahlrechtes mittlerweile verlustig geworden sind, aus der Liste ausgelassen, dagegen jene, welche ein Wahlrecht besitzen, in die Liste aber nicht aufgenommen wurden oder sich aus einer Liste in eine andere übertragen zu lassen wünschen, in die Wählerliste aufgenommen werden.

§. 40.

Der Centralausschuß ist verpflichtet, die zum Behufe der jährlichen Richtigstellung der Wählerlisten nothwendigen Verfügungen alljährlich in den ersten Tagen des Monates Mai zu treffen, — die Conscriptionscommissionen dagegen haben die abverlangten Ausweise zu einer solchen Zeit zu beendigen, daß der Centralausschuß die Zusammenstellung der Namensliste auf Grund dieser Ausweise am 15. Juni eines jeden Jahres beginnen könne.

IV. Abschnitt.
Reclamationen gegen die Wählerliste.

§. 41.

Der Centralausschuß unterzieht die durch die Conscriptionscommissionen zusammengestellten Wählerlisten in täglich abzuhaltenden Sitzungen einer Prüfung, ergänzt dieselben auf Grund der ihm zu Gebote stehenden Daten oder läßt sie durch die Conscriptionscommissionen ergänzen und stellt die provisorische Wählerliste nach dem durch den Minister des Innern festzusetzenden Formular für jede Gemeinde des Bezirkes abgesondert, in jenen Gemeinden hingegen, welche aus mehreren Wahlbezirken bestehen, nach Wahlbezirken alphabetisch zusammen.

In Städten kann die Liste auch nach Stadttheilen zusammengestellt werden.

§. 42.

Der Centralausschuß theilt die Wählerliste der zu einem Wahlbezirke gehörenden Städte und Gemeinden jeder Stadt oder Gemeinde und jedem Bezirksnotariate des Wahlbezirkes mit und erläßt bei dieser Gelegenheit in der Amtssprache des Staates, und nach Erforderniß auch in einer anderen im Bezirke vorwiegend gebräuchlichen Sprache eine Kundmachung, in welcher zu veröffentlichen ist: wo und wann die zusammengestellte provisorische Liste zur allgemeinen Einsichtnahme aufliegen wird; ferner, daß gegen diese Liste im Sinne des §. 44 reclamirt und gegen die Reclamation eine Einwendung erhoben werden kann; endlich wo und binnen welcher Frist die Reclamationen und Einwendungen einzubringen sind.

§. 43.

Die Gemeindevorstehung ist verpflichtet, diese Kundmachung in jeder Gemeinde auf die übliche Weise zur allgemeinen Kenntniß zu bringen, die Liste aber, sowie die dagegen eingebrachten Reclamationen an den festgesetzten Tagen von 8 Uhr Früh bis 12 Uhr Mittags, u. z. in Städten und Großgemeinden in dem Gemeindehause, für kleine Gemeinden aber im Sitze des Bezirksnotariates zur allgemeinen Einsicht aufzulegen, wo dieselben in Gegenwart eines Mitgliedes der Gemeindevorstehung von Jedermann während der oben angeführten Zeit eingesehen und Nachmittags von 2 bis 6 Uhr abgeschrieben werden können.

§. 44.

Gegen die Wählerliste kann bezüglich seiner Person Jedermann reclamiren.

Außerdem steht Jedem das Recht zu, in demjenigen Wahlbezirke, in welchem er in die Liste einer Gemeinde dieses Bezirkes eingetragen erscheint, gegen die Wahlliste wegen jeder rechtswidrigen Eintragung oder Auslassung zu reclamiren.

Die Reclamationen sind schriftlich einzubringen und kann in ein und derselben Eingabe auch die Reclamation bezüglich mehrerer Personen enthalten sein.

Auf Verlangen des Reclamirenden ist demselben eine Bestätigung über seine Eingabe auszufolgen.

Als Frist zur Einbringung dieser Reclamationen werden die

auf die öffentliche Auflegung der Wählerliste folgenden 10 Tage festgesetzt.

§. 45.

Die Reclamationen kann Jedermann einsehen und innerhalb 20 Tagen nach Auflegung der Wählerliste darf jeder, dem nach §. 44 das Reclamationsrecht zusteht, seine Bemerkungen über die Reclamation schriftlich geltend machen. Die Bemerkungen sind zu jeder Eingabe abgesondert einzubringen.

§. 46.

Die Reclamationen und die in Folge derselben gemachten Bemerkungen sind an den Centralausschuß zu richten und mit den erforderlichen Documenten versehen bei der Vorstehung derjenigen Stadt oder Gemeinde, gegen deren Liste die Reclamation erfolgt ist, in kleineren Gemeinden aber bei dem betreffenden Bezirksnotär einzureichen.

§. 47.

Die Gemeindevorstehung ist verpflichtet, die Reclamationen und Bemerkungen der Reihenfolge nach zu protokolliren und sogleich nach Ablauf des Präclusivtermines sammt dem Einreichungsprotokolle an den Centralausschuß einzusenden oder aber die Anzeige zu erstatten, daß eine Reclamation nicht eingebracht worden ist.

§. 48.

Der Centralausschuß ist verpflichtet, über die Reclamationen und Bemerkungen bei der ersten Zusammenstellung der Namensliste binnen 20 Tagen nach der ersten Sitzung, bei der jährlichen Richtigstellung der Liste dagegen in der Zeit vom 1. bis 20. September eines jeden Jahres zu entscheiden.

Die Entscheidungen über die Reclamationen und Bemerkungen sind stets zu begründen.

In der Einladung zur ersten Sitzung ist die Reihenfolge anzugeben, in welcher die Namenslisten der einzelnen Wahlbezirke und der zu denselben gehörigen Gemeinden geprüft werden wird.

Die Kundmachung über diese Reihenfolge ist am Tage vor der Sitzung auch an einem öffentlichen Orte zu affigiren.

§. 49.

Die Entscheidungen des Centralausschusses über die Reclamationen sind bei der ersten Wählerconscription durch 10 Tage, bei der jährlichen Richtigstellung der Namensliste hingegen vom 20. bis 30. September eines jeden Jahres zur allgemeinen Einsichtnahme aufzulegen.

Jede Entscheidung
    a) mit welcher eine Reclamation abgewiesen oder
    b) die Streichung eines Namens angeordnet wurde, oder
    c) über eine solche Reclamation erfolgt ist, in Betreff welcher eine Bemerkung eingebracht wurde, ist demjenigen zuzustellen, auf dessen Wahlrecht sich die Entscheidung bezieht.

§. 50.

Diejenigen, über deren Reclamation oder Bemerkung der Centralausschuß entschieden hat, können innerhalb 10 Tagen nach der zur allgemeinen Einsichtnahme erfolgten Auflegung der Entscheidung, — diejenigen jedoch, denen die im §. 49 erwähnten Entscheidungen eingehändigt worden sind, innerhalb 10 Tagen von der Zustellung an gerechnet, ihre an die königl. Curie gerichtete Appellation beim Präses des Centralausschusses einreichen. Die Appellation ist schriftlich einzubringen und können derselben auch neue Beweismittel angeschlossen werden.

Der Centralausschuß kann der Appellation und den Beweismitteln seine Bemerkungen beisetzen und legt die Appellation unter Anschluß der letzteren der königl. Curie vor.

§. 51.

Die königl. Curie entscheidet über die Appellationen in einem oder in mehreren, aus je 5 Mitgliedern bestehenden Senaten.

Vorsitzende in diesen Senaten sind: der Präsident des Cassationshofes, der Präsident des obersten Gerichtshofes, beziehungsweise der Vicepräsident des Cassationshofes und die Senatspräsidenten des obersten Gerichtshofes nach der Reihenfolge ihrer Ernennung.

Die königl. Curie wählt im Monate Jänner eines jeden Jahres mittelst geheimer Abstimmung in der Plenarsitzung die übrigen Mitglieder der Senate.

Nöthigenfalls können solche Senate auch im Laufe des Jahres gebildet werden.

Diese Senate entscheiden in öffentlicher Sitzung mit Beseitigung einer jeden neuerlichen Untersuchung.

Die Geschäftsordnung der königl. Curie über diese Agenden setzt der Justizminister fest.

§. 52.

Auf Grund der Entscheidungen der königl. Curie rectificirt der Centralausschuß die Wählerlisten und stellt sie nach dem vom Minister des Innern vorgeschriebenen Formular definitiv zusammen.

Ein beglaubigtes Exemplar dieser Namensliste ist dem Minister des Innern vorzulegen; die Namensliste eines jeden Wahlbezirkes aber ist allen Städten, Großgemeinden und Bezirksnotariaten dieses Bezirkes mindestens in einem Exemplar zuzusenden.

§. 53.

Bei der jährlichen Richtigstellung der Namensliste hat der Centralausschuß so vorzugehen, daß die provisorische Liste längstens am 5. Juli im Sinne des §. 43 zur öffentlichen Einsichtnahme aufgelegt werden könne.

Die Gesuche um Richtigstellung der Namensliste können alljährlich vom 5. bis 15. Juli eingereicht werden, die gegen dieselben erhobenen Einwendungen jedoch werden vom 16. bis 25. Juli entgegengenommen.

§. 54.

Bei der jährlichen Zusammenstellung der Namensliste sind folgende Termine einzuhalten:

Der Centralausschuß ist verpflichtet, das in den §§. 48, 49 und 50 vorgeschriebene Verfahren bis 1. November zu beendigen und die Vorlage an die königl. Curie zu veranlassen, welche die vorgelegten Angelegenheiten bis 15. Dezember zu erledigen und an den Centralausschuß zurückzusenden hat.

Als Präclusivtermin für die definitive Zusammenstellung und Uebersendung der Namensliste (§. 52) ist der 30. Dezember eines jeden Jahres festgesetzt.

§. 55.

Die derart berichtigte Namensliste ist für das auf die Richtigstellung unmittelbar folgende Kalenderjahr giltig.

V. Abſchnitt.
Das Wahlverfahren.

§. 56.

Für die allgemeinen Wahlen wird eine zehntägige Friſt durch den Miniſter des Innern derart feſtgeſetzt, daß von dem Erſcheinen der in dieſer Angelegenheit zu erlaſſenden Verordnung im Amtsblatte bis zu dem aus Anlaß der Wahl anberaumten Schlußtermine wenigſtens ein 30=tägiger, von der Beendigung der Wahlen aber bis zur Eröffnung des Reichstages wenigſtens ein 10=tägiger Zeitraum verſtreichen ſoll.

Die Wahlen ſind in einem jeden Bezirke innerhalb der durch den Miniſter des Innern feſtgeſetzten 10=tägigen Friſt vorzunehmen.

§. 57.

Der in dieſe 10=tägige Friſt fallende Tag der allgemeinen Wahlen, ſowie auch der Tag der Ergänzungswahlen wird durch den Centralausſchuß derart beſtimmt, daß die allgemeinen Wahlen im ganzen Jurisdictions= oder Stadtgebiete auf einen und denſelben Tag anberaumt werden, bei den Ergänzungswahlen hingegen von dem Einlangen des durch das Abgeordnetenhaus diesbezüglich gefaßten Beſchluſſes, oder dem Tage der nicht zu Stande gekommenen Wahl bis zum Beginne derſelben mindeſtens 14 und nicht mehr als 24 Tage verſtreichen.

§. 58.

Bei den allgemeinen Wahlen tritt der Centralausſchuß an dem auf die Kundmachung des königlichen Einberufungsreſcriptes in der Generalverſammlung der betreffenden Jurisdiction folgenden Tage, bei den Ergänzungswahlen in Städten innerhalb 3 Tagen, in anderen Jurisdictionen binnen 8 Tagen nach Einlangen der Aufforderung des Abgeordnetenhauſes, im Falle des Nichtzuſtandekommens der Wahl jedoch ſofort nach Einlangen des diesbezüglichen Berichtes zuſammen.

Bei dieſer Gelegenheit trifft er die zur Wahl nothwendigen Verfügungen und wählt zur Leitung derſelben für jeden Wahlbezirk einen Präſes, einen Schriftführer und die erforderliche Anzahl von Erſatzmännern.

§. 59.

Für jene Bezirke, in welchen sich nicht mehr als 1500 Wähler befinden, ist eine Scrutiniumscommission unter dem Vorsitze des Wahlpräses einzusetzen. In diesem Falle ist ein Wahlpräses, ein Präsesstellvertreter, ein Schriftführer und ein Schriftführersubstitut zu wählen.

Für jene Bezirke, in denen die Zahl der Wähler 1500 übersteigt, sind zwei Scrutiniumscommissionen einzusetzen; in diesem Falle sind außer dem Wahlpräses, welcher auch Präses der einen Scrutiniumscommission ist, noch ein Commissionspräses, zwei Präsesstellvertreter, zwei Schriftführer und zwei Schriftführersubstituten zu wählen.

Für jene Bezirke endlich, in denen die Wählerzahl 3000 übersteigt, steht es dem Centralausschusse frei, drei Commissionen einzusetzen und sind in diesem Falle außer dem Wahlpräses noch zwei Vorsitzende und zwei, eventuell drei Präsesstellvertreter, drei Schriftführer und zwei, eventuell drei Schriftführersubstituten zu wählen.

Die Vorsitzenden und Schriftführer werden durch den Centralausschuß in die Scrutiniumscommissionen eingetheilt, welcher auch darüber entscheidet, welcher Commissionspräses den Wahlpräses im Verhinderungsfalle vertreten soll. Die Zutheilung der Präsesstellvertreter und Schriftführersubstituten obliegt dem Wahlpräses.

§. 60.

In gemischten Bezirken ernennt den Wahlpräses der Centralausschuß derjenigen Jurisdiction, welche in einem solchen gemischten Wahlbezirke durch die meisten Wähler vertreten ist; den Schriftführer aber entsendet der Centralausschuß derjenigen Jurisdiction, welcher die kleinere Anzahl Wähler des gemischten Wahlbezirkes angehört; in dem Falle jedoch, wenn zu einem solchen gemischten Wahlbezirke zwei städtische Municipien gehören, entsendet jedes derselben ein Mitglied in die Scrutiniumscommission, von denen eines das Schriftführeramt zu versehen hat.

§. 61.

Die Zuweisung der Gemeinden oder Stadttheile des Wahlbezirkes an die Scrutiniumscommission nimmt der Centralausschuß vor, welcher auch die Reihenfolge der Stimmenabgabe derselben für jede Commission u. z. derart festsetzt, daß die Wähler des Wahlortes stets zuerst abstimmen.

§. 62.

Ueber die im Sinne der §§. 59, 60 u. 61 getroffenen Verfügungen veröffentlicht der Centralausschuß in der Amtssprache des Staates und je nach Erforderniß auch in einer anderen, im Bezirke vorwiegend gebräuchlichen Sprache eine Kundmachung, in welcher die Namen der Vorsitzenden und der Schriftführer, die Reihenfolge der Abstimmung seitens der Gemeinden, beziehungsweise Stadttheile und die sonstigen bei der Wahl zu beobachtenden Verfügungen bekannt zu geben sind.

Diese Kundmachung muß jeder Stadt und jeder Gemeinde des Wahlbezirkes zugesendet werden und die Vorstehung ist verpflichtet, dieselbe wenigstens drei Tage vor der Wahl auf die ortsübliche Weise zu verlautbaren.

§. 63.

Der Wahl- oder Commissionspräses darf in demjenigen Bezirke, in welchem er bei der Wahl oder beim Scrutinium den Vorsitz führt, zum Abgeordneten nicht gewählt werden.

§. 64.

Von Seite eines jeden Stadtmagistrates und jeder Gemeindevorstehung sind zwei Mitglieder, von den Vertrauensmännern eines jeden Candidaten dagegen ist ein Einwohner der betreffenden Stadt oder Gemeinde zu bezeichnen, welche am Wahlplatze solange, als die Wähler jener Stadt oder Gemeinde stimmen, die Identität der Wähler zu controliren haben.

§. 65.

Die Wahl findet ohne Rücksicht darauf, ob die Abstimmung vor einer oder mehreren Commissionen erfolgt, stets im Hauptorte des Wahlbezirkes statt.

Sowohl die Reihenfolge der Gemeinden oder Stadttheile, als auch die Commissionen, welchen diese zugetheilt wurden, sind in einer vor dem Abstimmungslocale und an mehreren Orten der Gemeinde anzuschlagenden Kundmachung zu verlautbaren.

§. 66.

Sollten die Vorsitzenden oder Schriftführer der Commissionen verhindert sein zu erscheinen, so ergänzt der Wahlpräses die Scrutiniumscommissionen aus der Reihe der vom Centralausschusse gewählten Stellvertreter.

Wenn seitens derjenigen Wähler, welche einen Wahlcandidaten vorgeschlagen haben, keine Vertrauensmänner ernannt worden, oder wenn die Vertrauensmänner oder Gemeindeabgeordneten zur Wahl nicht erschienen sind, so substituirt der Wahlpräses Andere an ihre Stelle.

§. 67.

Die Leitung der Wahl, die Aufrechthaltung der Ordnung und alle zu diesem Zwecke vorher zu treffenden Verfügungen bilden die Aufgabe und Pflicht des Wahlpräses; er disponirt über die zur Aufrechterhaltung der Ordnung beorderten polizeilichen Organe und im Nothfalle über die bewaffnete Macht.

Aufgabe und Pflicht der Vorsitzenden der Scrutiniumscommissionen ist, die Stimmen der vor ihnen erscheinenden Wähler zu sammeln; sie entscheiden über die gegen die Stimmenabgabe eingebrachten Einwendungen und wachen über die Aufrechterhaltung der Ordnung in dem Abstimmungslocale und in dessen nächster Umgebung; zu diesem Zwecke dürfen sie gegen sofortige Berichterstattung an den Wahlpräses auch über die bewaffnete Macht verfügen.

Nöthigenfalls dürfen sie die Abstimmung einstweilen sistiren; darüber, wann dieselbe vor der Commission wieder beginnen soll, entscheidet der Wahlpräses, welchem allein das Recht zusteht, die Wahl abzubrechen und dem Centralausschusse Bericht zu erstatten.

§. 68.

Den Wählern ist es nicht gestattet, bei der Conscription oder bei der Wahl mit Waffen oder Stöcken versehen zu erscheinen.

§. 69.

Der Wahlakt wird durch den Wahlpräses im Hauptorte des Bezirkes am festgesetzten Tage und Orte um 8 Uhr Früh eröffnet.

§. 70.

Jeder Wähler des Wahlbezirkes darf einen Wahlcandidaten in Vorschlag bringen; diese Candidation ist dem Wahlpräses schriftlich zu überreichen, welcher sie an dem durch ihn bestimmten Orte zur festgesetzten Zeit, und auch noch an dem der Wahl vorhergehenden Tage übernehmen kann; spätestens jedoch ist eine solche Candidation beim Wahlpräses eine halbe Stunde nach Eröffnung der Wahl einzubringen.

Gleichzeitig mit der Candidation ist bei jeder Scrutiniumscommission für jeden Candidaten ein Vertrauensmann zu bestellen; dem Candidirenden dagegen steht es frei, für jede Commission zwei Vertrauensmänner zu erwählen.

Auf Verlangen des Candidirenden ist über die eingereichte Candidation eine Bescheinigung auszufolgen.

§. 71.

Sollte jedoch eine halbe Stunde nach Eröffnung der Wahl blos eine einzige Person candidirt worden sein, so erklärt der Wahlpräses die Wahl für geschlossen und den Betreffenden als gewählten Reichstagsabgeordneten.

Wenn zur gehörigen Zeit mehrere Personen als Wahlcandidaten in Vorschlag gebracht worden sind und 10 Wähler die Abstimmung verlangen, so ist der Wahlpräses verpflichtet, dieselbe anzuordnen; in diesem Falle muß die Abstimmung vor der entsendeten Commission um 9 Uhr Früh beginnen und ohne Unterbrechung fortgesetzt werden.

§. 72.

Bei der Wahl muß die Scrutiniumscommission im Besitze eines beglaubigten Exemplars der Wählerliste sein.

§. 73.

Bei der Wahl steht das Stimmrecht nur denjenigen zu, welche in den Wählerlisten vorkommen und zwar nur in dem Bezirke, in welchem sie eingeschrieben sind.

Die Abgabe der Stimme darf keinem der in den Wählerlisten Vorkommenden verwehrt werden.

§. 74.

Im Abstimmungslocale dürfen nur die Mitglieder der Scrutiniumscommission, die Vertrauensmänner, der politische Beamte und das dem Schriftführer beigegebene Schreibpersonale anwesend sein; außer diesen noch, solange als die Wähler der betreffenden Stadt oder Gemeinde ihre Stimmen abgeben, die von der Gemeindevorstehung entsendeten Mitglieder, der von den Vertrauensmännern der Candidaten bezeichnete Gemeindeinwohner und endlich die zur Abstimmung vorgerufenen Wähler.

§. 75.

Die Gemeinden oder Stadttheile sind in der durch den Centralausschuß festgesetzten Reihenfolge und die Wähler einer Gemeinde oder eines Stadttheils, je nachdem sie für den einen oder den anderen Candidaten stimmen, abgesondert zur Abstimmung zuzulassen.

Bei der ersten Gemeinde entscheidet das vom Präses der Commission gezogene Los darüber, welches Candidaten Wähler zuerst zur Abstimmung zuzulassen sind.

Bei den später folgenden Gemeinden gebührt abwechselnd den für einen Candidaten Stimmenden der Vorrang.

Diejenigen Wähler, welche zur Abstimmung damals nicht erschienen sind, als nach der festgesetzten Reihenfolge an der betreffenden Gemeinde oder bem bezüglichen Stadttheile die Reihe war, können ihre Stimme nach den übrigen Wählern abgeben.

§. 76.

Die Wahl findet öffentlich und mündlich statt. Die Gemeinde oder der Stadttheil, wozu der seine Stimme Abgebende gehört, sowie Name und Stimme desselben sind sogleich in einen rubrizirten Bogen einzutragen.

§. 77.

Es ist nicht gestattet, den Wähler durch eine Information zu beeinflußen oder ihn zu überreden; an den Wähler darf nur der Präses der Scrutiniumscommission eine Frage richten und auch dieser nur innerhalb der Grenzen seines Amtes.

Denjenigen, der gegen diese Vorschrift handelt, hat der Präses zurechtzuweisen, im Wiederholungsfalle kann er denselben entfernen lassen und nöthigenfalls durch einen Anderen ersetzen.

Ueber Fragen, welche während der Abstimmung auftauchen, entscheidet der Präses auf eigene Verantwortung nach Anhörung der Commissionsmitglieder.

§. 78.

Die Stimme ist nichtig, wenn sie keinen Sinn hat, wenn sie auf verschiedene Art ausgelegt werden kann oder wenn sie nicht auf irgend einen der Wahlcandidaten lautet.

Wenn unter einem Familiennamen nur ein Candidat vorkommt, so ist die abgegebene Stimme deshalb, weil der Taufname unrichtig oder gar nicht angegeben wurde, sowie auch dann nicht für ungiltig anzusehen, wenn constatirt werden kann, daß die Stimme unzweifelhaft auf einen der Candidaten lautet.

§. 79.

Treten im Laufe der Wahl solche Hindernisse ein, daß dieselbe ordnungsmäßig nicht fortgesetzt werden kann, so ist der Wahl- oder Commissionspräses berechtigt, die Abstimmung auf eigene Verantwortung, — der letztere jedoch nur gegen sogleiche Anzeige an den Wahlpräses, — zu sistiren.

§. 80.

Sollte die sistirte Abstimmung selbst nach Ablauf von zwei Stunden nicht fortgesetzt werden können, so hat der Wahlpräses die Wahl abzubrechen und hievon dem Centralausschusse die Anzeige zu erstatten.

Zur Neuwahl setzt sodann der Centralausschuß einen neuerlichen Termin im Sinne des §. 57 fest.

§. 81.

Wenn während der Wahl die übrigen Candidaten mit Ausnahme eines einzigen zurücktreten und dieser seine Absicht dem betreffenden Wahlpräses persönlich oder in einer eigenhändig geschriebenen und unterschriebenen Erklärung bestimmt anzeigt, so wird der ohne Mitbewerber verbliebene Candidat als Reichstagsabgeordneter proclamirt.

Der Rücktritt der Candidaten ist in das Protokoll aufzunehmen.

§. 82.

Wenn kein einziger der Candidaten die absolute Majorität erlangt hat, so müssen jene zwei Candidaten, welche die relativ meisten Stimmen erhalten haben, sich einer Neuwahl unterziehen, für welche der Centralausschuß einen neuen Termin nach §. 57 dieses Gesetzes festsetzt.

Als absolute Majorität ist eine solche Stimmenanzahl zu betrachten, welche die Hälfte sämmtlicher abgegebenen giltigen Stimmen übersteigt, wenn auch ein Theil der Stimmen auf einen mittlerweile zurückgetretenen Candidaten entfällt.

Haben zwei Candidaten eine gleiche Stimmenanzahl erhalten oder ist einer derselben mittlerweile vor Eintritt des neuen Termins gestorben, so muß gleichfalls eine neue Wahl stattfinden.

Ist von zwei Candidaten einer mittlerweile von der Candidatur zurückgetreten, so wird der ohne Mitbewerber Verbliebene als Reichstagsdeputirter proclamirt.

§. 83.

Nachdem alle Gemeinden in der festgesetzten Reihenfolge gestimmt und auch diejenigen Gemeinden, welche in der festgesetzten Reihenfolge nicht erschienen sind, ihre Stimmen abgegeben haben oder zur Abstimmung aufgefordert worden sind, setzt der Wahlpräses eine mindestens ein- und längstens zweistündige Frist fest, nach Ablauf welcher keine Stimme mehr angenommen wird.

Sodann schließt der Commissionspräses das Stimmenverzeichniß ab und übergibt die von ihm und dem Schriftführer unterfertigten drei Exemplare dieses Verzeichnisses, sammt dem Protokolle über den Verlauf der Abstimmung dem Wahlpräses.

§. 84.

Der Wahlpräses, die Mitglieder der Scrutiniumscommission und die Vertrauensmänner der Candidaten können, wenn ihnen das Wahlrecht in dem Bezirke, in welchem sie entsendet worden sind, zusteht, auch nach Ablauf der im Sinne des §. 83 festgesetzten Schlußstunde vor einer der Commissionen ihre Stimmen abgeben.

§. 85.

Jede Scrutiniumscommission hat über den Verlauf der Abstimmung ein Protokoll zu führen.

In diesem Protokolle sind zu erwähnen:

a) die Namen der Mitglieder der Scrutiniumscommission und der Vertrauensmänner der Candidaten;

b) der Beginn der Abstimmung und das vor der Commission erzielte Endresultat;

c) die allfälligen Entscheidungen des Präses und die durch denselben im Interesse der Ordnung getroffenen Verfügungen.

Ueber die zurückgewiesenen Stimmen ist ein besonderes Verzeichniß zu führen und dieses dem Protokolle anzuschließen.

§. 86.

Wenn die Stimmenabgabe vor allen Commissionen im Sinne des §. 83 beendet ist, stellt der Wahlpräses das Abstimmungs-Ergebniß in Gegenwart der Commissionsmitglieder zusammen und proclamirt denjenigen Candidaten, welcher die absolute Majorität der verzeichneten giltigen Stimmen erlangt hat, als Reichstagsabgeordneten.

§. 87.

Ueber den ganzen Verlauf der Wahl ist ein Protokoll zu führen, und in diesem zu erwähnen:

a) der Name des Wahlbezirkes;

b) Ort und Zeit der Wahl;

c) die Namen der Wahl-Candidaten;

d) die Namen der Vorschlagenden und der von ihnen bezeichneten, oder durch den Präses ernannten Vertrauensmänner, dann das Datum der Erklärung und die Zeit der Einreichung;

e) der allfällige Rücktritt des oder der Candidaten;

f) wann die Abstimmung angeordnet wurde, die Zeit des Beginnes und das Endresultat der Abstimmung;

g) die vom Präses festgesetzte Schlußstunde;

h) die Entscheidungen und die im Interesse der Ordnung getroffenen Verfügungen des Präses.

In das Protokoll darf weder ein Protest, noch eine sonstige

Bemerkung aufgenommen werden. Das Protokoll ist durch den Präses und den ihm beigegebenen Schriftführer zu unterfertigen.

§. 88.

Sowohl das allgemeine Protokoll, als auch die Protokolle der Scrutiniumscommissionen und die rubrizirten Abstimmungsbögen sind in der amtlichen Staatssprache in drei Exemplaren zu führen.

Von diesen ist ein Exemplar dem gewählten Abgeordneten sogleich zu übergeben oder gegen Rezepisse zuzusenden. Die beiden anderen Exemplare sind dem Centralausschusse einzusenden, welcher ein Exemplar davon im Jurisdictions- oder Stadtarchiv deponirt, das andere aber dem Minister des Innern einschickt.

Dem gewählten Abgeordneten dient das Wahlprotokoll als Legitimation.

Sowohl die Protokollsdruckforten, als auch die rubrizirten Abstimmungsbögen werden den betreffenden Behörden durch den Minister des Innern in entsprechender Menge zugemittelt.

§. 89.

Ueber die Giltigkeit der mittelst einer Eingabe angefochtenen Wahlen entscheidet die Curie.

Die materiellen und formellen Vorschriften, nach welchen die Curie diesbezüglich vorzugehen hat, bestimmt ein besonderes Gesetz.

Bis zum Erscheinen dieses Gesetzes entscheidet das Abgeordnetenhaus über die Giltigkeit der Wahlen.

VI. Abschnitt.

Verantwortlichkeit der bei der Conscription und der Wahl mitwirkenden Organe und Bestrafung der Wahlmißbräuche.

§. 90.

Die bei der Wahlconscription, bei der Zusammenstellung und Rectificirung der Namenslisten, sowie beim Wahlacte mitwirkenden Organe sind für die pünktliche und gewissenhafte Erfüllung der ihnen nach dem gegenwärtigen Gesetze obliegenden Pflichten verantwortlich.

§. 91.

Wer die Conscriptions- oder Scrutiniumscommission, oder die Mitglieder des Centralausschusses oder überhaupt diejenigen, welche mit der Vollstreckung der Anordnungen des gegenwärtigen Gesetzes betraut sind, in ihrer Amtshandlung wörtlich oder thätlich oder auf irgend eine andere Weise beleidigt oder verleumdet, mit ehrenrührigen Ausdrücken angreift, oder in öffentliches Aergerniß erregender Weise beschimpft, ist, soferne seine That nicht eine andere strafbarere Handlung bildet, in Geld bis zu 500 fl., eventuell mit Arrest bis zu drei Monaten zu bestrafen.

Wer die in Wahlangelegenheiten fungirenden Commissionen in ihrem ämtlichen Vorgehen durch Androhung einer strafbaren Handlung oder durch Gewaltthätigkeit verhindert, oder wer zur gewaltthätigen Verhinderung ihrer Amtshandlungen aufreizt, ist mit Verlust seines Wahlrechtes auf drei Jahre und mit Arrest bis zu zwei Jahren zu bestrafen.

§. 92.

Wenn ein Wahl- oder Commissionspräses, Schriftführer, Vertrauensmann oder ein anderes auf Grund eines besonderen Auftrages mitwirkendes Organ bei der Amtshandlung die Anordnungen des gegenwärtigen Gesetzes durch eine Handlung oder Versäumniß verletzt, so ist im Sinne des Abschnittes VI. des G.-A. XLII v. J. 1870 das Disciplinarverfahren gegen den Betreffenden einzuleiten und derselbe nach §. 83 des obigen Gesetzartikels zu einer Geldstrafe bis zu 500 fl. zu verfällen.

Hat die Versäumniß oder Verletzung der gesetzlichen Pflicht die Vereitlung, eventuell die Annullirung der Wahl zur Folge, so ist gegen den Schuldtragenden Theil auf eine Geldstrafe bis zu 2000 fl. zu erkennen.

Wenn diejenigen, welche im Sinne des §. 78 des G.-A. XLII v. J. 1870 zur Anordnung der Untersuchung berufen sind, dieselbe nicht einleiten, so kann der Minister des Innern auf Grund des motivirten Einschreitens des Centralausschusses oder einer begründeten Beschwerde Einzelner die Untersuchung und in Folge dessen das Disciplinarverfahren anordnen.

§. 93.

Derjenige öffentliche Beamte oder Pfarrer, welcher die zur Wählerconscription erforderlichen Daten, beziehungsweise Documente rechtzeitig nicht liefert, oder deren Herausgabe verweigert, ist durch den competenten königlichen Gerichtshof zu einer Geldstrafe bis zu 500 fl. zu verfällen.

§. 94.

Wer zu dem Zwecke, damit entweder sein oder eines Anderen Name in die Wählerliste aufgenommen oder ein bereits eingetragener aus derselben gestrichen werde, vor der Conscriptionscommission oder vor dem Centralausschusse wissentlich falsche, gefälschte oder im Wesentlichen Unwahrheiten enthaltende Documente benützt, ist zu einer Geldstrafe bis zu 500 fl. oder bis zu 3 Monaten Arrest zu verurtheilen.

§. 95.

Dasjenige Commissionsmitglied, welches die ihm ämtlich mitgetheilten Aktenstücke fälscht, unterschlägt oder vernichtet, ferner derjenige, welcher die Liste der Wähler oder Stimmenden fälscht, ist nebst dem Verluste seines Wahlrechtes auf 3 Jahre auch noch mit Kerker bis zu 2 Jahren und an Geld bis zu 2000 fl. zu bestrafen.

§. 96.

Wer einem Wähler oder irgend einem Familiengliede desselben zu dem Zwecke, damit er für einen bestimmten Candidaten stimme oder nicht stimme, oder sich der Abstimmung enthalte, Geld, Geldeswerth oder einen anderen Vortheil anbietet oder verspricht, oder mit der Entziehung einer Begünstigung droht, ist nebst dem Verluste seines Wahlrechtes auf 3 Jahre zu einer Geldstrafe bis zu 1000 fl. oder zu Arrest bis zu 6 Monaten zu verfällen.

Derselben Strafe unterliegt auch derjenige Wähler, welcher den ihm oder mit seinem Vorwissen einem Mitgliede seiner Familie zu dem in diesem §. angeführten Zwecke angebotenen Geldbetrag, Geldeswerth oder sonstigen Vortheil angenommen hat.

§. 97.

Der im vorhergehenden §. (96) festgesetzten Strafe unterliegt auch derjenige, welcher aus dem in diesem §. erwähnten Anlasse Andere mit Speisen und Getränken bewirthet oder diese Bewirthung annimmt.

§. 98.

Wer öffentlich, u. z. entweder mündlich oder durch Verbreitung von Schriften zu gesetzwidrigem Vorgehen gegen die Unverletzlichkeit des Eigenthums, gegen eine Nationalität, Classe oder Confession agitirt, ebenso wer zum Ungehorsam gegen die Gesetze oder die gesetzliche Obrigkeit aufreizt, ist mit Verlust seines Wahlrechtes auf drei Jahre, sowie an Geld bis zu 1500 fl. oder mit Arrest bis zu einem Jahre zu bestrafen.

§. 99.

Wer öffentlich, u. z. mündlich oder durch Verbreitung einer Schrift die Unverletzlichkeit der Person des Königs angreift, oder zu einer auf gesetzwidrigem Wege zu erfolgenden Aenderung der Verfassung oder gegen die Einheit des ungarischen Staates aufreizt, ist außer dem Verluste seines Wahlrechtes auf drei Jahre auch noch mit Kerker von 1 bis zu 3 Jahren zu bestrafen.

§. 100.

Wer einen Wähler in der Ausübung seines Wahlrechtes mit Gewalt oder durch Androhung einer strafbaren Handlung hindert, ist an Geld bis zu 500 fl. oder mit Arrest bis zu 3 Monaten zu bestrafen.

Diejenigen aber, welche auf dem Wahlplatze zu dem Zwecke Gewalt anwenden, damit die Wahl nicht beginnen könne, unterbrochen oder aber vereitelt werde, sind mit Verlust des Wahlrechtes auf 3 Jahre und mit Kerker von 1 bis zu 3 Jahren zu bestrafen.

§. 101.

Wenn die in den §§. 95, 96 und 100 angeführten Fälschungen oder Mißbräuche durch einen öffentlichen Beamten oder durch einen Gemeindevorstand begangen werden, so unterliegt eine solche Handlung einer schwereren Strafe, und ist über die Schuldigen außer den in den angeführten Paragraphen festgesetzten Strafen stets auch noch der Verlust des Amtes zu verhängen.

§. 102.

Wer unter dem Namen eines Andern stimmt oder sich unter dem Namen eines Andern zur Abstimmung meldet, oder wer in einem Bezirke zweimal oder an verschiedenen Orten stimmt, ebenso auch derjenige, wer zu allen diesen Mißbräuchen wissentlich hilfreiche Hand bietet, ist an Geld bis zu 200 fl. oder mit Arrest bis zu 6 Wochen, eventuell mit dem Verluste seines Amtes zu bestrafen.

§. 103.

Wer auf dem Wahlorte die Ordnung stört oder aber mit einer Waffe oder einem Stocke versehen erscheint und selbe über Aufforderung des mit der Aufrechterhaltung der Ordnung betrauten Organs nicht sofort abliefert, ist durch die competente politische Behörde im polizeilichen Wege mit Arrest von 3 Tagen bis zu einem Monate zu bestrafen.

§. 104.

Es ist verboten, die Fahne oder das Abzeichen der Partei oder des Candidaten an einem Bethause, einem öffentlichen Staats-, Jurisdictions-, städtischen oder Gemeindegebäude oder an einer öffentlichen Schule auszustecken; verboten ist ferner auch die gewaltsame Entfernung der Fahnen oder Abzeichen von einem solchen Orte, an welchem deren Ausstellung gesetzlich gestattet ist.

Oeffentliche Parteiversammlungen, Parteifestlichkeiten und Umzüge sind stets am vorhergehenden Tage anzumelden, u. z. in Städten mit geregeltem Magistrate beim Bürgermeister, anderwärts bei dem Municipalbeamten und wenn sich ein solcher im Orte nicht befinden sollte, bei der Gemeindevorstehung; der Bürgermeister, beziehungsweise der betreffende Beamte kann hiebei persönlich gegenwärtig sein, die Gemeindevorstehung dagegen kann sich durch einen Bevollmächtigten vertreten lassen.

Wer eine Fahne oder ein Abzeichen an den oben erwähnten verbotenen Orten aussteckt oder die Aussteckung angeordnet hat, oder wer eine Fahne oder ein Abzeichen von einem solchen Orte, an welchem die Aussteckung gestattet ist, gewaltsam entfernt oder beschädigt, oder aber eine nicht angemeldete Parteiversammlung, Parteifestlichkeit oder einen Umzug veranstaltet hat, ist durch die politische Behörde im polizeilichen Wege an Geld bis zu 100 fl. oder mit Arrest bis zu 20 Tagen zu bestrafen.

Die Gemeindevorstehung ist verpflichtet, die an verbotenen Orten ausgesteckten Fahnen und Abzeichen entfernen zu lassen.

§. 105.

Die einfließenden Strafgelder sind durch die competente Gerichts- oder politische Behörde jenem Municipium zur Verfügung zu stellen, in dessen Gebiete die strafbare Handlung verübt wurde, und von demselben zu Volksunterrichtszwecken zu verwenden oder aber einem in dem Municipalgebiete bestehenden öffentlichen Spital- oder Armenfonde zuzuwenden.

§. 106.

Wegen der in den §§. 94, 95, 96 und 101 aufgezählten Gesetzesübertretungen kann das Straf- oder Disciplinarverfahren nur dann eingeleitet werden, wenn die Handlung innerhalb sechs Monaten, in den Fällen der §§. 91, 92, 93, 97, 100, 102, 103 und 104 dagegen nur dann, wenn die That innerhalb dreißig Tagen nach ihrer Verübung bei der Gerichts- oder politischen Behörde angezeigt wurde.

VII. Abschnitt.
Verschiedene Verfügungen und Uebergangs-Bestimmungen.

§. 107.

Bezüglich jener Gemeinden, in welchen ein Urbarialbesitz nicht bestanden hat, bestimmt der Centralausschuß gelegentlich der ersten Wählerconscription ein für allemal diejenige benachbarte Gemeinde, deren mindestbesteuerte $1/4$ Urbarialsession im Sinne des §. 4 als Grundlage zu dienen hat.

§. 108.

Insolange, als die Legislative in Betreff der Eintreibung der Steuerrückstände nicht verfügt haben wird, sind diejenigen, welche mit der Steuer für längere Zeit, als für das der Conscription, beziehungsweise der jährlichen Richtigstellung vorhergehende Jahr aushaften, in die Wählerliste aufzunehmen, wenn sie von dem Steuerbetrage, welcher vom ersten Tage des der Conscription oder jährlichen Richtigstellung vorhergehenden Jahres bis zum Beginne der Conscription oder Richtigstellung im Rückstande ist, wenigstens so viel eingezahlt haben, als die gesammte directe Staatssteuer für das vorhergehende Jahr ausmacht.

§. 109.

Hinsichtlich der Constatirung der Anzahl der Hausstellen und der Wahl der Gemeindevertreter in den im §. 5 erwähnten Gemeinden trifft die Jurisdiction über Aufforderung des Centralausschusses die Verfügungen derart, daß die Wahl mindestens 14 Tage vor Beginn der Conscription erfolgen könne.

Diese Wahl wird durch die im §. 38 des Ges.-Art. XVIII v. J. 1871 bezeichneten Gemeindewähler auf die im §. 49 desselben Gesetzartikels festgesetzte Weise vollzogen.

Die Gewählten sind durch die Conscriptionscommission in das jährliche Namensverzeichniß aufzunehmen.

§. 110.

In den Gemeinden Bogsán, Dognácska, Molbova, Oravicza, Resicza, Stajerdorf und Szászka-Bánya, auf welche bisher die im §. 2, Abs. a) des G.-A. V v. J. 1848 enthaltene Verfügung hinsichtlich der Städte angewendet wurde, wird die Wählerconscription auch fernerhin nach den auf die Städte sich beziehenden Bestimmungen des gegenwärtigen Gesetzes vorzunehmen sein.

§. 111.

Auch in jenen Theilen des Landes, in welchen der siebenbürgische G.-A. II v. J. 1848 giltig war, ist für jede Abgeordnetenwahl ein besonderer Wahlbezirk zu bilden; ein jeder Wahlbezirk wählt nur einen Reichstagsabgeordneten.

§. 112.

Zur Verfassung der ersten definitiven Wählerliste entsendet die Centralcommission nach Erforderniß auch mehrere Conscriptions-comissionen.

§. 113.

In jenen Landestheilen, in denen der Gesetzartikel V v. J. 1848 wirksam war, bleiben die bezüglich der Eintheilung der Wahlbezirke, sowie in Betreff der Wahlorte gegenwärtig giltigen Bestimmungen der Jurisdictionen bis zur weiteren gesetzlichen Verfügung in Wirksamkeit.

§. 114.

Die Conscriptions- und Wahlauslagen sind bis zum Zustandekommen eines neuen Gesetzes über die Domesticalkassen der Jurisdictionen aus der Staatskasse zu bestreiten.

§. 115.

Alle auf die Wählerliste Bezug nehmenden Eingaben, Auszüge, Zeugnisse oder sonstigen Urkunden genießen die Stempelfreiheit und sind taxfrei auszufolgen.

§. 116.

Die Bestimmungen des gegenwärtigen Gesetzes über die Verfassung und Richtigstellung der Wählerlisten treten sogleich, diejenigen über die Wahl hingegen erst nach Schluß der gegenwärtigen Reichstagssession ins Leben.

Die bis dahin vorkommenden Ergänzungswahlen sind durch die im Jahre 1872 conscribirten Wähler den bisherigen Gesetzen und dem gesetzlichen Usus gemäß vorzunehmen.

§. 117.

Eine jede Jurisdiction und Stadt, welche einen eigenen Reichstagsabgeordneten entsendet, wählt den Centralausschuß im Sinne der §§. 17 und 20 dieses Gesetzes innerhalb der durch den Minister des Innern festzusetzenden Frist.

Dieser neue Ausschuß vollzieht auch diejenigen Geschäfte, deren Besorgung dem Gesetze, beziehungsweise dem gesetzlichen Usus gemäß bis zum Schluſſe der gegenwärtigen Reichstagsseſſion den bisherigen Centralausschüssen zusteht.

§. 118.

Bei Gelegenheit der Feststellung der ersten Wählerliste wird, wenn die Conscription in der ersten Jahreshälfte beginnt, bei der Entscheidung über das Wahlrecht die für das vorangegangene Jahr ausgeworfene Steuer, im entgegengesetzten Falle, sowie bei jeder ferneren Richtigstellung der Liste die Steuer desjenigen Jahres als Grundlage angenommen, in welchem die Richtigstellung stattfindet.

§. 119.

Die erste Namensliste ist, wenn der Centralausschuß über alle gegen die Conscription erhobenen Reclamationen bis Ende 1874 entschieden hat, bis zum Schluſſe des Jahres 1875, im entgegengesetzten Falle aber bis zum letzten Tage des auf die definitive Feststellung der Conscription nächstfolgenden Kalenderjahres giltig.

§. 120.

Der §. 5 des G.-A. V v. J. 1848 und der §. 7 des siebenbürgischen G.-A. II v. J. 1848 bleiben mit der durch die Gesetzartikel XXX u. XLIII v. J. 1868 und durch den G.-A. XXXIV v. J. 1873 vorgenommenen Modificationen in Kraft; eben so bleibt auch der §. 56 des G.-A. V v. J. 1848 und der §. 9 des siebenbürgischen G.-A. II v. J. 1848 mit der Abänderung, welche durch den G.-A. XXV v. J. 1870 erfolgt ist, in Wirksamkeit.

Die übrigen §§. des G.-A. V v. J. 1848 und des siebenbürgischen G.-A. II vom selben Jahre werden außer Kraft gesetzt.

§. 121.

Mit dem Vollzuge des gegenwärtigen Gesetzes wird der Minister des Innern, sowie der Justizminister betraut.

XXXIV. Gesetzartikel
über die Advokaten-Ordnung.

(Sanctionirt am 4. Dezember 1874. Kundgemacht im Abgeordnetenhause am 10. Dezember, im Oberhause am 12. Dezember 1874.)

I. Abschnitt.
Organismus.

§. 1.

Bei den Gerichten und Behörden des Landes darf nur derjenige als Advokat fungiren, welcher durch eine der bestehenden Advokatenkammern in die Advokatenliste aufgenommen wurde.

§. 2.

In die Advokatenliste ist nur derjenige großjährige ungarische Staatsbürger aufzunehmen, welcher

1. ein gesetzliches Advokatendiplom besitzt (§. 4);
2. in dem Sprengel der Advokatenkammer seinen bleibenden Wohnsitz hat.

§. 3.

Die Aufnahme ist zu verweigern, wenn der sich Meldende in Concurs oder unter Curatel steht; wenn derselbe wegen eines solchen Verbrechens oder Vergehens bestraft wurde oder in Untersuchung steht, wegen dessen er im Sinne der §§. 65 und 66 von der Advokaturspraxis auszuschließen wäre, oder wenn demselben die Ausübung der Advokatie den bisher bestehenden gesetzlichen Vorschriften gemäß entweder für eine bestimmte Zeit oder aber für immer bereits verboten worden ist; und wenn sie nur zeitweilig verboten wurde, für die Dauer der Zeit, auf welche das Verbot lautet.

§. 4.

Das Advokatendiplom wird durch die in Budapest und Marosvásárhely aufzustellenden Prüfungscommissionen auf Grund der bei denselben mit Erfolg abgelegten Advokatenprüfungen ausgefertigt.

Den Präses der Commission und dessen Stellvertreter, sowie die Hälfte der Commissions-Mitglieder ernennt der Justizminister zu Anfang eines jeden Jahres aus der Mitte der zur Advokatenkammer nicht gehörigen Doctoren der Rechte, die andere Hälfte hingegen wird gleichfalls zu Anfang eines jeden Jahres durch die Budapester, beziehungsweise Marosvásárhelyer Advokatenkammer gewählt. Bei jeder Prüfung müssen außer dem Präses oder dessen Stellvertreter je zwei der durch den Minister und durch die Advokatenkammer bestimmten Mitglieder gegenwärtig sein. Die Anzahl der Mitglieder der Advokatenkammer wird durch den Justizminister festgesetzt.

§. 5.

Zur Advokatenprüfung kann durch die Prüfungscommission nur derjenige zugelassen werden, welcher nachweist:

1. daß er die juridische Doctorswürde an einer inländischen Universität erlangt hat;

2. daß er nach beendigten rechts- und staatswissenschaftlichen Studien und nach Ablegung der theoretischen Staatsprüfungen oder eines Rigorosums 3 Jahre in der Rechtspraxis bei einem Gerichte, einer Staatsanwaltschaft, königl. ungar. Cameral- oder Stiftungsfonds-Anwaltschaft, einem königl. Notar oder einem Advokaten zugebracht hat.

Von der auszuweisenden dreijährigen Rechtspraxis muß wenigstens ein Jahr nach Erlangung der juridischen Doctorswürde und mindestens anderthalb Jahre bei einem Advokaten, einer Cameral- oder Stiftungsfonds-Anwaltschaft zugebracht werden.

Eingerechnet wird mit Ausnahme der Krankheits-, Militärdienst- und jährlichen Urlaubszeit, — welche jedoch während der Dauer eines Jahres zwei Monate nicht übersteigen darf, — nur die ausschließlich in der Gerichtspraxis zugebrachte Zeit.

Richter, welche die im Punkte 1 angeführte theoretische Befähigung besitzen, können zur Advokatenprüfung zugelassen werden, wenn sie durch drei Jahre als Richter amtirt haben.

Professoren der Rechte können zur Advokatenprüfung zugelassen werden, wenn sie durch drei Jahre als Professoren an einer inländischen Universität oder Rechtsakademie fungirt haben, die im

Punkte 1 erwähnte theoretische Befähigung besitzen und eine zweijährige Rechtspraxis nachweisen.

Eine Nachsicht der in diesem §. festgesetzten Erfordernisse findet nicht statt. Gegen den abweislichen Bescheid der Commission ist der Recurs an eine im Sinne des §. 4 aus sieben Mitgliedern gebildete Commission zulässig, von welcher die bei dem ersten Beschlusse gegenwärtig gewesenen Mitglieder ausgeschlossen sind.

§. 6.

Die Advokatenprüfung ist — unter Aufrechterhaltung des für das Gebiet von Fiume bestehenden Usus — in der Amtssprache des Staates abzulegen und erstreckt sich: auf das ungarische öffentliche Recht, ferner auf das materielle und formelle, das Civil-, Straf-, Berg-, Urbarial-, Wechsel- und Handelsrecht, die Finanz- und Verwaltungsgesetze und die Landesverordnungen.

Die Advokatenprüfung ist eine mündliche und schriftliche; die Modalitäten derselben, sowie die Höhe der Prüfungstaxe, welche jedoch 20 fl. nicht übersteigen darf, setzt der Justizminister fest.

Wenn die Commission den Candidaten zurückgewiesen hat, so kann derselbe die Prüfung nochmals ablegen, er muß jedoch nachweisen, daß er neuerlich mindestens 6 Monate in der Rechtspraxis (§. 5) zugebracht und während dieser Zeit einen entsprechenden Fleiß an den Tag gelegt hat.

Im Falle der abermaligen Zurückweisung ist eine Wiederholung der Prüfung nicht mehr zulässig.

Das Advokatendiplom wird dem als befähigt Erkannten durch die Prüfungscommission ausgestellt, sobald derselbe vor ihr folgenden Advokateneid abgelegt hat:

„Ich schwöre (gelobe) zu Gott dem Allwissenden und Allmächtigen, daß ich Sr. Majestät dem Könige, Ungarn und dessen Constitution jederzeit treu bleibe, und meine Advokatenpflichten den Gesetzen und gesetzlichen Verordnungen gemäß treu, pünktlich und gewissenhaft erfüllen werde, so wahr mir Gott helfe."

§. 7.

Ueber die Aufnahme in die Advokatenliste muß der Ausschuß der Advokatenkammer binnen 15 Tagen von der Anmeldung an gerechnet, entscheiden.

Gegen den abweislichen Beschluß ist, falls die Aufnahme nicht wegen Mangels des Advokatendiploms, sondern aus einem andern Grunde (§. 3) verweigert wurde, die Berufung an den obersten Gerichtshof zulässig.

Die Berufung ist binnen 15 Tagen nach erfolgter Zustellung des Bescheides bei dem Ausschusse der Advokatenkammer einzubringen.

Der abgewiesene Bewerber kann jedoch in einer neuen Eingabe die Mängel, wegen welcher er abgewiesen wurde, ergänzen.

Sollten in Betreff eines in die Advokatenliste bereits Aufgenommenen späterhin solche Umstände bekannt werden, welche seine Aufnahme ausgeschlossen haben würden, so kann die Ausschließung nur im Wege des ordentlichen Disciplinarverfahrens erfolgen.

§. 8.

Wenn der Advokat seinen bei der Aufnahme angemeldeten Wohnsitz an einen andern im Sprengel der Kammer gelegenen Ort zu verlegen beabsichtigt, so ist er verpflichtet, dies vor seiner Uebersiedlung anzuzeigen.

Die Anzeige ist auch dann zu erstatten, wenn der Advokat seinen Wohnsitz in den Sprengel einer andern Kammer zu verlegen wünscht.

In diesem Falle verständigt der Ausschuß diejenige Kammer von der Absicht des betreffenden Advokaten, in deren Sprengel er seinen Wohnsitz verlegt, und wenn die letztere sich dahin geäußert hat, daß bezüglich der Aufnahme ein Anstand nicht obwaltet, so streicht der Ausschuß den übersiedelten Advokaten aus der Advokatenliste.

§. 9.

Der Ausschuß der Advokatenkammer ist verpflichtet, die im Laufe des Jahres vorkommenden Aenderungen in die Advokatenliste einzutragen und ein Exemplar der derart berichtigten Liste zu Anfang eines jeden Jahres dem Justizminister vorzulegen.

§. 10.

Der Advokat darf weder im eigenen, noch im Namen einer Anderen eine solche Beschäftigung mittelbar oder unmittelbar geschäftsmäßig betreiben, welche mit der Ausübung seines Berufes und dem Ansehen seiner Stellung unvereinbarlich ist.

II. Abschnitt.
Advokaturscandidaten.

§. 11.

Ueber die Advokaturscandidaten führt die Advokatenkammer eine Liste, in die ein jeder unbescholtene ungarische Staatsbürger eingetragen werden kann, welcher nachweist:

a) daß er nach Absolvirung der rechts- und staatswissenschaftlichen Studien die theoretischen Staatsprüfungen oder aber das erste Rigorosum mit Erfolg abgelegt hat;

b) daß er im Sprengel der Kammer bei einem Gerichte, Advokaten, einer Cameral- oder Stiftungsfonds-Anwaltschaft, einer Staatsanwaltschaft oder einem öffentlichen Notar in die Rechtspraxis eingetreten ist.

Ueber die Aufnahme entscheidet der Ausschuß der Advokatenkammer und verständigt den sich Meldenden schriftlich. Die Aufnahme ist zu verweigern, wenn eines der aufgezählten Erfordernisse mangelt.

Im Falle der Verweigerung der Aufnahme ist der Recurs im Sinne der Bestimmungen des §. 7 zulässig.

§. 12.

Wenn der Advokaturscandidat in die Rechtspraxis zu einem andern Gerichte, Advokaten, öffentlichen Notar oder einer andern Anwaltschaft in demselben Kammersprengel übertritt, so ist er verpflichtet, dies binnen 15 Tagen unter Vorlage eines Zeugnisses seines früheren und seines neuen Vorstandes bei dem Ausschuße der Advokatenkammer anzuzeigen.

Uebertritt er jedoch in den Sprengel einer andern Kammer, so muß eine neue Aufnahme erfolgen.

§. 13.

Die Gerichte, beziehungsweise die betreffenden Vorstände, sind verpflichtet, die Advokatenkammer jährlich von dem Verhalten der bei ihnen in der Rechtspraxis befindlichen Advokaturscandidaten in Kenntniß zu setzen.

Wenn der Advokaturscandidat durch länger als dreißig Tage seine Rechtspraxis unterbricht oder von seinem Wohnsitze abwesend ist, so muß dies der Advokat unter Anführung des Grundes binnen acht Tagen bei der Advokatenkammer anzeigen.

§. 14.

Ueber die Rechtspraxis, welche von dem Zeitpunkte der Eintragung in die Liste der Advokaturscandidaten gerechnet wird, kann nur die Advokatenkammer ein rechtsgiltiges Zeugniß ausstellen.

§. 15.

Der in die Liste der Advokaturscandidaten eingetragene Candidat kann den Advokaten, bei welchem er in der Rechtspraxis steht, bei Verhandlungen vor Gerichten und Behörden vertreten. Für die durch einen stellvertretenden Candidaten verschuldeten Versäumnisse und Fehler ist der vertretene Advokat verantwortlich.

Die Gegenzeichnung der Eingaben darf jedoch ein solcher Stellvertreter nicht vornehmen.

§. 16.

Der Advokaturscandidat kann nur gegen Vorweisung einer besonderen Vertretungsvollmacht und auch nur innerhalb der in derselben bestimmten Grenzen als Stellvertreter des Advokaten fungiren.

III. Abschnitt.

Advokatenkammern.

§. 17.

Die Anzahl, Amtssitze und Sprengeln der Advokatenkammern bestimmt der Justizminister derart, daß zu jeder Kammer wenigstens 30 Advocaten und ein oder mehrere Gerichtssprengel gehören sollen.

§. 18.

Die Advokatenkammer besteht aus den in deren Sprengel wohnhaften und in die Advokatenliste eingetragenen Advokaten.

Zur Deckung der Auslagen kann die Advokatenkammer von ihren Mitgliedern einen Jahresbeitrag einheben.

§. 19.

Der Wirkungskreis der Advokatenkammern erstreckt sich: auf die Wahrung des moralischen Ansehens des Advokatenstandes, auf den Schutz der Rechte der Advokaten und auf die Ueberwachung der Erfüllung ihrer Pflichten; ferner auf die Erstattung von Gutachten und Vorschlägen über die Abstellung der in Betreff der Rechtspflege und Advokatur sich ergebenden Mängel, sowie über die Einführung zeitgemäßer Reformen.

Außerdem üben die Advokatenkammern die Disciplinargewalt über die in den Listen der Kammern eingetragenen Advokaten und Advokaturscandidaten den Bestimmungen dieses Gesetzes gemäß aus.

§. 20.

Die zum Wirkungskreise der Advokatenkammer gehörigen Angelegenheiten werden durch die Generalversammlung, den Ausschuß oder durch den Präsidenten erlebigt.

§. 21.

Der Generalversammlung sind folgende Angelegenheiten zugewiesen:

1) die Feststellung der Geschäftsordnung;
2) die Wahl des Ausschusses;
3) die Festsetzung der Gehalte der Beamten und des Manipulationspersonals;
4) die Festsetzung des Voranschlages und die Bestimmung über die Bedeckung desselben;
5) die Superrevision der Jahresrechnungen;
6) die Erledigung der gegen die Beschlüsse des Ausschusses eingebrachten Beschwerden (§. 29.);
7) die Anträge zur Beseitigung der bezüglich der Rechtspflege und insbesondere der Advokatur wahrgenommenen Mängel, oder die Verhandlungen über die in dieser Angelegenheit durch den Justizminister zur Begutachtung mitgetheilten Vorschläge, sowie die Delegirung der zu diesem Behufe etwa nothwendigen besonderen Commissionen.

§. 22.

Eine jede Advokatenkammer wählt einen Ausschuß auf drei Jahre, dieser besteht aus dem Präsidenten, welcher gleichzeitig Präsident der Kammer ist, dann dessen Stellvertreter, dem Secretär, Cassier, Anwalt, acht Ausschußmitgliedern und vier Ersatzmännern. Von den ordentlichen Mitgliedern müssen wenigstens drei, von den Ersatzmännern dagegen mindestens einer im Amtssitze der Kammer wohnen. Der Secretär, Anwalt und Cassier sind wo möglich aus der Mitte der im Amtssitze der Kammer wohnhaften Advokaten zu wählen.

Der Ausschuß der Budapester Advokatenkammer besteht außer den oben angeführten Functionären aus zwölf Ausschußmitgliedern und sechs Ersatzmännern; mindestens zwei Drittel der Mitglieder sind aus der Mitte der in Budapest ansässigen Advokaten zu wählen.

§. 23.

Die Wahl ist dreißig Tage vorher durch den Präsidenten des Ausschusses für den letzten Monat des dritten Jahres auszuschreiben.

Der Ausschuß wird durch alle Mitglieder der betreffenden Kammer mit relativer Stimmenmehrheit gewählt, zur Giltigkeit der Wahl ist jedoch wenigstens ein Drittel der abgegebenen Stimmen erforderlich. Sollte eine derartige Majorität nicht zu Stande kommen, oder bei dem ersten Scrutinium nicht mindestens die Hälfte der Kammermitglieder gestimmt haben, so ist eine Neuwahl anzuordnen, bei welcher die relative Stimmenmehrheit unbedingt entscheidet. In der die zweite Wahl anordnenden Verlautbarung ist die Resultatlosigkeit der ersten Wahl und die Ursache hievon kundzumachen.

Unter denjenigen, welche eine gleiche Stimmenzahl erhalten haben, entscheidet, falls die Aufnahme aller mit Rücksicht auf die festgesetzte Anzahl der Ausschußmitglieder nicht zulässig ist, das durch den Präsidenten zu ziehende Loos.

Jedes im Amtssitze der Kammer wohnhafte Mitglied muß seine Stimme persönlich abgeben, den außerhalb des Amtssitzes ansässigen Mitgliedern dagegen ist es gestattet, ihre Wahlzettel mit ihrem Siegel geschlossen und in einem mit ihrer Unterschrift versehenen Couvert am festgesetzten Tage einzusenden.

Sollte vor Ablauf der drei Jahre die Stelle eines Ausschuß=
mitgliedes leer werden, so sind diejenigen, welche bei der letzten Wahl
die relativ größte Stimmenzahl erhalten haben, der Reihe nach zu
berufen.

Das Resultat der Wahl ist dem Justizminister anzuzeigen.

§. 24.

Als Ausschußmitglied kann nicht gewählt werden:

Wer wegen eines Amts= oder sonstigen Verbrechens, beziehungs=
weise Vergehens im Straf= oder Disciplinarverfahren gestraft wor=
den ist.

Nach drei Jahren erlöschen jedoch diese Ausschließungsgründe,
wenn der betreffende Advokat während dieser Zeit nicht neuerlich
gestraft wurde.

Wird gegen ein Ausschußmitglied die Disciplinar= oder Straf=
untersuchung eingeleitet, so darf es insolange, als dieselbe andauert,
seine Amtsthätigkeit nicht fortsetzen.

§. 25.

Die Wahl kann nur derjenige ablehnen, wer schon während
der abgelaufenen drei Jahre als Ausschußmitglied fungirt hat.

Gegen denjenigen, der in einem anderen Falle die Wahl an=
zunehmen oder das ihm durch dieselbe zugewiesene Amt zu versehen
sich weigert, kann der Ausschuß auf eine Geldstrafe bis zu 400 fl.
erkennen.

§. 26.

Der Präsident, dessen Stellvertreter und die Ausschußmitglieder
versehen ihr Amt unentgeltlich und werden ihnen lediglich die im
Interesse und Auftrage der Kammer gemachten Auslagen, Reise=
kosten u. s. w. aus der Kammercassa ersetzt.

Der Secretär, Anwalt und Cassier beziehen außer dem Ersatze
derartiger Auslagen einen durch die Generalversammlung zu be=
stimmenden Jahresgehalt.

§. 27.

Gegenstände der Ausschußsitzungen sind:

1) die Ausführung der Beschlüsse der Generalversammlung;

2) die Aufnahme der Advokaten und Advokaturscandidaten, sowie die Führung der vorgeschriebenen Listen;

3) die Ausstellung der Zeugnisse über die Dauer der Praxis, sowie über die Aufführung der Advokaturscandidaten;

4) die Wahl der für die Advokaturs-Prüfungscommissionen erforderlichen Mitglieder (§. 4.);

5) die über Aufforderung des Gerichtes nach einer bestimmten Rangordnung zu erfolgende Bestellung von Vertretern in Angelegenheiten mitteloser Parteien und Erstattung diesbezüglicher Gutachten;

6) die Oberaufsicht über die Advokaten und Advokaturscandidaten, sowie die Ausübung der Disciplinargewalt;

7) die Verwaltung des Vermögens der Kammer, sowie auch des allfälligen, derselben anvertrauten Stiftungsvermögens;

8) die Vorarbeiten anläßlich der im §. 21, Abs. 7 angeführten Gutachten, Anträge und Berichte;

9) die Feststellung des im §. 32 erwähnten Jahresberichtes;

10) alle jene Agenden, welche der Advokatenkammer durch dieses Gesetz übertragen sind, insoferne selbe keinen Gegenstand der Generalversammlung bilden.

§. 28.

Im Falle der Bestellung eines ex offo Vertreters für vermögenslose Parteien entscheidet der Ausschuß, wenn die ersuchende Partei gegen den betreffenden Advokaten eine Einwendung erheben oder der Advokat im Sinne des §. 50 um die Enthebung von der Vertretung ansuchen würde.

Sollte der Advokat zögern, die ihm übertragene Vertretung zu übernehmen, oder dieselbe nachlässig führen, so hat der Ausschuß gegen ihn das Disciplinarverfahren einzuleiten und kann nöthigenfalls auf seine Kosten einen anderen Advokaten mit der Vertretung betrauen.

§. 29.

Sowohl in der Generalversammlung, als auch in den Ausschußsitzungen entscheidet — die Wahlen (§. 23) ausgenommen — die Majorität der Anwesenden.

Zu einer giltigen Beschlußfassung ist außer dem Präsidenten bei der Generalversammlung die Anwesenheit von wenigstens acht, bei der Ausschußsitzung in den Fällen der §§. 7, 35, 73 und 104 von mindestens vier, in anderen Ausschußsitzungen dagegen von mindestens zwei Mitgliedern erforderlich. Die Bestimmungen über das Disciplinargericht enthält der §. 75.

Gegen die Entscheidungen des Ausschusses kann die Berufung u. z. wenn sie sich auf die Verwaltung des Kammervermögens beziehen, an die Generalversammlung — in andern durch das gegenwärtige Gesetz gestatteten Fällen aber an den obersten Gerichtshof ergriffen werden. Die Berufung ist stets bei dem Ausschusse einzubringen.

§. 30.

Zum Wirkungskreise des Kammerpräsidenten gehört außer den durch die Geschäftsordnung zu bestimmenden Rechten: die Vermittlung des Verkehres zwischen der Kammer, sowie den Behörden und Gerichten; die Bestellung eines Vertreters im Falle der Verhinderung des Secretärs oder Anwaltes; der Versuch, zwischen den Kammermitgliedern, Advokaten und Advokaturscandidaten in Advokatursangelegenheiten entstandene Streitfragen nach Einvernahme der vorzuladenden Betheiligten im gütlichen Wege auszugleichen, und aus diesem Anlasse die Berufung solcher Kammermitglieder, von deren Intervention ein günstiges Ergebniß zu erwarten ist.

§. 31.

Die Generalversammlungen sind öffentlich. Die Tagesordnung ist durch den Präsidenten in Vorhinein bekannt zu geben. Die Protokolle sind dem Justizminister in Abschrift vorzulegen.

Der Präsident, beziehungsweise dessen Stellvertreter ist in erster Linie dafür verantwortlich, daß die Advokatenkammer ihren durch das gegenwärtige Gesetz normirten Wirkungskreis nicht überschreite.

§. 32.

Die Advokatenkammer hat dem Justizminister zu Anfang eines jeden Jahres einen allgemeinen Bericht über die Geschäftsgebahrung in dem abgelaufenen Jahre vorzulegen und in demselben insbesondere die Hauptvorkommnisse im Disciplinarrathe, sowie die bezüglich der Advokatur und Rechtspflege gemachten Erfahrungen hervorzuheben.

§. 33.

Die durch die Generalversammlung festgesetzte Geschäftsordnung ist dem Justizminister vorzulegen.

IV. Abschnitt.
Erlöschung der Advokatur.

§. 34.

Die Advokatur erlischt außer mit dem Tode des Advokaten:
1) wenn der Advokat freiwillig Verzicht leistet;
2) wenn er das ungarische Bürgerrecht verliert;
3) wenn die Advokatursbefugniß durch ein rechtskräftiges Straf- oder Disciplinarurtheil entzogen worden ist.

§. 35.

In den Fällen des §. 34 streicht der Ausschuß der Advokatenkammer den betreffenden Advokaten von Amtswegen aus der Advokatenliste und veranlaßt, falls das Bekanntwerden der Ausschließungsgründe die Einleitung einer Untersuchung nöthig macht, auch die Vornahme derselben von Amtswegen.

Der diesfällige Beschluß ist in den Fällen 1), 2) und 3) des §. 34 dem betreffenden Advokaten mitzutheilen, welcher die Berufung an den obersten Gerichtshof binnen 15 Tagen von der Zustellung an gerechnet, einbringen kann.

§. 36.

Das Erlöschen der Advokatur ist unter Anführung des Umstandes, ob dasselbe in Folge Ablebens, Verzichtleistung, Verlustes des Bürgerrechtes oder Ausschließung eingetreten ist, im Amtsblatte kundzumachen, dem Justizminister anzuzeigen und sowohl den Gerichten im Kammersprengel, als auch sämmtlichen Advokatenkammern bekannt zu geben.

§. 37.

Im Falle des Ablebens eines Advokaten trifft der Ausschuß der Advokatenkammer unverzüglich die nöthigen Verfügungen wegen Inventirung und Sicherung der Acten und Werthsachen und bestellt zur Besorgung der unaufschiebbaren Geschäfte einen Curator, zu dessen Händen jedoch keine Zustellungen bewerkstelligt werden können.

Sollte der Amtssitz der Kammer zu entfernt sein, so sind die Acten und Werthsachen unmittelbar durch das nächste Bezirksgericht unter Sperre zu legen, dieses ist aber verpflichtet, den Kammerausschuß hievon sogleich zu verständigen und demselben das oben erwähnte weitere Verfahren zu überlassen.

In den übrigen Fällen des Erlöschens der Advokatur können an den Advokaten keine weiteren Zustellungen bewerkstelligt werden, diese müssen vielmehr, insoferne die Partei nicht anders verfügt haben sollte, zu eigenen Händen der Partei erfolgen, welche gleichzeitig zur Bestellung eines neuen Vertreters aufzufordern ist.

Die noch nicht abgelaufenen Präclusivtermine dürfen nur von demjenigen Tage an berechnet werden, an dem die Partei persönlich verständigt worden ist.

V. Abschnitt.

Rechte und Verpflichtungen der Advokaten.

§. 38.

Der Advokat ist berechtigt, Parteien vor allen Gerichten und Behörden des Landes zu vertreten.

In Betreff der Vertretung durch Bevollmächtigte oder Notare werden die diesbezüglich geltenden Gesetze und Vorschriften aufrecht erhalten.

§. 39.

Wer ohne Advokat zu sein, die Vertretung von Parteien vor Gerichten oder Behörden geschäftsmäßig betreibt, ist auf Grund einer vom Staats= oder Cameralanwalte, oder einer Privatpartei erhobenen Beschwerde zu einer Geldstrafe von 5 bis 50 Gulden, im Wiederholungsfalle aber von 20 bis 100 Gulden zu verfällen und in dem Urtheile ist gleichzeitig auszusprechen, daß der derart bestraften Person die Vertretung von Parteien verboten wird.

Sollte Jemand, dem die Vertretung von Parteien mittelst Urtheiles untersagt worden ist, dieselbe auch fernerhin geschäftsmäßig betreiben, so ist derselbe mit Arrest bis zu 3 Monaten zu bestrafen.

§. 40.

Der Advokat ist verpflichtet, dem Auftraggeber über die übernommenen Schriften einen Revers, über den erhaltenen Vorschuß jedoch eine Quittung auszustellen.

§. 41.

Der Advokat ist verpflichtet, sich über die Annahme oder Ablehnung des ihm angebotenen Mandates unverzüglich zu erklären.

Der Advokat darf — den im §. 28 erwähnten Fall ausgenommen — der ansuchenden Partei die Uebernahme der Vertretung verweigern und auch die bereits übernommene Vertretung kündigen.

Die Kündigungsfrist beträgt dreißig Tage von der Verständigung der vertretenen Partei an gerechnet, und bis zu dieser Zeit ist der Advokat verpflichtet, die Vertretung gewissenhaft fortzuführen und die Partei gegen jeden Rechtsnachtheil zu schützen.

§. 42.

Die Partei kann das Mandat dem Advokaten wann immer auch ohne Kündigung entziehen.

§. 43.

Im Falle des Absterbens der Partei ist der Advokat — auch wenn seine Vollmacht auf den Namen der Erben lauten sollte — verpflichtet, sobald er von dem Tode seiner Partei Kenntniß erlangt, hievon sowohl die ihm bekannten Erben, als auch dasjenige Gericht oder diejenige Behörde, wo die Angelegenheit des Verstorbenen anhängig ist, sogleich zu verständigen.

Im Falle des Todes des Auftraggebers ist der Advokat verbunden, bis zur weiteren Verfügung des Erben alle Vorkehrungen zu treffen, welche zur Vermeidung von Rechtsnachtheilen und zur Wahrung der Interessen der bezüglichen Erben nothwendig sind; das im §. 41 erwähnte Kündigungsrecht steht ihm jedoch auch den Erben des Vollmachtgebers gegenüber zu.

§. 44.

Der Advokat ist verpflichtet, seiner Partei auf deren Verlangen und Kosten wann immer im Laufe der Verhandlung Abschriften von den auf ihre Angelegenheit sich beziehenden Schriften auszufolgen; desgleichen muß er der Partei die Originalacten nach Erledigung der Angelegenheit oder nach dem Erlöschen der Vertretung übergeben.

Die Originalien der Concepte, der an ihn gerichteten Briefe, der eigenen Handacten, sowie der Nachweise über die durch ihn im Interesse der Partei bestrittenen Zahlungen muß er nicht ausfolgen, er ist jedoch gehalten, derselben auf deren Kosten Abschriften hievon zu ertheilen.

Die nicht erfolgte Berichtigung des Honorars oder sonstiger Auslagen kann nicht als Grund zur Zurückhaltung der Acten dienen.

Der Advokat ist nicht verpflichtet, die durch ihn aufgenommene Information oder die Originalvollmacht zurückzustellen, er muß jedoch auf derselben den Widerruf durch die Partei ersichtlich machen lassen.

§. 45.

Der Advokat haftet für die gewissenhafte Aufbewahrung und unverletzte Ausfolgung der von der Partei übernommenen Acten auch nach Erlöschen der Vertretung, diese Haftung erlischt jedoch nach Ablauf von sechs Wochen, wenn die Partei der Aufforderung des Advokaten, die Acten zu übernehmen, nicht nachkommt. In diesem Falle ist der Advokat verpflichtet, die Acten auf Kosten und Gefahr des Vollmachtgebers oder dessen Rechtsnachfolgers bei Gericht oder bei einem Notar zu hinterlegen.

§. 46.

Wenn die Vertretung aus irgend einem Grunde vor dem endgiltigen Abschlusse der Angelegenheit aufhört, so obliegt dem Advokaten, beziehungsweise dessen Rechtsnachfolgern, auf Verlangen des Vollmachtgebers binnen längstens drei Monaten über den zur

Deckung der Auslagen ertheilten Vorschuß Rechnung zu legen und
den Restbetrag zurückzustellen. Die Partei kann die Festsetzung der
in der übergebenen Rechnung, oder Expensnote aufgerechneten Ge=
bühren im Grunde der Bestimmung des §. 58 verlangen.

§. 47.

Der Advokat ist verpflichtet, seine Intervention oder die Ver=
tretung in einer solchen Angelegenheit zu verweigern, in welcher es
sich seiner Ueberzeugung oder der durch die Partei ausgesprochenen
Absicht zufolge nud die Benachtheiligung der Rechte Anderer handelt;
ferner ist es dem Advokaten untersagt, beide Parteien zu gleicher
Zeit in einer und derselben, oder in einer mit dieser im wesentlichen
Zusammenhang stehenden Angelegenheit zu vertreten, sowie auch
in einer solchen Sache, in welcher er die eine Partei vertreten hat,
später der anderen einen Rath zu ertheilen oder als Rechtsfreund
zu dienen.

§. 48.

Der Advokat ist verpflichtet, die durch ihn im Auftrage der
Partei eingehobenen Gelder und sonstigen Werthgegenstände ge=
wissenhaft zu bewahren, die Partei von der erfolgten Eintreibung
unverweilt zu verständigen und dieselben auf Verlangen der Partei
und deren Weisung entsprechend sogleich auszufolgen.

Hat der Advokat solche Gelder und Werthgegenstände zu an=
deren Zwecken verwendet, so ist er durch das Strafgericht wegen
Veruntreuung, wenn diese jedoch im strafgerichtlichen Wege nicht
constatirt werden könnte, im Disciplinarwege zu bestrafen.

§. 49.

Der Advokat ist verpflichtet, in den übernommenen Angelegen=
heiten redlich vorzugehen, im Interesse der vertretenen Partei die
gesetzlichen Verfügungen fleißig und pünktlich einzuleiten und bezüglich
einer jeden Angelegenheit einen genauen Vormerk zu führen, in
welchen die durch den Advokaten gemachten Schritte und durch die
Gegenpartei geleisteten Zahlungen derart einzutragen sind, daß aus
demselben der Stand der Angelegenheit jederzeit entnommen werden
könne. Die von dem Vollmachtgeber erhaltenen Aufträge sind in
einem besonderen Schriftstücke vorzumerken.

Ferner obliegt dem Advokaten, die durch die Partei zum Zwecke der Vertretung mitgetheilten oder die ihm in Folge dieses seines Berufes auf anderem Wege zur Kenntniß gelangten Thatsachen, deren Mittheilung an dritte Personen seinem Clienten nachtheilig sein könnte, geheim zu halten. Ueber solche Thatsachen ist er nicht verbunden, Zeugenschaft abzulegen, ja er darf ohne Einwilligung seines Clienten zur Zeugenschaft nicht einmal zugelassen werden.

§. 50.

Der Advokat ist verpflichtet, vor Gericht auch vermögenslose Parteien zu vertreten.

Die Vertretung kann er nur dann verweigern:

a) wenn er mit der Gegenpartei im vierten Grade verwandt oder im zweiten Grade verschwägert ist, oder wenn dieselbe unter seiner Vormundschaft oder Curatel oder mit ihm in einem Pacht= verhältnisse steht;

b) wenn er direct oder indirect interessirt ist;

c) wenn er die Gegenpartei bereits in einer anderen Angelegen= heit vertritt;

d) wenn der Prozeß bei einem außerhalb seines Wohnortes befindlichen Gerichte anhängig gemacht werden soll; endlich

e) wenn er mit derartigen Vertretungen bereits unverhältniß= mäßig überbürdet ist.

Die Gebühren darf er nur insoferne beanspruchen, als die Gegenpartei zum Ersatze derselben verurtheilt wird, oder die ver= tretene Partei auf irgend eine Art zu Vermögen gelangt.

§. 51.

Wenn der Advokat durch das Gericht im Laufe des Prozesses zum Curator bestellt wird, so ist er — mit Ausnahme der im vorhergehenden §. unter a)—e) angegebenen Fälle — zur Annahme dieses Auftrages verpflichtet.

§. 52.

Der Advokat genießt in der Vertheidigung seines Clienten die volle Redefreiheit, allein er ist jederzeit verpflichtet, vor Gericht und vor Behörden die im §. 118 des Gesetzartikels LIV v. J. 1868 enthaltenen Bestimmungen unter Gewärtigung der daselbst angeführten Folgen zu beobachten.

§. 53.

Der Advokat darf nirgends eine Filialkanzlei halten.

VI. Abschnitt.
Advokaten-Gebühren.

§. 54.

Der Advokat kann außer dem Ersatze der Baarauslagen und der Vergütung für seinen Zeitverlust in der ihm anvertrauten Angelegenheit auch ein entsprechendes Honorar, und aus diesem Anlasse auch einen verhältnißmäßigen Vorschuß von der durch ihn vertretenen Partei fordern.

Das Honorar und die Vergütung des Zeitverlustes können durch ein freies Uebereinkommen festgestellt werden.

Zur Giltigkeit einer vorhergehenden Vereinbarung ist eine Urkunde erforderlich.

§. 55.

Die Partei kann die verhältnißmäßige Herabsetzung des durch ein freies Uebereinkommen festgesetzten Honorars im ordentlichen Prozeßwege verlangen:

a) wenn die Angelegenheit oder Vertretung in Folge eines unvorhergesehenen zufälligen Ereignisses beendet — und

b) wenn die Partei durch einen vom Disciplinargerichte geahndeten Fehler gezwungen worden, das Mandat zurückzunehmen.

§. 56.

In den im §. 55 erwähnten Fällen entscheidet über die Herabminderung des Honorars in Streitsachen der competente Gerichtshof, in anderen Angelegenheiten dagegen die Personalinstanz des Advokaten.

§. 57.

Der Advokat ist nicht berechtigt, die ihm zur Vertretung anvertraute Angelegenheit oder Sache an sich zu bringen, ein solches Uebereinkommen ist nichtig und der Advokat, welcher dasselbe eingeht, ist im Disciplinarwege zu bestrafen.

§. 58.

Wenn sich der Advokat hinsichtlich des Honorars und der Kosten weder mit der durch ihn vertretenen Partei verglichen hat, noch durch dieselbe befriedigt worden ist, und wenn seine Gebühren seiner Partei gegenüber in dem Prozesse selbst im Sinne des §. 252 der Civilprozeßordnung noch nicht festgesetzt worden sind, so kann er seine Expensnote von dem zuständigen Gerichte im Prozeßwege liquidiren lassen.

Bezüglich dieser Klagen ist in Streitsachen die Prozeßinstanz, in anderen Angelegenheiten dagegen die Personalinstanz des Advokaten competent.

§. 59.

Den Büchern des Advokaten, welche den, durch den Justizminister auf Grund des Gutachtens der Advokatenkammer festgesetzten Normen gemäß vorschriftsmäßig geführt sind, sowie den in der betreffenden Angelegenheit verfaßten Concepten und Correspondenzen kommt rücksichtlich der factischen Umstände die halbe Beweiskraft zu, insoferne deren Glaubwürdigkeit durch die seitens der Partei beigebrachten Daten nicht geschwächt wird.

§. 60.

Wird gegen die Partei der Concurs eröffnet, so sind die Advokatengebühren dann in die II. Klasse der allgemeinen Concursmassa zu reihen, falls es sich um laufende oder einen, längstens vor einem Jahre beendeten Prozeß betreffende oder endlich, um solche ältere Gebühren handelt, bezüglich welcher die Klage bei irgend einem Gerichte drei Jahre vor Eröffnung des Concurses anhängig gemacht wurde.

VII. Abschnitt.

Advokaten-Vollmachten.

§. 61.

Derjenige Advokat, welcher im Namen einer Partei bei einem Gerichte oder einer Behörde erscheint, muß eine Vollmacht besitzen und ist verpflichtet, eine jede Eingabe eigenhändig zu signiren.

§. 62.

Die Advokatenvollmacht berechtigt den Advokaten, alle mit der regelmäßigen Führung und vollständigen Beendigung der ihm anvertrauten Angelegenheit verbundenen Maßregeln zu treffen; alles, was von dem Advokaten vollzogen, geschrieben oder mündlich vorgetragen wurde, wird — falls es die anwesende Partei nicht sogleich widerruft — in Bezug auf dritte Personen so angesehen, als wenn es die bevollmächtigende Partei selbst gethan hätte.

Jede Advokatenvollmacht erstreckt sich zugleich:

a) auf die Uebernahme und Quittirung der eingeklagten Geldsummen und Streitgegenstände;

b) auf die Bevollmächtigung eines Stellvertreters;

c) auf das Anerbieten, die Zurückschiebung und Annahme des Eides oder auf die Zustimmung zur Eidesablegung durch die Gegenpartei.

Wenn die Partei die Vollmachtsrechte des Advokaten beschränken will, so muß sie dies in der Vollmacht besonders ersichtlich machen.

§. 63.

Für jede Handlung des Stellvertreters ist der ihn bestellende Advokat verantwortlich, erfolgte jedoch die Stellvertretung nach vorheriger Verständigung und mit Einwilligung der Partei, so trifft die Verantwortlichkeit den stellvertretenden Advokaten.

VIII. Abschnitt.
Verantwortlichkeit der Advokaten.

§. 64.

Die Oberaufsicht über die Advokatenkammern und über die Advokaten steht dem Justizminister zu, der für die Abstellung diesfalls sich ergebender Mängel sorgt. Er veranlaßt im Interesse des Justizwesens überhaupt, oder im Falle directer Beschwerden den im gegenwärtigen und im folgenden Abschnitte enthaltenen Normen gemäß die Untersuchung und Bestrafung der Mißbräuche; die Bestrafung irgend eines Amtsverbrechens oder Vergehens kann jedoch nur auf die in diesem Gesetze bestimmte Art und Weise erfolgen.

§. 65.

Wenn ein Advokat seine Berufspflichten in der sträflichen Absicht verletzt, um dadurch sich selbst oder einem Andern einen ihm nicht gebührenden Vortheil zuzuwenden, oder Jemandem einen widerrechtlichen Schaden zuzufügen, so begeht er ein Amtsverbrechen und das competente Strafgericht hat in dem Urtheile außer der gesetzlichen Strafe auch die Entsetzung von der Advokatur auszusprechen.

Letztere muß das Strafgericht im Urtheile auch dann aussprechen, wenn der Advokat eines aus Gewinnsucht begangenen oder eines anderen entehrenden Verbrechens schuldig erkannt wird.

§. 66.

Wenn gegen den Advokaten wegen einer der in den §§. 44, 46 und 48 aufgezählten Pflichtverletzungen eine Beschwerde erhoben wird, so ist derjenige königl. Gerichtshof competent, in dessen Sprengel der belangte Advokat seinen Wohnsitz hat.

Auf Grund der durchgeführten amtlichen Untersuchung fällt der Gerichtshof gegen den belangten Advokaten das Erkenntniß, gegen welches die instanzmäßige Berufung zulässig ist.

Unterliegt die Pflichtverletzung zugleich dem Straf- oder Disciplinarverfahren, so übersendet der Gerichtshof die Akten wegen Einleitung des Verfahrens an die competente Strafbehörde oder Advokatenkammer.

§. 67.

Das Gericht kann über den Advokaten eine Geldstrafe von 10 bis 100 fl. verhängen:

a) wegen Ordnungswidrigkeiten bei Verhandlungen und Sitzungen;

b) wegen ungeziemender und verletzender Ausdrücke, deren sich derselbe in Eingaben oder aber vor Gericht schriftlich oder mündlich bedient hat.

Gegen solche Erkenntnisse ist eine einmalige Berufung zulässig, welche jedoch den Vollzug der Entscheidung nicht hindert.

Sollte die Beleidigung eine strafbarere Handlung bilden, so hat das Gericht außer der durch dasselbe zu verhängenden Strafe auch die Einleitung des Straf- oder Disciplinarverfahrens zu veranlassen.

§. 68.

Ein Disciplinarvergehen begeht derjenige Advokat:

a) welcher seine Berufspflichten oder die Anordnungen dieses Gesetzes in schuldbarer Weise, jedoch nicht in der strafbaren Absicht verletzt, um dadurch sich selbst oder einem Andern einen ihm nicht gebührenden Vortheil zuzuwenden, oder Jemanden wiederrechtlichen Schaden zuzufügen;

b) welcher durch sein Verhalten die Ehre und das Ansehen des Advokatenstandes verletzt und sich hiedurch der Achtung und des Vertrauens unwürdig macht.

§. 69.

Als Disciplinarvergehen ist insbesondere anzusehen:

a) wenn er sich in offenbar ungerechten Angelegenheiten zum Anwalte muthwillig prozessirender Parteien hergibt, Parteien zur Führung solcher Prozesse auffordert oder für Parteien offenbar zwecklose und unbegründete Eingaben verfaßt;

b) wenn er durch bezahlte Vermittler oder sonst in Aergerniß erregender Weise Clienten sucht;

c) wenn er in der ihm übertragenen Angelegenheit eine auffallende Nachlässigkeit oder Saumseligkeit an den Tag legt.

§. 70.

Die Strafen für Disciplinarvergehen sind:
1) der schriftliche Verweis;
2) Geldstrafen von 50 bis 500 Gulden;
3) Suspendirung von der Advokatur auf längstens ein Jahr;
4) Entsetzung von der Advokatur.

§. 71.

Der Advokat ist verpflichtet, für den Schaden, welchen er Jemandem in seinem amtlichen Vorgehen durch eine Handlung oder eine Versäumniß entweder absichtlich, oder aus strafbarer Nachlässigkeit zugefügt hat, vollen Ersatz zu leisten, falls der Schaden durch ein gesetzliches Rechtsmittel nicht mehr abzuwenden wäre.

Die Schadenersatzklage ist bei demjenigen Gerichte, welches den Bestimmungen der Civilprozeßordnung zufolge competent ist, einzubringen.

Die vollständige Ersetzung des Schadens befreit den Advokaten nicht von dem nach den Bestimmungen des gegenwärtigen Gesetzes einzuleitenden Disciplinar-, beziehungsweise Strafverfahren.

§. 72.

Die im §. 71 erwähnte Schadenersatzklage der Privatpartei verjährt — amtliche Verbrechen ausgenommen — wenn dieselbe die Schadenersatzklage und eventuell das Disciplinarverfahren nicht binnen zwei Jahren von dem Zeitpunkte an gerechnet, in dem der Schaden zu ihrer Kenntniß gelangt ist, anhängig gemacht hat.

IX. Abschnitt.

Disciplinarverfahren.

§. 73.

Bei minderen Pflichtverletzungen kann der Ausschuß der Kammer den Advokaten nach Einhohlung seiner Aeußerung ohne Einleitung des ordentlichen Disciplinarverfahrens mahnen und zur Ordnung verweisen.

Gegen derartige Beschlüsse ist eine Berufung nicht zulässig.

§. 74.

Der Ausschuß der Advokatenkammer kann über Ansuchen der Parteien, oder über Anzeige irgend einer Behörde oder des Staatsanwaltes, den in dem Kammersprengel ansässigen Advokaten zur Rechtfertigung bezüglich der vorliegenden Beschwerden auffordern, und hiezu unter Androhung einer Geldstrafe bis zu 100 Gulden oder des Disciplinarverfahrens verhalten.

§. 75.

Ueber Disciplinarvergehen übt das Disciplinarrecht in erster Instanz der Ausschuß der Advokatenkammer, in zweiter dagegen das Disciplinargericht des obersten Gerichtshofes aus.

Das Disciplinargericht der Advokatenkammer besteht außer dem Präses aus vier Ausschußmitgliedern.

In Disciplinarangelegenheiten wird der Advokatenkörper durch den Kammeranwalt, als öffentlichen Ankläger vertreten.

§. 76.

Zum Einschreiten ist das Disciplinargericht derjenigen Advokatenkammer berufen, in deren Liste der Angeklagte zur Zeit der Verübung des Vergehens einzutragen war.

Die beschädigte Partei kann aber die Untersuchung auch bei dem Disciplinargerichte jener Advokatenkammer einleiten lassen, bei welcher der Angeklagte zur Zeit der Anzeige eingetragen erscheint.

Der Umstand, daß der Advokat sich aus der Liste hat ausstreichen lassen und daß er in keiner einzigen Advokatenliste eingetragen ist, hemmt das Verfahren nicht.

§. 77.

Im Falle eines Competenzstreites zwischen mehreren Disciplinargerichten entscheidet der oberste Gerichtshof.

§. 78.

Die Mitglieder des im §. 75 erwähnten Disciplinargerichtes können in Folge einer Einwendung des öffentlichen Anklägers oder des Angeklagten nur in dem, im §. 56 der Civilprozeßordnung und in dem letzten Alinea des §. 24 dieses Gesetzes erwähnten Fällen abgelehnt werden.

Ueber die Einwendung entscheidet das competente Disciplinargericht. Eine Berufung ist erst nach Fällung der Endentscheidung zulässig.

§. 79.

Das Disciplinarverfahren kann entweder auf Verlangen des Anwaltes der Kammer, oder in Folge einer Beschwerde von Privaten oder einer Anzeige eines Gerichtes, des Staatsanwaltes oder einer sonstigen Behörde, immer aber nur nach Anhörung des Geklagten und des Anwaltes der Kammer angeordnet werden.

Die zu fällende Entscheidung ist in einem jeden Falle dem Anwalte der Advokatenkammer, dem im Amtssitze der Kammer befindliche Staatsanwalte und dem Angeklagten Advokaten, und wenn eine Privatpartei eine Beschwerde erhoben hat, auch dieser einzuhändigen.

Gegen diese Entscheidung kann jede betheiligte Partei binnen acht, von der Zustellung der Entscheidung an zu rechnenden Tagen die Berufung einbringen.

§. 80.

Wenn das Disciplinargericht die Einleitung einer Untersuchung für nöthig hält, so ist zur Durchführung derselben von dem Präsidenten ein Kammermitglied als Untersuchungscommissär zu entsenden.

Ein Mitglied des Disciplinargerichtes darf nie mit einer solchen Untersuchung betraut werden.

§. 81.

Der Untersuchungscommissär verhört die Angeklagten, den Beschwerdeführer, beziehungsweise die interessirten Parteien; nöthigenfalls prüft er die auf den Gegenstand der Beschwerde sich beziehenden Briefe und Schriften des angeklagten Advokaten, welche er auch mit Beschlag belegen kann, und erforscht alle Umstände, die zur Aufklärung der Sache dienen.

Insoferne auch die Vernehmung von Zeugen und Sachverständigen nöthig ist, ersucht der Untersuchungscommissär das competente Gericht um deren Einvernehmung, welches diesem Ersuchen Genüge zu leisten und den Commissär von dem anberaumten Termine zu verständigen verpflichtet ist. Der Commissär kann bei der

Vernehmung anwesend sein, und bezüglich der an die Zeugen zu richtenden Fragen und deren Beeidigung einen Antrag stellen.

§. 82.

Der Untersuchungscommissär hat über die vollzogene Untersuchung ein genaues Protokoll zu führen und dasselbe nach Schluß der Untersuchung sammt allen Akten dem Anwalte der Advokatenkammer mitzutheilen.

Sowohl der Anwalt der Kammer, als auch der Angeklagte können, wenn sie die Untersuchung für mangelhaft halten, die Ergänzung derselben verlangen.

Sollte diesbezüglich zwischen dem Anwalte der Kammer und dem Untersuchungscommissär eine Meinungsverschiedenheit obwalten, so entscheidet das Disciplinargericht; gegen die diesbezügliche Entscheidung ist eine Berufung nicht zulässig.

Auch der Angeklagte kann, wenn er sich durch das Vorgehen des Untersuchungscommissärs verletzt fühlt, beim Disciplinargerichte Abhilfe suchen.

§. 83.

Nach Beendigung, beziehungsweise Ergänzung der Untersuchung ist der Anwalt der Kammer verpflichtet, binnen 15 Tagen von der Uebernahme der Documente an gerechnet, dem Präsidenten des Disciplinargerichtes seinen Antrag sammt allen Akten vorzulegen.

§. 84.

Ueber den Antrag des Anwaltes der Advokatenkammer entscheidet das Disciplinargericht.

Dieser Beschluß ist den im §. 79 erwähnten Personen einzuhändigen und können Diejenigen, welche mit demselben nicht einverstanden sind, die Berufung binnen 8 Tagen von der Zustellung an gerechnet, einbringen.

In dem Anklagebeschlusse ist auch die Vorladung der Zeugen und Sachverständigen anzuordnen.

§. 85.

Sobald der Anklagebeschluß in Rechtskraft erwachsen ist, bestimmt der Präsident den Verhandlungstermin, zu welchem er den Anwalt der Kammer, den Angeklagten und die durch das Disciplinargericht

allenfalls bezeichneten Zeugen und Sachverständigen im Wege der
competenten Gerichte vorladen läßt; von dem Termine verständigt
er gleichzeitig auch den im Sitze der Advokatenkammer befindlichen
Staatsanwalt, sowie auch die Privatparteien.

Sowohl dem Kammeranwalte, als auch dem Angeklagten steht
das Recht zu, binnen der ersten Hälfte der Frist, — welche von
der wenigstens 8 Tage vor der Verhandlung zu erfolgenden Zustellung
zu rechnen ist, — um die Vorladung neuer Zeugen anzusuchen;
hierüber entscheidet das Disciplinargericht.

Die Berufung gegen den diesfälligen Beschluß ist gleichzeitig
mit der Berufung gegen die Endentscheidung einzubringen.

Sollte ein vorgeladener Zeuge nicht erscheinen, so ist das
competente Gericht wegen Verhängung einer Geldstrafe oder Anwendung von Zwangsmaßregeln zu ersuchen.

§. 86.

Dem Geklagten oder dessen Bevollmächtigten steht das Recht
zu, nach Empfang der Vorladung die Acten einzusehen und von
denselben Abschriften zu nehmen.

§. 87.

Die Verhandlung ist mündlich, und wenn das Gericht nicht
etwa aus Rücksichten der öffentlichen Moral den Ausschluß der
Oeffentlichkeit anzuordnen für nothwendig findet, öffentlich.

§. 88.

Der Präsident eröffnet die Sitzung mit der Namhaftmachung
des betreffenden Gegenstandes. Hierauf trägt der Kammeranwalt in
Kürze das Resultat der Untersuchung vor und läßt der Präsident
die nöthigen Schriftstücke verlesen, richtet Fragen an den Angeklagten
und eventuell an die Zeugen, Sachverständigen und die klägerische
Partei, und läßt sowohl die Zeugen, als auch die Sachverständigen,
falls sie noch nicht beeidet worden sind, beeidigen. Nach dem Präsidenten können auch die Richter Fragen stellen.

Der Kammeranwalt und der Angeklagte sind gleichfalls berechtigt, durch den Präsidenten sowohl an die Zeugen, als auch an die
Sachverständigen Fragen zu richten.

§. 89.

Sobald die mündliche Verhandlung geschlossen ist, trägt der Kammeranwalt das Resultat der Verhandlung vor und beantragt entweder die Freisprechung oder Bestrafung des Angeklagten, — in letzterem Falle hat er auch den Antrag über die Art und Höhe der Strafe zu stellen.

Auf diesen Antrag antwortet der Angeklagte.

Eine weitere Replik ist nicht zulässig.

§. 90.

Der Angeklagte darf auch einen Advokaten zur Verhandlung mitbringen, in welchem Falle sowohl der Angeklagte, als auch sein Advokat auf die Anklagen des öffentlichen Anklägers antworten kann.

§. 91.

Bei der Verhandlung ist ein Protokoll zu führen, welches die Namen sämmtlicher Gerichtsmitglieder, sowie auch aller anwesenden Betheiligten und deren Vertreter, ferner die wesentlichen Momente der Verhandlung zu enthalten hat. Das Protokoll ist durch den Präsidenten und Schriftführer zu unterfertigen.

§. 92.

Sollten während der Verhandlung sich ergebende Umstände die Einvernehmung neuer Zeugen oder die Fortsetzung der Untersuchung nothwendig machen, so ordnet das Disciplinargericht dieselbe unter Vertagung der Verhandlung an.

§. 93.

Das Disciplinargericht fällt sein Urtheil mit Rücksicht auf die bei der Verhandlung vorgekommenen Beweismittel und entscheidet bezüglich der gegen den Angeklagten erhobenen Anklagen, sowie auch bezüglich der Strafe nach eigenem Gutdünken und innerhalb der im §. 70 angegebenen Grenzen.

Das Urtheil ist in derselben Sitzung zu fällen, in welcher die Verhandlung geschlossen wurde, durch den Präsidenten sofort mündlich kundzumachen und sammt den Gründen längstens binnen 48 Stunden schriftlich abzufassen.

§. 94.

Die Entscheidung hat entweder auf Freisprechung oder aber auf „schuldig" zu lauten. Im letzteren Falle bemißt das Disciplinargericht gleichzeitig die Strafe, und setzt auch die von dem Verurtheilten zu tragenden Kosten des Disciplinarverfahrens fest. In ersterem Falle dagegen sind die Kosten des Angeklagten, wenn die Beschwerde offenbar grundlos war, von dem Beschwerdeführer zu ersetzen — gleichzeitig sind aber die Akten durch das Disciplinargericht, falls die erhobene Beschwerde auf falschen Behauptungen oder auf einer absichtlichen Verdrehung von Thatsachen beruht, an den kön. Gerichtshof abzutreten, welcher den Beschwerdeführer zu einer Geldstrafe bis zu 300 Gulden verurtheilen kann.

Sollte die Geldstrafe nicht einbringlich sein, so ist dieselbe in eine Arreststrafe umzuwandeln und für je 5 Gulden ein Tag Arrest zu rechnen.

§. 95.

Die gefällte Entscheidung ist sammt den Gründen längstens binnen 15 Tagen den im §. 79 erwähnten Parteien einzuhändigen welche die Berufung dagegen innerhalb 15 Tagen u. z. die Anwesenden von der Urtheilsverkündigung, die Abwesenden von der Einhändigung an gerechnet, einbringen können.

§. 96.

Wenn der vorschriftsmäßig vorgeladene Geklagte zur Verhandlung nicht erschienen ist und weder sein Ausbleiben mit triftigen Gründen gerechtfertigt, noch statt seiner einen Advokaten zur Verhandlung gesendet und auch eine schriftliche Vertheidigung nicht eingereicht hat, so ist das Verfahren ungeachtet dessen im Sinne der obigen §§. durchzuführen und die Entscheidung durch das Gericht dem Ergebnisse der Untersuchung gemäß zu fällen.

Sollte der Angeklagte jedoch aus triftigen Gründen nicht erscheinen können und dieselben vor Beginn der Verhandlung schriftlich darthun, so ist ein neuer Verhandlungstermin anzuberaumen.

Ist die Verhandlung abgehalten worden und hat der Angeklagte sein unverschuldetes Ausbleiben nachträglich gerechtfertigt, so kann er binnen 15 Tagen um die Wiederaufnahme der Verhandlung ansuchen. Eine solche Rechtfertigung ist nur einmal zulässig.

§. 97.

Das Disciplinargericht zweiter Instanz entscheidet auf Grund der vorgelegten Acten.

§. 98.

Wenn das Disciplinargericht der Ansicht ist, daß die angezeigte Handlung oder das Versäumniß ein Verbrechen bildet, so hat es die Acten zur weitern Amtshandlung an das competente Strafgericht abzutreten.

§. 99.

Gegen das Urtheil des Disciplinargerichtes ist auf Grund neuer Beweise vor Ablauf der im zweiten Alinec des §. 102 festgesetzten Verjährungsfrist die Erneuerung des Prozesses zulässig.

§. 100.

Der im Amtssitze der betreffenden Advokatenkammer befindliche Staatsanwalt oder dessen bevollmächtigter Stellvertreter kann in die auf das Disciplinarverfahren Bezug nehmenden Acten Einsicht nehmen, — bei der Einleitung und Ergänzung der Untersuchung, so wie bei der mündlichen Verhandlung nach dem Vortrage des Kammeranwaltes Strafanträge stellen und gegen die gefällte Entscheidung die Berufung einbringen.

Will der Kammeranwalt den Disciplinarprozeß nicht einleiten oder fortführen, so kann der Staatsanwalt denselben als Ankläger führen oder fortsetzen und im Allgemeinen von allen Rechten Gebrauch machen, welche den obigen Bestimmungen gemäß dem Kammeranwalte zustehen.

§. 101.

Wird die Einleitung des Disciplinarverfahrens von einer Privatpartei angesucht, so kann dieselbe als Privatkläger auf den Prozeß Einfluß nehmen, sowohl im Laufe der Untersuchung, als auch bei der mündlichen Verhandlung Anträge über die Straffrage, eventuell über den Schadenersatz stellen, u. z. ohne Rücksicht darauf, ob der Kammeranwalt den Prozeß fortführen will oder nicht; endlich steht ihr auch das Recht der Berufung, falls eine solche zulässig ist, zu.

In dem Falle, wenn sowohl der Kammer-, als auch der Staatsanwalt von dem Prozesse abstehen, kann der Privatkläger denselben fortsetzen und genießt dann alle jene Rechte, welche nach Obigem dem Kammeranwalte zustehen.

Wenn entweder der Kammer- oder der Staatsanwalt, oder alle beide den Prozeß führen, so kann die Privatpartei gleichfalls selbständig auftreten und bei der mündlichen Verhandlung nach den Anwälten ihren Antrag stellen.

Diese Rechte kann die Privatpartei jedoch nur durch einen Advokaten geltend machen, welchen sie zu diesem Zwecke mit einer besonderen Vollmacht zu versehen und bei dem Disciplinargerichte anzumelden hat; in diesem Falle muß das Disciplinargericht eine jede Entscheidung dem Advokaten der Privatpartei mittheilen.

§. 102.

Der Verweis verliert nach einem Jahre, die Geldstrafe und die Suspension nach drei Jahren ihre gesetzliche Wirkung, wenn der im Disciplinarwege bestrafte Advokat mittlerweile keine neue Disciplinarstrafe erhalten hat.

Uebrigens verjährt, den Fall eines Verbrechens ausgenommen, die Strafbarkeit des Disciplinarvergehens, wenn von der Begehung der bezüglichen Handlung oder Versäumniß an gerechnet, 2 Jahre abgelaufen sind, ohne daß die Anzeige erstattet worden wäre.

§. 103.

Wenn das Gericht im Sinne des §. 65 die Entsetzung von der Advokatur ausgesprochen hat, so ist es verpflichtet, das in Rechtskraft erwachsene Urtheil der betreffenden Advokatenkammer in beglaubigter Abschrift zu übersenden.

Gegen den Advokaten in Straf- oder Polizeisachen gefaßte sonstige Anklagebeschlüsse sind der Advokatenkammer ebenfalls mitzutheilen, deren Disciplinargericht in Betreff der Disciplinarstrafe entscheidet. Zu diesem Zwecke sind dem Disciplinargerichte über dessen Ansuchen auch die Untersuchungs-Akten zu übersenden.

§. 104.

Wenn die Suspension oder die Entsetzung von der Advokatur rechtskräftig ausgesprochen worden ist, so muß der betreffende Advokat aus der Advokatenliste gestrichen, beziehungsweise die Suspension daselbst angemerkt werden; dieser Umstand ist überdieß sämmtlichen Advokatenkammern, sowie auch den im Sprengel der Kammer bestehenden Gerichten mitzutheilen, im Amtsblatte zu veröffentlichen und dem Justizminister anzuzeigen.

Wurde in dem Beschlusse auf eine Geldstrafe erkannt, so dient das bezügliche Urtheil als Grundlage für die Exekution. Die Exekution wird durch das Disciplinargericht der Kammer nach den Vorschriften der Civilprozeßordnung vollzogen.

§. 105.

Das Disciplinargericht suspendirt den Advokaten von der Ausübung der Advokatur:

a) wenn das Strafgericht gegen denselben einen Anklagebeschluß gefaßt hat;

b) wenn das Disciplinargericht gegen den Angeklagten die Entsetzung von der Advokatur ausgesprochen, dieser aber dagegen die Berufung ergriffen hat;

c) wenn gegen ihn der Concurs eröffnet oder er unter Curatel gestellt worden ist.

Gegen den Suspensionsbeschluß kann sowohl der Angeklagte, als auch der öffentliche Ankläger und der Staatsanwalt binnen 15 Tagen von der Zustellung an gerechnet, die Berufung einbringen.

Die Suspension ist aufzuheben, wenn der Grund, weßhalb sie angeordnet wurde, aufhört; in diesem Falle ist bezüglich der Anmerkung und Verlautbarung der Aufhebung im Sinne des §. 104 vorzugehen.

§. 106.

Die nach dem gegenwärtigen Gesetze gegen den Advokaten oder gegen die Partei verhängten Geldstrafen sind zu einem wohlthätigen Zwecke zu verwenden; diesen bestimmt diejenige Advokatenkammer, deren Mitglied der beschuldigte Advokat am Tage der Urtheilsfällung war.

Den Ersatz der gegen ihn verhängten Geldstrafe kann der Advokat von der Partei nicht verlangen.

§. 107.

Die Advokaturscandidaten kann die Advokatenkammer im Falle geringerer Pflichtverletzungen nach vorheriger Einvernahme verwarnen und zurechtweisen. Gegen derartige Beschlüsse ist eine Berufung nicht zulässig.

§. 108.

Im Falle größerer Pflichtverletzungen oder eines Disciplinarvergehens übt das Disciplinargericht der Advokatenkammer die Disciplinargewalt auch über die Advokaturscandidaten aus und kann dasselbe nach erfolgter Einvernehmung ihnen eine Rüge ertheilen, die Dauer der Praxis verlängern, sowie auch im Falle besonders gravirender Vergehen die Streichung aus der Liste der Advokaturscandidaten aussprechen.

Gegen die Entscheidung des Disciplinargerichtes ist die Berufung an das Disciplinargericht des obersten Gerichtshofes nur dann zulässig, wenn die Dauer der Praxis über die gesetzliche Zeit hinaus verlängert oder die Streichung ausgesprochen wurde; im letzteren Falle schließt die rechtskräftige Entscheidung auch die Aufnahme bei einer anderen Advokatenkammer aus und kann der Betreffende auch zur Advokatenprüfung nicht zugelassen werden.

X. Abschnitt.
Uebergangsbestimmungen.

§. 109.

Jeder, der die öffentliche Advokatenprüfung bis zu dem Zeitpunkte, mit welchem gegenwärtiges Gesetz in Wirksamkeit tritt, bereits abgelegt hat, dem Abs. 2 des §. 2 Genüge leistet und nicht unter die Bestimmungen des §. 3 fällt, ist in die Advokatenliste aufzunehmen.

§. 110.

Zum Behufe der ersten Constituirung der Advokatenkammer beruft der Präsident desjenigen königl. Gerichtes, in dessen Standorte die Advokatenkammer errichtet wird, sämmtliche im Kammersprengel ansässige Advokaten zur constituirenden Versammlung ein und setzt zugleich einen Termin zur Einreichung der Legitimations-documente fest.

An der constituirenden Versammlung darf ein jeder Advokat theilnehmen, welcher im Kammersprengel wohnt, sein Advokaten-diplom eingereicht hat und weder in strafgerichtlicher, noch in einer Disciplinaruntersuchung steht.

Der Gerichtspräsident eröffnet die constituirende Versammlung und übergibt dann die Leitung der Sitzung dem Alterspräsidenten.

Der Alterspräsident ernennt zwei Schriftführer und läßt die Wahl des Ausschusses und der Functionäre vornehmen (§. 22).

Die eingereichten Legitimationsdocumente sind dem so gewählten Ausschusse zu übergeben, welcher bezüglich der Aufnahme in die Advokatenliste nach den Bestimmungen des gegenwärtigen Gesetzes vorzugehen hat.

§. 111.

Die bereits anhängigen Disciplinaruntersuchungen sind, insoferne dieselben bei Beginn der Wirksamkeit dieses Gesetzes noch nicht erledigt sein sollten, nach den bisher giltigen Vorschriften zu beendigen und die zu fällende rechtskräftige Entscheidung ist derjenigen Advokatenkammer mitzutheilen, in deren Sprengel der Advokat wohnt.

§. 112.

Die auf die Dauer der Rechtspraxis und die Qualification der Advokaturscandidaten sich beziehenden Bestimmungen des gegenwärtigen Gesetzes finden auf jene Candidaten, welche zu der Zeit, mit welcher dieses Gesetz in Wirksamkeit tritt, ihre Rechtsstudien beendet haben und in die Rechtspraxis bereits eingetreten sind, keine Anwendung.

§. 113.

Mit der Durchführung dieses Gesetzes wird der Justizminister beauftragt.

XXXV. Gesetzartikel
über die königl. öffentlichen Notare.

(Sanctionirt am 12. Dezember 1874. Kundgemacht in beiden Häusern des Reichstages am 16. Dezember 1874.)

I. Abschnitt.
Besetzung der königl. öffentlichen Notariate.

§. 1.

Die Notare werden durch den Justizminister ernannt.

§. 2.

Notar kann nur ein großjähriger ungarischer Staatsbürger werden, welcher unbescholtenen Characters ist, weder in Concurs noch unter Curatel steht, der Amtssprache des Staates vollkommen mächtig und den Bestimmungen des G.-A. XLIV v. J. 1868 zu entsprechen fähig ist, endlich die Advokaten- oder praktische Richteramtsprüfung mit Erfolg bestanden hat und eine zweijährige, der Ablegung der Prüfung vorhergehende oder nachfolgende, wenn auch unterbrochene Notariatspraxis nachweisen kann.

§. 3.

Der Notar darf nicht zugleich Reichstagsabgeordneter, ausübender Advokat, ordentlicher oder außerordentlicher öffentlicher Professor oder Lehrer sein, und darf auch kein anderes öffentliches (Staats-, Kirchen-, Jurisdictions- oder Gemeinde-) Amt oder einen derartigen Dienst bekleiden.

Eine Ausnahme bildet jedoch ein unbesoldetes Kirchen-, Jurisdictions- oder Gemeindeamt, desgleichen auch ein solcher, nicht im activen Stande der Armee (Marine) oder der Landwehr zu leistender militärischer Dienst, zu welchem der Notar nach dem Wehrgesetze verpflichtet ist.

§. 4.

Der Notar darf weder im eigenen, noch im Namen eines Andern eine solche Beschäftigung betreiben, welche mit seinem Berufe unvereinbarlich ist. Insbesondere

a) kann der Notar nicht leitender Direktor oder Beamte einer Handels- oder Industriegesellschaft, oder eines ähnlichen Geldinstitutes sein; er darf nicht Handel treiben, Börse-, Handels-, Bank-, Escompte- oder Mäklergeschäfte betreiben; er darf sich ferner auch mit dem An- oder Verkaufe von Unbeweglichkeiten, sowie mit dem Ankaufe von Erbschaftsansprüchen und anderen Rechten nicht befassen;

b) ist es ihm verboten, Geschäfte im eigenen Namen für fremde, oder aber unter fremdem Namen für eigene Rechnung abzuschließen, ferner an einem solchen Geschäfte theilzunehmen, bei welchem er in seiner Eigenschaft als Notar intervenirt, desgleichen ihm anvertraute Gelder im eigenen Namen anzulegen, wenn er auch die Verpflichtung der Zinsenzahlung auf sich genommen hat; endlich

c) unter irgend einem Titel Bürgschafts- oder Haftungsverpflichtungen in Betreff solcher Geschäfte zu übernehmen, welche entweder unter seiner Intervention geschlossen wurden oder durch ihn zu beglaubigen sind.

§. 5.

Die Anzahl und Amtssitze der Notare bestimmt der Justizminister nach Einvernehmung der bezüglichen Notariatskammer.

§. 6.

Die Notarstelle wird im Concurswege besetzt.

Das Gesuch ist mit den erforderlichen Belegen versehen an jene Notariatskammer zu richten, in deren Sprengel die Stelle zu besetzen ist.

Die Notariatskammer erstattet ihr Gutachten über die innerhalb des anberaumten Termins eingelangten Gesuche und legt ihren motivirten Bericht dem Justizminister unter Anschluß aller Gesuche binnen 15 Tagen nach Ablauf der Concursfrist vor.

§. 7.

Die Ernennung zum Notar berechtigt lediglich zur Aufnahme von Notariatsurkunden in der ungarischen Sprache; die Berechtigung zur Aufnahme derselben in einer anderen Sprache kann der Justizminister entweder gleichzeitig mit der Ernennung, oder aber später nur dann ertheilen, wenn der betreffende Notar seine volle Befähigung in der bezüglichen Sprache speziell nachweist.

§. 8.

Der Notar ist verpflichtet, binnen drei Monaten vom Tage der Uebernahme seines Ernennungsdecretes alles das zu thun, was bezüglich des Amtsantrittes in den §§. 9—15 gefordert wird.

Diesen Termin kann der Justizminister über ein begründetes Ansuchen des Notars verlängern.

Ein Notar, welcher den in diesem §. bestimmten, beziehungsweise den erweiterten Termin versäumt, ist so anzusehen, als ob er auf seine Ernennung Verzicht geleistet hätte.

§. 9.

Jeder Notar hat eine Caution zu erlegen, welche in Budapest auf 7000 Gulden, — in Städten mit wenigstens 20,000 Einwohnern auf 4000 Gulden, — in anderen Orten auf 2000 Gulden festgesetzt wird.

Die Caution kann in barem Gelde, in ungarischen Staatsschuldverschreibungen, in durch die Regierung als zu Cautionen geeignet erklärten Werthpapieren oder durch Bestellung einer Hypothek im doppelten Werthe der Caution geleistet werden; — der Werth der Papiere wird nach dem auf der Budapester Börse notirten Curse des dem Erlage vorhergehenden Tages, jedoch niemals über dem Nennwerthe berechnet.

Der Werth der bestellten Hypothek ist nach den nämlichen Vorschriften zu bestimmen, welche nach der Civilprozeß-Ordnung bei der Festsetzung des Werthes in Exekution gezogener Immobilien giltig sind.

§. 10.

Ueber die Annahme der Caution entscheidet die Notariatskammer unter Einholung des Gutachtens des Staatsanwaltes und verständigt sowohl diesen, als auch den Notar von dem diesfälligen Beschlusse.

Gegen diesen Beschluß steht beiden Theilen der Recurs an den Justizminister offen.

§. 11.

Das als Caution erlegte Bargeld, sowie die Werthpapiere oder die mit der Intabulationsclausel versehene Cautionsurkunde sind in die Depositenkassa desjenigen königlichen Gerichtshofes zu hinterlegen, in dessen Sprengel der Notar ansässig ist, und daselbst taxfrei aufzubewahren.

Die Vinculirung der erlegten Werthpapiere verfügt die Notariats= kammer im Wege ebendesselben Gerichtshofes.

§. 12.

Jeder Notar hat folgenden Amtseid abzulegen:

„Ich schwöre (gelobe) zu Gott dem Allwissenden und All= „mächtigen, daß ich Sr. Majestät dem Könige, Ungarn und dessen „Constitution jederzeit treu bleibe und die Geschäfte meines Notariats= „amtes den Gesetzen gemäß treu, pünktlich und gewissenhaft versehen „werde; so wahr mir Gott helfe!"

Um die Zulassung zur Eidesablegung kann der Notar sogleich nach erfolgter Annahme der Caution ansuchen.

Die Beeidigung erfolgt in öffentlicher Sitzung des betreffenden Gerichtshofes und ist deren Vornahme auf dem Ernennungsdecrete zu bestätigen.

Wenn ein Notar seinen Amtssitz wechselt, so ist eine neuerliche Beeidigung desselben nicht nothwendig.

§. 13.

Jeder Notar muß ein Amtssiegel besitzen, welches in der Mitte das ungarische Wappen und in der Umschrift den Tauf= oder Vor= und Zunamen des Notars, dessen Notariatseigenschaft und die Bezeichnung seines Amtssitzes zu enthalten hat.

Die Zeichnung des Siegels ist dem betreffenden Gerichtshofe zur vorherigen Genehmigung vorzulegen.

§. 14.

Vor oder bei der Beeidigung hat der Notar seine Namensunterschrift, die er gebrauchen wird, unter Beidrückung seines Amtssiegels dem betreffenden Gerichtshofe persönlich in so vielen Exemplaren vorzulegen, als zur Betheilung des Gerichtshofes, jedes der im Sprengel befindlichen Bezirksgerichte und der Notariatskammer mit je einem Exemplar erforderlich sind.

Die Legalisirung der Unterschrift, sowie die Versendung der betreffenden Exemplare veranlaßt der Präsident des Gerichtshofes.

§. 15.

Der Notar hat den Zeitpunkt der Eröffnung seiner Kanzlei dem betreffenden Gerichtshofe schriftlich anzuzeigen, der letztere hingegen hat diesen Umstand den Bezirksgerichten seines Sprengels, der betreffenden königl. Finanzdirection, Jurisdiction und Notariatskammer bekannt zu geben, zugleich aber in dem Amtsblatte und — falls eine solche vorhanden ist — auch in der Localzeitung auf Kosten des Notars zu veröffentlichen.

§. 16.

Der Notar ist verpflichtet, sein Siegel unter Sperre zu verwahren und falls dasselbe in Verlust geräth, die Anzeige hierüber an den betreffenden Gerichtshof sogleich zu erstatten. Die Zeichnung des anzuschaffenden neuen Siegels, welches von dem verlorenen verschieden sein muß, ist dem betreffenden Gerichtshofe zur Genehmigung vorzulegen. Eine derartige Genehmigung ist auch dann erforderlich, wenn der Notar seine Namensunterschrift ändern will.

Im Falle der Aenderung des Siegels, oder der Namensunterschrift sind die im §. 14 vorgeschriebenen Verständigungen zu veranlassen.

Wird das in Verlust gerathene Siegel später wieder gefunden, so ist dasselbe durch einen Einschnitt, der das Erkennen nicht hindert, unbrauchbar zu machen und sodann dem betreffenden Gerichtshofe zur Aufbewahrung zu übergeben.

II. Abschnitt.
Hilfsarbeiter der Notare, Notariatscandidaten und Notariatssubstituten.

§. 17.

Der Notar kann unter seiner eigenen Aufsicht und Verantwortung Hilfsarbeiter beschäftigen; diesen kommt jedoch eine notarielle Glaubwürdigkeit nicht zu.

§. 18.

Die Hilfsarbeiter sind als Notariatscandidaten nur von dem Zeitpunkte an anzusehen (§. 19), in welchem dieselben als solche bei der betreffenden Notariatskammer über Antrag des Notars eingetragen worden sind. Die notarielle Praxis wird auch von dieser Zeit an gerechnet.

Der Candidat muß sich der Notariatspraxis ausschließlich widmen und kann sich nicht gleichzeitig in der Advokaturs- oder Gerichtspraxis, oder in einem anderen, die Ausschließlichkeit der Notariatspraxis beeinträchtigenden öffentlichen oder Privatdienste verwenden.

Die Notariatskammer und insbesondere deren Präsident haben darüber zu wachen, daß die Candidaten die Zeit der Praxis bei dem Notar auf die durch das Gesetz vorgeschriebene Weise zubringen.

§. 19.

Candidat kann nur derjenige sein, der die juridischen Studien an einer in- oder ausländischen öffentlichen Rechtslehranstalt absolvirt und die vorgeschriebenen theoretischen Prüfungen, u. zw. die aus dem ungarischen Rechte bei einem inländischen Institute mit Erfolg abgelegt hat.

§. 20.

Der Candidat erhält bei dem Austritte aus der Praxis ein Zeugniß, in welchem der Notar die Dauer der zurückgelegten Praxis anzugeben hat. Zur Giltigkeit dieses Zeugnisses ist die Unterschrift des Präsidenten der Notariatskammer erforderlich.

§. 21.

Der Notar kann sich im Falle seiner Abwesenheit oder Krankheit durch einen von ihm zu bestimmenden Candidaten substituiren lassen, hiezu ist jedoch die vorherige Genehmigung der Kammer einzuholen. Zu diesem Behufe ist der Notar verpflichtet, der Notariatskammer unverzüglich die Substitution und deren Dauer anzuzeigen und den Substituten zu benennen.

Der Notar kann mit Einwilligung der Kammer auch schon vorher denjenigen Substituten bezeichnen, durch welchen er sich im Falle seiner Abwesenheit oder Krankheit vertreten zu lassen wünscht; wenn jedoch der Fall der Substitution wirklich eintritt, so hat er sowohl dieselbe, als auch deren Aufhören der Kammer jedesmal ungesäumt anzuzeigen.

Der Notariatscandidat kann als Substitut dann bestellt werden, wenn derselbe die im §. 2 vorgeschriebene Qualification besitzt.

Erhebt die Kammer gegen den Candidaten eine Einwendung, so weist sie den Notar zur Wahl eines anderen Substituten an.

§. 22.

Wenn der Notar stirbt, vom Amte suspendirt oder entsetzt wird oder zurücktritt, desgleichen wenn er dem vorhergehenden §. gemäß einen Substituten in Vorschlag zu bringen unterlassen hat, so bestellt die Kammer den Substituten von Amtswegen aus der Mitte der Candidaten oder der im Sprengel des betreffenden Gerichtshofes ansässigen Notare.

Der Notariatscandidat erhält von der Kammer ein Ernennungsdecret und ist verpflichtet, den Eid als Substitut bei dem betreffenden Gerichtshofe vor Beginn seiner Wirksamkeit abzulegen, falls er einen solchen Eid nicht schon geleistet hat; außerdem muß er alles das thun, was in den §§. 14 und 15 gefordert wird.

§. 23.

Im Falle des §. 21 ist der Notar für seinen Substituten verantwortlich. Im Falle des §. 22 hat sich der Substitut, wenn er ein Notariatscandidat ist, über den Erlag der gesetzlichen Caution auszuweisen.

§. 24.

Der Substitut besorgt alle Geschäfte des Notars mit notarieller Rechtswirksamkeit, führt die Geschäftsbücher desselben fort, unterschreibt die Urkunden und Ausfertigungen unter Berufung des Substitutionsdecretes als Substitut, und bedient sich, falls er nicht selbst Notar ist, des Amtssiegels des substituirten Notars.

Die durch den Substituten aufgenommenen Urkunden werden in der Registratur des substituirten Notars aufbewahrt.

Während der Dauer der Substitution darf der substituirte Notar notarielle Amtshandlungen selbst nicht vornehmen.

§. 25.

So lange, als bezüglich der Substitution keine Verfügung getroffen wird und wenn in demselben Standorte ein anderer Notar nicht ansässig ist, hat der Bezirksrichter in dringenden Fällen, welche keinen Aufschub erleiden können, alle diejenigen Urkunden aufzunehmen, zu deren Aufnahme nach dem Gesetze der Notar berufen ist. Der Bezirksrichter muß jedoch in diesen Fällen nach den für die Gerichte geltenden Normen vorgehen.

Ebenso hat er auch in Betreff der Ausfolgung der in der Registratur des substituirten Notars aufbewahrten Urkunden vorzugehen.

Ist in demselben Standorte auch ein anderer Notar ansässig, so hat der Bezirksrichter diesen mit der Führung aller dieser Agenden zu betrauen.

III. Abschnitt.

Notariatskammer.

§. 26.

Jeder Notar muß zu einer Notariatskammer gehören.

Die Anzahl und die Amtssitze der Kammern bestimmt der Justizminister derart, daß zu einer Kammer wenigstens 15 Notare gehören, ferner, daß eine Notariatskammer nur in dem Amtssitze eines Gerichtshofes errichtet werde und endlich, daß die im Sprengel eines Gerichtshofes ansässigen Notare nur zu einer und derselben Kammer gehören sollen.

§. 27.

Die Amtssitze und Kammersprengel bestimmt der Justizminister nach Einvernehmung der betreffenden Kammern.

§. 28.

Jede Kammer besteht aus einem Präsidenten, vier ordentlichen und zwei Ersatzmitgliedern. Zur Beschlußfassung ist außer dem Präsidenten die Anwesenheit von mindestens zwei Mitgliedern erforderlich. Die Mitglieder versehen auch die der Geschäftsordnung gemäß zu besorgenden Amtsgeschäfte der Kammer.

§. 29.

Der Präsident und die übrigen Mitglieder der Kammer werden durch die Notare des betreffenden Sprengels mittelst geheimer Abstimmung in einer Generalversammlung gewählt. Notare, welche ihren Amtssitz außerhalb des Standortes der Kammer haben, können ihre Stimme auch schriftlich abgeben. Im Falle der Stimmengleichheit entscheidet ein durch den Vorsitzenden zu ziehendes Loos.

Die Wahl wird für die Dauer eines Jahres vorgenommen. Ueber die Errichtung der Kammer ist dem Justizminister Bericht zu erstatten.

§. 30.

An den Berathungen der Kammer darf dasjenige Mitglied nicht theilnehmen, welches bei der in Verhandlung stehenden Angelegenheit entweder persönlich interessirt ist oder zu den dabei Interessirten in einem der im §. 49 erwähnten Verhältnisse steht.

Das betreffende Mitglied ist verpflichtet, das ihm entgegenstehende Hinderniß dem Vorsitzenden rechtzeitig anzuzeigen.

Im Falle der Verhinderung ist der Vorsitzende durch ein durch die Kammer zu bezeichnendes Mitglied, dieses hingegen durch ein Ersatzmitglied zu vertreten.

Eine Außerachtlassung dieser Vorschrift zieht die Ungiltigkeit des gefaßten Beschlusses nach sich.

§. 31.

Zu dem Wirkungskreise der Notariatskammer gehören außer

den derselben durch gegenwärtiges Gesetz zugewiesenen Angelegenheiten auch noch folgende:

a) die Einberufung der jährlichen Generalversammlung zum Behufe der Constituirung der Kammer;

b) der Versuch eines Ausgleiches bei den zwischen den Notaren ihres Sprengels, zwischen deren Substituten oder Hilfspersonale vorkommenden Streitigkeiten;

c) der Versuch eines Ausgleiches aus Anlaß der von dem Notar und den Parteien bei der Kammer in Betreff der Amtsgeschäfte erhobenen Beschwerden;

d) die Vertretung der im Sprengel ansässigen Notare als Körperschaft, sowie die administrative Geschäftsführung im Sinne der Beschlüsse der Generalversammlung.

§. 32.

Die Kammer setzt ihre Geschäftsordnung selbst fest, ist jedoch verpflichtet, dieselbe dem Justizminister zur vorherigen Genehmigung vorzulegen.

Die Kammer verkehrt mit dem Justizminister unmittelbar.

IV. Abschnitt.

Erlöschung des Amtes eines Notars.

§. 33.

Das Amt eines Notars erlischt:

a) in Folge der von dem Justizminister angenommenen Resignation;

b) durch den Uebertritt zur Advokaturspraxis oder durch die Uebernahme eines nach §. 3. unzulässigen Amtes oder Dienstes;

c) wenn der Notar wegen körperlicher oder geistiger Gebrechen zur Erfüllung seiner Amtsobliegenheiten bleibend unfähig ist;

d) wenn er in Concurs oder unter Curatel geräth;

e) wenn er in Folge eines Straf- oder Disciplinarurtheiles seines Amtes entsetzt worden ist;

f) wenn er die Staatsbürgerschaft verloren hat.

§. 34.

In den Fällen des §. 33, Abſ. a) und b) iſt der Notar verpflichtet, ſein Amt ſo lange fortzuführen, bis er von demſelben durch den Juſtizminiſter enthoben wird.

§. 35.

Im Falle des §. 33. Abſ. c) fordert der Kammerpräſident den Notar auf, ſeine Reſignation binnen einer beſtimmten Friſt ein-zureichen. — Wenn der Notar dieſer Aufforderung nicht nachkommt, ſo erſtattet der Präſident den Bericht an das Disciplinargericht, deſſen Präſes ein Gerichtsmitglied zur Unterſuchung der Angelegen-heit ausſendet.

Dieſes Gerichtsmitglied vernimmt den betreffenden Notar, erhebt die Umſtände, verhört die allfälligen Zeugen und läßt — falls es nothwendig iſt — den Notar durch Sachverſtändige unter-ſuchen; über das diesbezügliche Verfahren iſt ein Protokoll auf-zunehmen, in welches die im Laufe der Unterſuchung vorgekom-menen Daten, Erklärungen und Gutachten einzutragen ſind; nach beendigter Unterſuchung ſind alle Akten unter Anſchluß eines Be-richtes an den Präſes des Disciplinargerichtes einzuſenden.

§. 36.

Nach Einlangen des Berichtes beſtimmt der Präſes des Dis-ciplinargerichtes, falls eine Fortſetzung oder Ergänzung der Unter-ſuchung nicht nöthig iſt, den Tag der Verhandlung und läßt zu derſelben den Staatsanwalt, den betreffenden Notar und nach Um-ſtänden auch die Zeugen und Sachverſtändigen vorladen.

Hinſichtlich des weiteren Verfahrens ſind die Disciplinarvor-ſchriften maßgebend.

In beſonders bringenden Fällen kann ſowohl der Präſes des Disciplinargerichtes, als auch der Präſident des betreffenden Gerichts-hofes die Suspendirung des Notars anordnen. Im Uebrigen ſind jedoch die Beſtimmungen des §. 193 anzuwenden.

§. 37.

In den Fällen des §. 33 Abſ. d) und f) hat der Kammer-präſident allſogleich den Bericht an das Disciplinargericht zu erstatten, welches nach Anhörung des Staatsanwaltes und Notars, jedoch mit Ausschluß jedes weiteren Verfahrens die Erlöschung des Notariates ausspricht und von dem bezüglichen Beschlusse gleichzeitig die Kammer verständigt.

Gegen diesen Beschluß steht sowohl dem Staatsanwalte, als auch dem Notar das Recursrecht zu.

Die Verständigung der Kammer hat auch im Falle des §. 33 Abs. e) zu erfolgen.

§. 38.

Die Kammer ist verpflichtet, das Erlöschen einer Notariatsstelle in jedem einzelnen Falle dem betreffenden Gerichtshofe, der Jurisdiction und dem Justizminister anzuzeigen, der Gerichtshof dagegen muß dasselbe auf die im §. 15 vorgeschriebene Art verlautbaren.

§. 39.

Auf Grund der im §. 38 erwähnten Anzeige betraut der Präsident des betreffenden Gerichtshofes ein Gerichtsmitglied oder einen Notar mit der Uebernahme der amtlichen Schriften, Bücher und des Siegels.

In bringenden Fällen hat der Bezirksrichter das Erforderliche wegen der zeitweiligen Verwahrung dieser Amtsgegenstände zu verfügen.

§. 40.

Wenn eine öffentliche Urkunde fehlt, so ist der Notar, beziehungsweise dessen Erbe zu deren Herbeischaffung und Uebergabe binnen einer bestimmten Frist zu verhalten.

Ist die Urkunde in Verlust gerathen, so hat das im §. 150 normirte Verfahren Platz zu greifen.

Sind die Bücher mangelhaft geführt worden, so hat das Gericht für deren nothwendige Ergänzung, wenn jedoch gar keine Bücher geführt worden sind, für die Verzeichnung der Akten auf Kosten des Notars, beziehungsweise dessen Nachlasses Sorge zu tragen.

§. 41.

Die im §. 39 erwähnten amtlichen Gegenstände sind sammt dem Berichte des betreffenden Exmittirten in dem Notariatsarchive des Gerichtshofes zur Aufbewahrung zu deponiren. Dasselbe hat auch dann zu geschehen, wenn der Notar in den Sprengel eines anderen Gerichtshofes versetzt wird.

Die Amtsbücher hat der Gerichtshof unter Sperre zu legen und das Amtssiegel durch einen Einschnitt, der das Erkennen nicht hindert, unbrauchbar zu machen.

§. 42.

Wenn der Notar seinen Amtssitz innerhalb des Sprengels des Gerichtshofes ändert, so kann er die Akten und Bücher auf seinen neuen Standort mitnehmen, der Gerichtshof hat jedoch hievon das Publikum mittelst einer in Gemäßheit des §. 15 zu verlautbarenden Kundmachung zu verständigen.

Eine gleiche Kundmachung ist auch dann nothwendig, wenn der Gerichtshof die Akten zur Aufbewahrung übernimmt; das in Betreff der übernommenen Akten zu beobachtende Verfahren bestimmt der XIV. Abschnitt.

§. 43.

Wenn der Notar stirbt oder dessen Eigenschaft als Notar erlischt (§. 33), so findet die Erfolgung der Caution, beziehungsweise die Löschung des Pfandrechtes über Einschreiten des Eigenthümers oder dessen Rechtsnachfolgers, sowie nach Einvernehmung der Kammer und des Staatsanwaltes auf Grund der Bewilligung desjenigen Gerichtshofes statt, bei welchem die Caution aufbewahrt wird.

§. 44.

Bevor noch die im vorhergehenden §. erwähnte Bewilligung ertheilt wird, muß der Gerichtshof mittelst eines Edictes alle diejenigen, welchen nach §. 173 ein gesetzliches Pfandrecht auf die Caution zusteht, auffordern, ihre Ansprüche binnen drei Monaten um so gewisser anzumelden, widrigenfalls bezüglich der Ausfolgung der Caution ohne Rücksicht auf dieselben verfügt werden würde.

Das Edict ist in dem Amtsblatte und — falls eine solche besteht — auch in der Lokalzeitung auf Kosten des Eigenthümers oder dessen Rechtsnachfolger dreimal kundzumachen und sowohl bei dem Gerichtshofe, als auch bei den Bezirksgerichten seines Sprengels anzuschlagen.

Diejenigen, welche bereits ein specielles Pfandrecht auf die Caution erworben haben, sind von dieser Aufforderung besonders zu verständigen.

Sollte der Notar früher in dem Sprengel eines anderen Gerichtshofes amtirt haben, so ist das Edict sowohl bei diesem Gerichtshofe, als auch bei den in dessen Sprengel aufgestellten Bezirksgerichten anzuschlagen.

§. 45.

Wenn sich in Folge der im vorhergehenden §. erwähnten Aufforderung Gläubiger melden sollten, so ordnet der Gerichtshof eine Tagsatzung an und ladet zu derselben sowohl die Gläubiger, als auch den Eigenthümer der Caution, eventuell dessen Rechtsnachfolger vor und bestellt zugleich, falls es nöthig ist, zur Vertretung der letzteren einen Curator; mit der Leitung der Verhandlung ist ein Mitglied des Gerichtshofes zu betrauen.

Gleichzeitig behält der Gerichtshof die Caution bis zur Höhe jenes Betrages, welcher zur gänzlichen Tilgung der angemeldeten Forderungen erforderlich ist, insolange zurück, bis diesbezüglich eine rechtskräftige Entscheidung erflossen ist.

§. 46.

Bei der Verhandlungstagsatzung liquidirt der exmittirte Richter nach Einvernahme der Parteien die Forderungen der Rangordnung gemäß, versucht, insoferne gegen die Richtigkeit, Höhe oder Rangordnung derselben Einwendungen erhoben werden, einen Vergleich und führt im Falle des Mißlingens desselben über die Streitpunkte die im §. 144 und in den folgenden §§. des G.-A. LIV v. J. 1868 bezeichnete Protokollarverhandlung durch, auf Grund welcher der Gerichtshof sodann das Urtheil schöpft; von dem rechtskräftigen Urtheile oder Vergleiche ist die Kammer zu verständigen.

§. 47.

Wenn der Notar versetzt wird, so tritt der Gerichtshof die in seiner Verwahrung befindliche Caution, beziehungsweise den nach Befriedigung der Forderungen verbliebenen Rest derselben an denjenigen Gerichtshof ab, in dessen Sprengel der neue Amtssitz des Notars liegt.

Sollte die Caution einen Abzug erlitten haben oder im neuen Standorte des Notars eine größere Caution verlangt werden, so ist der Notar verpflichtet, dieselbe vor Beginn seiner Amtsthätigkeit zu ergänzen.

V. Abschnitt.
Wirkungskreis des Notars im Allgemeinen.

§. 48.

Der neuernannte Notar darf seine Wirksamkeit erst nach Ablegung des Amtseides beginnen.

Der Notar darf sein Amt nicht fortsetzen, nachdem ihm das gerichtliche Erkenntniß über die rechtskräftige Erlöschung desselben oder über seine Suspension zugestellt worden ist.

§. 49.

Der Notar darf als solcher bei denjenigen Angelegenheiten nicht interveniren:

a) bei welchen er persönlich interessirt ist;

b) an welchen seine Gattin oder Braut, seine Verwandten in auf- oder absteigender Linie, oder solche Personen betheiligt sind, welche zu ihm mindestens im zweiten Grade der Seitenverwandtschaft, im ersten Grade der Schwägerschaft oder aber in dem Verhältnisse von Adoptiveltern oder Adoptivkindern stehen;

c) bei Angelegenheiten derjenigen Personen, welche unter seiner Vormundschaft oder Curatel stehen;

d) bei denjenigen Angelegenheiten, bei welchen er als Richter, Advokat oder Bevollmächtigter intervenirt hat.

§. 50.

Der Wirkungskreis des Notars erstreckt sich auf den Sprengel desjenigen Gerichtshofes, in welchem der ihm angewiesene Amtssitz liegt.

Der Wirkungskreis der in Budapest ansässigen Notare dehnt sich jedoch auf den Sprengel der Gerichtshöfe für Pest, Ofen und den Pester Bezirk aus.

Die Parteien können sich ungeachtet dessen an jeden beliebigen

Notar wenden und sind an die Notare des Gerichtssprengels, in welchem sie wohnen oder in welchem der Gegenstand des Rechtsgeschäftes liegt, nicht gebunden.

§. 51.

Dem Notar ist es nicht gestattet, außerhalb des ihm angewiesenen Amtssitzes zu wohnen, für sich oder seine Hilfsarbeiter eine Kanzlei zu halten, oder endlich außerhalb des Sprengels des betreffenden Gerichtshofes Amtshandlungen vorzunehmen.

§. 52.

Dem Notar ist es, außer im Falle einer Amtshandlung, nicht gestattet, seinen Amtssitz auf länger als drei Tage zu verlassen, ohne hierüber an den Präsidenten der betreffenden Notariatskammer Bericht zu erstatten. Bei einer Abwesenheit auf länger, als acht Tage, muß er um einen Urlaub ansuchen. Auf die Dauer von sechs Wochen kann die Notariatskammer, auf längere Zeit nur der Justizminister Urlaub ertheilen. Wenn der Notar länger, als 14 Tage über die in diesem §. gestattete Zeit abwesend ist, so hat ihn der Präsident der Notariatskammer aufzufordern, binnen weiteren 14 Tagen um so gewisser zurückzukehren, als sonst wegen seiner Entfernung die Disciplinaruntersuchung eingeleitet werden würde.

§. 53.

Zum Wirkungskreise des Notars gehört:
a) die Aufnahme von öffentlichen Urkunden;
b) die Aufnahme von Testamenten;
c) die Ausstellung von Beurkundungen;
d) die Aufbewahrung von Urkunden und Werthgegenständen;
e) die Besorgung von Verlassenschaftsgeschäften;
f) die Vollziehung gerichtlicher Aufträge.

§. 54.

Zur Giltigkeit eines Rechtsgeschäftes wird die Aufnahme einer Notariatsurkunde erfordert:

a) bei zwischen Ehegatten geschlossenen Verträgen über die Regelung der Vermögensverhältnisse, ferner bei zwischen Ehegatten geschlossenen Kauf-, Tausch-, Renten- und Darlehensverträgen, sowie bei sonstigen Rechtsgeschäften, in welchen die erwähnten Personen gegenseitig Verbindlichkeiten übernehmen;

b) bei zwischen denselben Personen geschlossenen Schenkungsverträgen, wenn der geschenkte Gegenstand nicht sofort übergeben wurde;

c) bei Bestätigungen über den Empfang des Heirathsgutes, u. z. ohne Unterschied, ob dieselben für einen der Ehegatten oder für eine andere Person ausgefertigt werden;

d) bei allen Rechtsgeschäften, welche von Blinden, des Lesens Unkundigen, Tauben oder des Schreibens Unkundigen, Stummen und Taubstummen geschlossen werden, u. z. mit Inbegriff der Erbschaftsverträge, insoferne die Betreffenden das Rechtsgeschäft in eigener Person schließen.

Die Bestimmungen dieses §. erstrecken sich auf Wechsel nicht.

Diejenigen gesetzlichen Bestimmungen, welche außer den hier angeführten Fällen zum Abschlusse eines Rechtsgeschäftes die gerichtliche oder notarielle Mitwirkung erfordern, bleiben unberührt.

§. 55.

Der Notar ist berechtigt, Eingaben an Behörden im Allgemeinen, an Gerichte hingegen nur im Verfahren außer Streitsachen zu verfassen; er ist jedoch verpflichtet, eine jede Eingabe mit seiner eigenhändigen Unterschrift zu versehen.

§. 56.

Der Notar darf seine Mitwirkung in den zu seinem Wirkungskreise gehörigen Angelegenheiten nicht verweigern, wenn er hiezu entweder durch Parteien aufgefordert oder aber durch das Gericht beauftragt wird. Die Ausnahme hievon bestimmt das Gesetz.

Im Falle seiner Weigerung hat der Notar der Partei über deren Verlangen die Gründe seiner Weigerung schriftlich bekannt zu geben. Die Partei kann unter Vorlage der bezüglichen Erklärung ihre Beschwerde bei dem betreffenden kön. Gerichtshofe einbringen.

Der Gerichtshof entscheidet in dieser Sache endgiltig.

§. 57.

Der Notar ist bezüglich aller Angelegenheiten, bei denen er in seiner Eigenschaft als Notar mitgewirkt hat, zur Verschwiegenheit verpflichtet, ausgenommen, er hätte dem gegenwärtigen Gesetze gemäß irgend eine Mittheilung zu machen.

Der Notar hat auch für Verschwiegenheit seitens seiner Hilfsarbeiter Sorge zu tragen.

§. 58.

Der Notar darf nur öffentliche Urkunden aufnehmen, Privaturkunden hingegen auch dann nicht, wenn er um deren Aufnahme mit gegenseitigem Einverständnisse der Parteien angegangen wird.

§. 59.

Der Notar hat darauf zu achten, daß das Geschäft, bei welchem er mitwirken soll, dem Gesetze nicht widerstreite.

In diesem Falle hat er die Parteien darauf aufmerksam zu machen und wenn diese bei ihrem Begehren verbleiben, dies in der öffentlichen Urkunde ausdrücklich anzuführen; an einem solchen Geschäfte theilzunehmen, welches mit dem Strafgesetze, der öffentlichen Ruhe und Ordnung, oder mit der Moral im Widerspruche steht, ist ihm nicht gestattet.

§. 60.

Der Notar hat die öffentliche Urkunde dem Wunsche der Parteien entsprechend in einer der Sprachen aufzunehmen, bezüglich welcher er die Befugniß durch das Ernennungsdecret oder später erhalten hat.

§. 61.

Der Notar hat sich vor Allem von dem Willen der Parteien zu überzeugen, denselben klar und bestimmt zu Papier zu bringen, die Urkunde sodann den Parteien vorzulesen, Letztere nach der Vorlesung um ihre Einwilligung zu befragen, und wenn es nöthig sein sollte, über den Sinn und die Folgen der Urkunde aufzuklären.

§. 62.

Eine jede öffentliche Urkunde ist auf einem ganzen Bogen rein, leserlich und ohne Abkürzungen derart zu schreiben, daß auf der linken Seite ein beiläufig zwei Finger breiter Raum leer bleibe.

Die leeren Stellen im Contexte sind mit Strichen auszufüllen.

§. 63.

In dem Notariatsacte sind die Termine und Zifferansätze auch mit Buchstaben ersichtlich zu machen.

Von dieser Bestimmung sind ausgenommen: Inventare, Theilungsbriefe, Verrechnungen, Rechnungen, Berechnungen, Schätzungs- und Licitationsurkunden.

In den Theilungsbriefen, Verrechnungen, Rechnungen und Berechnungen müssen die Hauptsummen, sowie jene Beträge, welche die Parteien von einander zu fordern haben, in den Schätzungsurkunden dagegen die Gesammtsumme der Schätzungswerthe und in den Licitationsurkunden über Immobilien, Lieferungen und Arbeiten das letzte Angebot gleichfalls auch mit Buchstaben angesetzt werden.

Das Datum der Notariatsurkunde ist mit Buchstaben zu schreiben.

Die Parzellen-, beziehungsweise Localisirungs-, Grundbuchs- und Hausnummern können mit Ziffern geschrieben werden.

In den Berufungen kann das Datum einer anderen Urkunde, desgleichen Datum, Zahl und Paragraph einer Verordnung oder eines Gesetzes mit Ziffern angeführt werden.

§. 64.

In der öffentlichen Urkunde darf nichts zwischen, ober oder unter den Zeilen geschrieben werden. Derart geschriebene Worte oder Buchstaben sind ungiltig.

Müssen in einer öffentlichen Urkunde Aenderungen oder Zusätze gemacht werden, so sind dieselben unter einem Verweisungszeichen und unter Anführung der Anzahl der geänderten oder beigefügten Worte, am linken Rande der öffentlichen Urkunde zu schreiben und durch den Notar, sowie auch durch die Parteien zu unterfertigen.

Nach Umständen kann die Aenderung oder der Zusatz auch am Schlusse der öffentlichen Urkunde angesetzt werden. In diesem Falle haben die Parteien hiezu ihre zustimmende Erklärung abzugeben und wenn die Aenderung oder der Zusatz nach Unterzeichnung der Urkunde erfolgen sollte, dieselbe nochmals zu unterschreiben.

Im Falle der Außerachtlassung dieser Vorschrift ist jede Aenderung oder jeder Zusatz ungiltig.

§. 65.

In der öffentlichen Urkunde darf nichts radirt werden, widrigens die Urkunde rechtsunwirksam ist.

Müssen Worte ausgestrichen werden, so hat dies so zu geschehen, daß sie leserlich bleiben. Die Anzahl der ausgestrichenen Worte ist am linken Rande oder am Schlusse der Urkunde anzuführen und diese Bemerkung gleichfalls in der Weise zu schreiben, wie dies bezüglich der Aenderungen im vorhergehenden §. angeordnet wurde.

Sollte diese Vorschrift nicht eingehalten werden, so bestimmt das Gericht, inwieferne die Urkunde an Glaubwürdigkeit verliert.

§. 66.

Wenn die öffentliche Urkunde aus mehreren Seiten besteht, so muß der Notar jede Seite mit der laufenden Zahl und jeden Bogen mit seiner Unterschrift versehen.

Besteht jedoch die Urkunde aus mehreren Bogen oder Abtheilungen, so sind diese mit einer Schnur zusammen zu heften und beide Enden der Schnur auf der letzten Seite mit dem Notariatssiegel zu befestigen. Ebendasselbe gilt auch für Beilagen, deren Anheftung an die öffentliche Urkunde das Gesetz anordnet.

§. 67.

Sollte aus Anlaß der Verwendung einer öffentlichen Urkunde im Auslande die Legalisirung der Unterschrift des Notars erforderlich sein, so wird dieselbe durch den Präsidenten des betreffenden Gerichtshofes, dessen Unterschrift hingegen durch den Justizminister legalisirt.

§. 68.

Die durch den Notar aufgenommenen Urkunden und deren beglaubigte Ausfertigungen haben, wenn sie den durch gegenwärtiges Gesetz vorgeschriebenen Erfordernissen entsprechen, die Kraft einer öffentlichen Urkunde.

Ein solcher Notariatsact, welcher den durch gegenwärtiges Gesetz in den §§. 7, 48, 49, 51, 71, 72, 73, 74, 75, 76, 77, 78, 79 [d), e), f), g)], 80, 81, 82 und 83 vorgeschriebenen Erfordernissen nicht entspricht, hat nicht die Kraft einer öffentlichen Urkunde.

Inwieferne ein mangelhafter Notariatsact als eine Privaturkunde angesehen werden kann, hat der Richter nach den allgemeinen gesetzlichen Vorschriften zu beurtheilen.

VI. Abschnitt.
Aufnahme von Urkunden.

§. 69.

Bevor sich der Notar in eine Verhandlung mit den Parteien einläßt, muß er sich nach Möglichkeit von deren Fähigkeit zum Abschlusse des Geschäftes überzeugen. — Ergibt sich in dieser Beziehung ein Mangel oder ein Bedenken, und bestehen die Parteien ungeachtet dessen auf der Aufnahme der Urkunde oder der Vornahme der Verhandlung, so kann der Notar dieselbe zwar nicht verweigern, er ist jedoch verpflichtet, den Mangel oder das Bedenken in der Urkunde zu erwähnen.

Wird die Partei durch einen Bevollmächtigten vertreten, so ist die Originalvollmacht, auf welcher die Unterschrift legalisirt sein muß, der Urkunde beizuschließen. Bei protokollirten Procuraführern muß der Urkunde eine beglaubigte Abschrift des Protokollirungsbescheides beigelegt werden.

§. 70.

Wenn der Notar die vor ihm verhandelnden Parteien persönlich nicht kennt, so ist er verpflichtet, sich von deren Identität durch zwei ihm bekannte Zeugen oder durch andere, vollen Glauben verdienende Behelfe zu überzeugen.

Hat an der Verhandlung auch ein zweiter Notar theilgenommen, so ist es genügend, wenn eine jede Partei einem der Notare bekannt ist.

Es ist nicht nothwendig, daß die Identitätszeugen zugleich auch Zeugen des Geschäftes seien. Von dieser Zeugenschaft sind diejenigen nicht ausgeschlossen, welche mit dem, dessen Identität sie bezeugen, in einem der im §. 72, Abs. c) erwähnten Verhältnisse stehen.

§. 71.

In der Regel ist die Gegenwart von Zeugen bei der Aufnahme der Urkunde nicht nothwendig. Wenn es jedoch durch dieses Gesetz angeordnet oder von einer Partei verlangt wird, so sind 2 Zeugen beizuziehen.

§. 72.

Allgemeines Erforderniß ist, daß die Zeugen das 16. Lebensjahr vollendet haben müssen; bei den Actszeugen hingegen ist es insbesondere noch nöthig, daß wenigstens einer von ihnen des Schreibens und Lesens kundig sei.

Von der Zeugenschaft ausgeschlossen sind diejenigen:

a) welche wegen eines Geistes- oder Körpergebrechens ein Zeugniß abzugeben unfähig sind;

b) welche wegen eines aus Gewinnsucht begangenen Verbrechens oder Vergehens verurtheilt worden sind;

c) welche wegen falscher Zeugenschaft oder wegen Meineides gestraft worden sind oder in Untersuchung stehen;

d) welchen aus dem Geschäfte ein Vortheil erwächst;

e) welche mit dem Notar oder mit einer der Parteien in einem der im §. 49 unter b), c) bezeichneten Verhältnisse, oder aber im Dienste des Notars oder einer der Parteien stehen (§. 70).

§. 73.

Wenn auch ein zweiter Notar beigezogen wird, so ist die Gegenwart von Zeugen nicht nothwendig.

Bezüglich des zweiten Notars bilden jedoch die im §. 49 erwähnten Verhältnisse gleichfalls ein ausschließendes Hinderniß.

Die Aufnahme der Urkunde steht in diesem Falle demjenigen Notar zu, welcher von den Parteien darum ersucht wurde, allein auch der zweite Notar ist bei sonstiger Verantwortung verpflichtet, über die Beobachtung der Vorschriften zu wachen.

§. 74.

Die Zeugen, beziehungsweise der zugezogene zweite Notar haben in der Regel erst dann gegenwärtig zu sein, wenn die Urkunde vorgelesen und durch die Parteien unterfertigt wird.

Die Letzteren können jedoch verlangen, daß die Zeugen, beziehungsweise der zweite Notar auch von der Anwesenheit bei der Vorlesung ausgeschlossen werden, doch müssen die Parteien in einem solchen Falle vor den Zeugen, beziehungsweise vor dem zweiten Notar erklären, daß die Urkunde ihnen vorgelesen wurde oder daß sie dieselbe selbst gelesen haben.

§. 75.

Ist eine Partei blind, taub, stumm oder taubstumm, so müssen zwei Zeugen oder ein zweiter Notar während des ganzen Verlaufes der Verhandlung fortwährend zugegen sein.

Eine Ausschließung der Zeugen oder des zweiten Notars von der Vorlesung ist in solchen Fällen durchaus nicht zulässig (§§. 76, 77, 78).

§. 76.

Ein Tauber, welcher lesen kann, muß den Act selbst lesen und zugleich bestätigen, daß er denselben gelesen habe und daß er seinem Willen gemäß sei. Diese Erklärung ist in der Urkunde vor der Unterschrift anzuführen.

Kann der Taube nicht lesen, so muß außer den Zeugen noch eine Person seines Vertrauens beigezogen werden, welche die Zeichensprache des Tauben versteht. Bei solchen Vertrauenspersonen bildet es keinen Ausschließungsgrund, wenn dieselben zu den Parteien in einem der im §. 73, Abs. c) erwähnten Verhältnisse stehen.

Ueber das Verständniß der Zeichensprache von Seite des Tauben hat sich der Notar durch Versuche, welche sich nicht auf Gegenstände der fraglichen Angelegenheit beziehen, zu überzeugen und daß dies geschehen, im Protokolle zu erwähnen.

§. 77.

Ist eine Partei stumm oder taubstumm, so ist der Vorschrift des §. 76 gemäß stets eine der Zeichensprache kundige Vertrauensperson beizuziehen.

Ist die Partei des Lesens und Schreibens kundig, so hat sie den Act selbst zu lesen und zugleich zu bestätigen, daß sie denselben gelesen und ihrem Willen entsprechend gefunden habe. Kann sie jedoch weder lesen noch schreiben, so müssen zwei in der Zeichensprache bewanderte Vertrauenspersonen beigezogen werden.

§. 78.

Wenn eine Partei keine einzige derjenigen Sprachen versteht, in welchen der Notar Urkunden aufzunehmen berechtigt ist, so hat derselbe die Urkunde unter Beiziehung eines beeideten Dolmetsch in ungarischer Sprache aufzunehmen. Die im §. 72 bezeichneten Verhältnisse bilden auch rücksichtlich des Dolmetsch einen Ausschließungsgrund.

Hat die Partei eine in einer andern Sprache verfaßte Erklärung mitgebracht, was der Notar nach Umständen auch verlangen kann, so ist dieselbe den Bestimmungen des §. 80 gemäß zu unterfertigen und der Urkunde anzuheften.

Im Falle dieses §. ist die Gegenwart von zwei Zeugen oder eines zweiten Notars erforderlich.

§. 79.

Jede Notariatsurkunde muß im Eingange, beziehungsweise am Schlusse enthalten:

a) den Familien= und Tauf= oder Vornamen, die Notariatseigenschaft und den Amtssitz des Notars, und wenn ein zweiter Notar zugezogen worden sein sollte, auch des letzteren;

b) den Familien= und Tauf= oder Vornamen, die bürgerliche Stellung und den Wohnort der Partei, beziehungsweise auch des allfälligen Vertreters derselben, sowie auch der allfälligen Zeugen, Vertrauenspersonen und des Dolmetsch, und schließlich die Eigenschaft, in welcher die Betreffenden fungiren;

c) die Bestätigung, daß der Notar die Parteien persönlich kennt oder daß und auf welche Weise er sich von der Identität derselben überzeugt hat;

d) die Bemerkung, daß die Urkunde den Parteien vorgelesen wurde oder daß die Parteien dieselbe selbst gelesen und ihrem Willen entsprechend gefunden haben;

e) wenn auch Zeugen gegenwärtig waren, die Bemerkung, daß die Urkunde den Parteien in Gegenwart der Zeugen vorgelesen wurde — und wenn die Zeugen bei der Vorlesung ausgeschlossen worden sind, die Bestätigung, daß der im Schlußabsatze des §. 74 enthaltenen Vorschrift entsprochen worden ist;

f) den Ort, dann Jahr, Monat und Tag und — falls es das Gesetz oder eine Partei verlangt — auch die Stunde der Aufnahme;

g) die Unterschrift der unter a) und b) erwähnten Personen und das Amtssiegel des Notars, beziehungsweise, wenn zwei Notare zugegen waren, eines jeden derselben.

Der Eingang und der Schluß einer jeden Urkunde ist in ungarischer Sprache zu verfassen.

§. 80.

Wenn eine Partei nicht schreiben kann oder zufällig nicht fähig ist, zu schreiben, so ist dies in der Urkunde unter Anführung des entgegenstehenden Hindernisses ausdrücklich zu bemerken. In diesem Falle sind zugleich zwei Zeugen oder aber ein zweiter Notar beizuziehen, vor welchen die Partei die Urkunde mit ihrem Handzeichen zu versehen hat; der Name der Partei ist durch einen der Zeugen, bezichungsweise durch den zweiten Notar beizusetzen, welcher sich gleichzeitig als Namensfertiger unterschreiben muß.

Sollte ein Zeuge oder die Vertrauensperson nicht schreiben können oder am Schreiben gehindert sein, so hat der zweite Zeuge den Namen der obigen Vorschrift gemäß zu unterfertigen.

§. 81.

Die Parteien können auch eine bereits errichtete Privaturkunde derart notariell bekräftigen lassen, daß sie dieselbe dem Notar im Original vorlegen, welcher hierüber ein Protokoll aufnimmt und diesem die Urkunde anheftet. Dieses Protokoll sammt der deponirten Urkunde bildet sodann die Originalurkunde über das Rechtsgeschäft.

Eine solche Urkunde hat nur denjenigen Betheiligten und deren Rechtsnachfolgern gegenüber, welche bei der Vorlage als Parteien intervenirten, und nur von dem Zeitpunkte der erfolgten Hinterlegung an, die Kraft einer Notariatsurkunde.

VII. Abschnitt.
Aufnahme von letztwilligen Anordnungen.

§. 82.

Hinsichtlich der durch den Notar aufzunehmenden Testamente ist außer den für Notariatsurkunden vorgeschriebenen Förmlichkeiten erforderlich, daß:

a) der Testirende seinen letzten Willen vor dem Notar persönlich erkläre;

b) daß während der ganzen Verhandlung zwei Zeugen oder aber ein zweiter Notar ununterbrochen zugegen seien;

c) daß die Beobachtung der in diesem §. enthaltenen Vorschriften in der Urkunde bestätigt werde.

§. 83.

Wenn ein bereits errichtetes, schriftliches Testament dem Notar offen zu dem Behufe übergeben wird, damit er dasselbe notariell beglaubige, so ist außer den in Betreff der Notariatsurkunden vorgeschriebenen Erfordernissen nach Folgendes zu beobachten:

a) das Testament darf nur von einer solchen Partei übernommen werden, welche des Lesens und Schreibens in der Sprache, in welcher die Urkunde verfaßt wurde, kundig ist und die Letztere eigenhändig unterschrieben hat; hievon hat sich der Notar zu überzeugen;

b) die Partei muß das Testament in Gegenwart zweier Zeugen oder eines zweiten Notars persönlich mit der ausdrücklichen Erklärung übergeben, daß dasselbe ihren letzten Willen enthalte;

c) über die ganze Amtshandlung muß ein Protokoll aufgenommen werden, welchem das übergebene Testament mit dem Beisatze anzuschließen ist, daß die Bestimmungen dieses §. beobachtet worden sind. Hinsichtlich der verschlossenen Testamente sind die Vorschriften über Depositen maßgebend.

§. 84.

Der Notar hat der Partei eine Bestätigung über die Uebernahme auszustellen und das Testament an einem sicheren Orte zu verwahren.

Die Partei kann jedoch das Testament auch sofort wieder mit sich nehmen. Sollte sie später dessen Rückstellung wünschen, so kann dies nur über ihr eigenes Verlangen oder auf Verlangen desjenigen stattfinden, welcher sich mit einer eigens zu diesem Behufe ausgestellten beglaubigten Vollmacht ausweist.

Ueber die Rückstellung ist ein Protokoll aufzunehmen.

Durch die Rückstellung verliert das Testament die Eigenschaft einer Notariatsurkunde nicht, wenn es unverändert und unverletzt bleibt; daher hat der Notar den Erblasser hierüber bei Gelegenheit der Rückstellung aufzuklären und daß dies geschehen, in dem über die Zurückstellung aufzunehmenden Protokolle zu erwähnen.

§. 85.

Sobald dem Notar bekannt wird, daß der Fall einer Verlassenschaft nach einer solchen Person, deren Originaltestament bei ihm erliegt, eingetreten ist, hat derselbe die Verpflichtung, das Testament dem zuständigen Gerichte zum Behufe der Kundmachung vorzulegen, wenn auch die Betheiligten nicht erschienen sein sollten oder um die Vorlage auch nicht angesucht hätten.

Die Kundmachung hat sofort in Gegenwart des Notars zu erfolgen. Das Testament ist jedoch, nachdem eine beglaubigte Abschrift desselben dem Protokolle über die erfolgte Kundmachung beigeschlossen worden ist, dem Notar zur weiteren Aufbewahrung zurückzustellen.

§. 86.

Will eine Partei ihr Testament in einer Notariatsurkunde widerrufen, so sind die Bestimmungen der §§. 82 und 83 maßgebend.

Wurde das widerrufene Testament durch ebendenselben Notar aufgenommen, so ist der Widerruf auf der ursprünglichen Notariatsurkunde, und wenn sich derselbe auf ein übergebenes schriftliches Testament bezieht, auf diesem selbst anzumerken.

§. 87.

Die Bestimmungen dieses Abschnittes sind auch auf Codizille und Erbschaftsverträge anzuwenden.

VIII. Abschnitt.

Beurkundungen.

§. 88.

Beurkundungen kann der Notar nur über die in diesem Gesetze bestimmten Thatsachen und Umstände ertheilen.

A) Beglaubigung von Urkundenabschriften.

§. 89.

Der Notar ist verpflichtet, die zu beglaubigende Abschrift mit der Originalurkunde sorgfältig zu vergleichen, und wenn die letztere zerrissen, durchstrichen oder überhaupt bedenklich wäre, ferner wenn er in derselben eine Abänderung, Durchstreichung oder einen Zusatz finden sollte, oder wenn endlich die Abschrift nur einige Stellen des Originals enthalten würde, — so hat der Notar diese Umstände in einer besonderen Anmerkung am Schlusse der Abschrift oder in der Beglaubigungsclausel zu erwähnen.

In der Beglaubigungsclausel hat der Notar zugleich anzuführen, ob der Abschrift ein angebliches Original, eine Ausfertigung oder eine Abschrift zu Grunde gelegen ist, ferner hat er diejenige Behörde oder Person zu benennen, bei welcher seiner Ueberzeugung oder der Angabe der Partei zufolge das Original erliegt oder wer dasselbe bei ihm vorgewiesen hat. Diese Clausel muß der Notar zum Beweise dessen, daß die Abschrift mit der vorgewiesenen Urkunde übereinstimmt, eigenhändig unterschreiben und mit seinem Amtssiegel versehen.

Besteht die zu beglaubigende Abschrift aus mehreren Bogen, so ist im Sinne des §. 66 vorzugehen.

B) Beglaubigung von Auszügen aus Handels- und Gewerbsbüchern.

§. 90.

Bei der Beglaubigung von Auszügen aus Handels- und Gewerbsbüchern hat der Notar den Auszug mit den betreffenden Posten des Originalbuches zu vergleichen und gleichzeitig zu prüfen, ob das Buch mit den zu dessen Glaubwürdigkeit nöthigen gesetzlichen Erfordernissen versehen ist, und auf die durch das Gesetz vorgeschriebene Weise geführt wurde.

Wenn diesfalls kein Bedenken obwaltet, so hat der Notar die Beglaubigungsclausel auf den Auszug mit dem Beisatze zu schreiben, daß der Auszug mit den betreffenden Posten des Originalbuches vollständig übereinstimmend befunden wurde, daß das Buch mit den zu seiner Glaubwürdigkeit nöthigen gesetzlichen Erfordernissen versehen ist und den gesetzlichen Vorschriften entsprechend geführt wird.

C) Uebersetzungen.

§. 91.

Der Notar kann in denjenigen Sprachen, bezüglich welcher er die Befugniß in der Ernennungsurkunde oder aber später erhalten hat, Uebersetzungen ausfertigen und Beurkundungen über die Richtigkeit von Uebersetzungen ertheilen.

Die Uebersetzung ist entweder auf die Originalurkunde zu schreiben oder derselben unter Beobachtung des §. 66 beizuheften.

Am Schlusse der Uebersetzung hat der Notar die Uebereinstimmung derselben mit dem Original zu bestätigen und diese Beurkundung unter Anführung des Ortes und der Zeit der Beglaubigung eigenhändig zu unterfertigen, sowie mit seinem Amtssiegel zu versehen.

D) Legalisirung von Unterschriften.

§. 92.

Zur Bestätigung der Echtheit der Unterschrift ist es erforderlich, daß die Partei die Urkunde in Gegenwart des Notars eigenhändig unterfertige, oder aber die auf der Urkunde bereits befindliche Unterschrift vor ihm als die ihrige anerkenne.

Die Legalisirungsclausel ist auf die Originalurkunde zu schreiben und vom Notar unter Berufung der Geschäftszahl, sowie unter Beidrückung seines Amtssiegels zu unterfertigen.

§. 93.

Wenn der Notar die Sprache der Partei nicht versteht, so ist die Legalisirung unter Zuziehung eines beeideten Dolmetsch vorzunehmen.

E) **Bestätigung über den Zeitpunkt der Vorweisung einer Urkunde.**

§. 94.

Der Zeitpunkt der Vorweisung einer Urkunde ist derart zu bestätigen, daß der Notar unter Benennung der Partei auf der Urkunde Ort, Jahr, Monat und Tag der Vorweisung, und falls es die Partei verlangt, auch die Stunde, in welcher die Vorweisung erfolgte, anmerkt und diese Beurkundung unter Beidrückung seines Amtssiegels eigenhändig unterschreibt.

F) **Lebenszeugnisse.**

§. 95.

Der Notar darf ein Lebenszeugniß nur dann ertheilen, wenn die betreffende Partei persönlich vor ihm erscheint. Diese Bestätigung ist derart auszufertigen, daß der Notar unter Benennung der Partei den Umstand, daß dieselbe persönlich erschienen ist, ferner Ort, Jahr, Monat und Tag, und wenn die Partei es verlangt, auch die Stunde des Erscheinens in der Urkunde anführt und letztere mit seiner eigenhändigen Unterschrift, sowie mit seinem Amtssiegel versieht.

G) **Beurkundung von Generalversammlungs- oder Ausschuß- (Verwaltungsraths-) Beschlüssen.**

§. 96.

Wenn der Notar zur Beurkundung der Generalversammlungs- oder Ausschuß- (Verwaltungsraths-) Beschlüsse von Actiengesellschaften oder anderen Vereinen berufen wird, so hat er in dem Protokolle, unter Angabe des Ortes und der Zeit der Versammlung, die gefaßten Beschlüsse und abgegebenen wesentlichen Erklärungen, insbesondere jene, welche für die Beurtheilung der Regelmäßigkeit des Vorganges von Bedeutung sein können, genau anzuführen.

Das Protokoll ist vom Vorsitzenden der Versammlung und von zwei anderen Mitgliedern derselben zu unterschreiben.

Die Identität der im vorhergehenden Absatze erwähnten Personen ist im Protokolle nur dann zu bestätigen, wenn sich dies als nothwendig erweisen sollte. Wurde eine solche Bestätigung nicht aufgenommen, so haftet der Notar für die Identität nicht.

Die Beurkundung muß den ganzen Inhalt des Protokolles enthalten.

II) Beurkundung thatsächlicher Vorgänge.

§. 97.

Der Notar ist auch zur Beurkundung sonstiger thatsächlicher Vorgänge, insbesondere von Versteigerungen, Minuendo-Licitationen, Offert-Verhandlungen oder Verlosungen berechtigt, wenn er zu diesem Behufe um seine Mitwirkung angegangen wurde und die erwähnten thatsächlichen Vorgänge in seiner Gegenwart stattgehabt haben.

In diesem Falle hat der Notar zwei ihm persönlich bekannte Zeugen beizuziehen und ein Protokoll aufzunehmen, welches außer den allgemeinen Förmlichkeiten den Ort, die Zeit und die genaue Beschreibung des vor ihm und den beiden Zeugen stattgehabten Vorganges enthalten muß.

Die letzten zwei Punkte des vorhergehenden §. sind auch in diesem Falle anzuwenden.

I) Verständigungen.

§. 98.

Beurkundungen über Verständigungen (Mahnungen, Aufkündigungen, Proteste ꝛc.), welche eine Partei der anderen machen will, darf der Notar nur dann ertheilen, wenn hiedurch eine rechtliche Wirkung begründet werden soll.

In einem solchen Falle muß der Notar die Verständigung in dem aufzunehmenden Protokolle wörtlich anführen.

Die Partei kann den Notar um die Ertheilung der Beurkundung auch brieflich oder telegraphisch ersuchen. In diesem Falle bildet der Brief oder das Telegramm eine Ergänzung des Protokolles. Die Art des Ersuchens ist jedoch in der Beurkundung zu erwähnen.

§. 99.

Der Notar hat sich mit dem Protokolle, beziehungsweise mit der Verständigung (§. 98) in die Wohnung oder in das Geschäftslocale desjenigen zu begeben, welchem die Verständigung mitgetheilt werden soll, und ihm dieselbe dort mündlich bekannt zu geben.

Hierüber ist der ersuchenden Partei, und wenn es verlangt wird, auch der Gegenpartei eine Beurkundung auszustellen, in welcher der Notar den wortgetreuen Inhalt der Verständigung, die Namen, die bürgerliche Stellung und den Wohnort der Parteien, dann Ort, Jahr, Monat und Tag, sowie über Verlangen der ersuchenden Partei auch die Stunde der Bekanntmachung unter Beisetzung seiner Unterschrift und unter Beidrückung seines Siegels anzuführen hat.

Die von der Gegenpartei abgegebene Erklärung ist in die Beurkundung nur dann aufzunehmen, wenn diese Partei es verlangt oder gestattet, und ihre Zustimmung in dem Protokolle durch ihre Unterschrift bestätigt.

§. 100.

Wenn das Anerbieten zur Uebergabe von Geld, Werthpapieren oder anderen Waaren den Gegenstand der Verständigung bildet, so hat sich der Notar vorher die Ueberzeugung zu verschaffen, ob die fraglichen Gegenstände zur Uebergabe bereit liegen. Gleichzeitig hat er in das Protokoll außer den Erfordernissen des §. 112 die Beschreibung der zu übergebenden Gegenstände, den Ort, an dem dieselben erliegen, sowie auch die Bestätigung aufzunehmen, daß der Uebergabe und Uebernahme seiner Ueberzeugung nach kein Hinderniß im Wege stehe.

In die Beurkundung ist außer dem im vorhergehenden §. Erwähnten auch diese Bestätigung aufzunehmen.

§. 101.

Wenn diejenige Partei, welcher die Verständigung mitgetheilt werden soll, in ihrer Wohnung oder in ihrem Geschäftslocale nicht anzutreffen, abwesend oder unbekannten Aufenthaltes ist, oder wenn sie dem Notar den Zutritt verweigert, so muß er die für sie bestimmte Verständigung jenem Gerichte vorlegen, welches die Zustellung den Vorschriften der Prozeßordnung gemäß zu veranlassen hat.

Die ersuchende Partei kann auch verlangen, daß der Notar die erwähnte Verständigung der Gegenpartei gleichzeitig im Wege der Post recommandirt zusende.

K) **Bestätigung des Inhaltes und der Absendung von Mittheilungen.**

§. 102.

Ueber Ersuchen ist der Notar verpflichtet, eine Beurkundung über den Inhalt und über die erfolgte Absendung einer Verständigung, eines Briefes oder Telegrammes an eine wo immer wohnende Partei auszufertigen.

In einem derartigen Falle hat der Notar den wortgetreuen Inhalt der Verständigung, des Briefes oder Telegrammes, die Namen der Parteien, deren bürgerliche Stellung, dann Ort und Zeit (Jahr, Monat, Tag und Stunde) der durch ihn veranlaßten Aufgabe in das Protokoll aufzunehmen und hierüber der ansuchenden Partei eine Beurkundung auszufolgen.

§. 103.

In den Fällen der §§. 92—102 ist über die Beurkundung ein Protokoll aufzunehmen, welches außer dem, was in diesem Abschnitte für einen jeden einzelnen Fall angeordnet ist, auch noch Folgendes zu enthalten hat:

a) die Angabe der um die Beurkundung ansuchenden Partei und der allenfalls gegenwärtig gewesenen Zeugen, beziehungsweise des zweiten Notars oder des Dolmetsch im Sinne der Bestimmungen des §. 79, Abs. a) und b);

b) das Ansuchen, mit dessen Vollzuge der Notar betraut wurde;

c) die Unterschrift der unter a) erwähnten Personen, sowie auch die Unterschrift und das Amtssiegel des Notars.

Ist die Partei unbekannt, so sind die Bestimmungen des §. 70, kann jedoch einer der Anwesenden nicht schreiben, so sind diejenigen des §. 80 anzuwenden.

L) **Wechselproteste.**

§. 104.

Die Aufnahme von Wechselprotesten hat nach den diesfalls bestehenden Gesetzen zu erfolgen. In gleicher Weise kann der Notar auch dann vorgehen, wenn er um die Protesterhebung in Betreff solcher kaufmännischer Papiere, welche an Ordre lauten, angegangen wurde.

Bei den Beurkundungen hierüber bildet der Abs. d) des §. 48 keinen Ausschließungsgrund.

§. 105.

Beurkundungen, welche über andere, als die in diesem Abschnitte angeführten thatsächlichen Vorgänge oder welche nicht in Gemäßheit der hier festgesetzten Vorschriften aufgenommen und ausgestellt worden sind, haben nicht die Kraft einer öffentlichen Urkunde.

IX. Abschnitt.
Aufbewahrung von Urkunden und Werthpapieren.

§. 106.

Der Notar ist berechtigt, Urkunden, Schuldverschreibungen, Wechsel und verschlossene Testamente in ämtliche Verwahrung zu übernehmen.

Bei der Uebernahme hat er der Partei einen Empfangsschein auszustellen und zugleich ein Erlagsprotokoll aufzunehmen, in welches Name, bürgerliche Stellung und Wohnort des Hinterlegers, die Bezeichnung der hinterlegten Urkunde, Ort, Jahr, Monat und Tag der Hinterlegung, sowie auch die Benennung jener Person enthalten sein muß, an welche die deponirte Urkunde ausgefolgt werden soll.

Wenn jedoch ein versiegeltes Testament hinterlegt wird, dessen Couvert nicht gehörig geschlossen ist, so hat er letzteres mit seinem Amtssiegel derart zu verschließen, daß es ohne Aufbrechung des Siegels nicht geöffnet werden könne. Das Protokoll ist durch die Partei und durch den Notar zu unterfertigen.

Wird die Urkunde dem Notar im Wege der Post zur Aufbewahrung zugesendet, so bildet der Brief eine Ergänzung des Protokolles.

§. 107.

Die Rückstellung der zur Aufbewahrung hinterlegten Urkunde ist in dem Erlags- oder in einem besonderen Protokolle zu bestätigen. In dem letzteren Falle ist die Rückstellung in dem Erlagsprotokolle unter Bezugnahme auf das besondere Protokoll anzumerken.

Ist der Uebernehmer dem Notar nicht persönlich bekannt, so hat er die Identität der Person nach den Bestimmungen des §. 70 festzustellen.

§. 108.

Bares Geld, öffentliche Credit- und sonstige Werthpapiere darf der Notar nur zeitweilig und nur dann zur Aufbewahrung über-

nehmen, wenn dieselben aus Anlaß der Aufnahme einer Notariatsurkunde zum Behufe der Ausfolgung an eine bestimmte Person oder
Behörde übergeben werden.

Im Uebrigen sind die Vorschriften des §. 106 auch bei einer
solchen Hinterlegung zu beobachten.

§. 109.

Soll das Deposit einem Gerichte oder einer Behörde übergeben
werden, so ist nach §. 110 vorzugehen.

Gegenstände, welche dem Notar zur Ausfolgung an eine Privat-
person übergeben werden, hat er derselben längstens binnen 8 Tagen
einzuhändigen, insoferne die Partei nicht eine andere Frist bestimmt
hat. Kann der Notar die Aushändigung innerhalb dieser Zeit nicht
bewirken, so ist er verpflichtet, das Deposit ohne allen Aufschub entweder der Partei zurückzusenden oder dem Gerichte zur Aufbewahrung
zu übergeben.

§. 110.

Bei der Ausfolgung hinterlegter Gegenstände hat der Notar nach
den Bestimmungen des §. 107 vorzugehen und wenn das Deposit
dem Gerichte oder einer Behörde übergeben, oder aber dessen gerichtliche Verwahrung veranlaßt wurde, so hat er die Bestätigung über
den Erlag dem Uebernahmsprotokolle beizuschließen und hievon die
Partei ungesäumt in Kenntniß zu setzen.

Die Hinterlegung bei dem Notar hat nicht die Rechtskraft einer
gerichtlichen Deponirung.

X. Abschnitt.

Executionsfähigkeit der Notariatsurkunden.

§. 111.

Notariatsurkunden sind executionsfähig, wenn in denselben außer
den allgemeinen Erfordernissen die Leistung der Verbindlichkeit festgesetzt worden ist, gleichzeitig aber auch der Name des Berechtigten
und Verpflichteten, der Rechtstitel und Gegenstand der Verbindlichkeit, sowie der Zeitpunkt der Leistung genau angeführt ist.

Der Eintritt jener thatsächlichen Umstände, an welche die Erfüllung
gebunden ist, muß durch eine öffentliche Urkunde nachgewiesen werden.

§. 112.

Das Executionsgesuch ist bei demjenigen Gerichte einzubringen, welches im Falle eines Prozesses mit Rücksicht auf den vorliegenden Gegenstand zuständig wäre. Die Einreichung des Gesuches, sowie die Anordnung der Execution und auch das weitere Verfahren hat — insoferne dieses Gesetz nichts anderes bestimmt — nach den Vorschriften der Civilprozeßordnung zu erfolgen.

§. 113.

Die verpflichtete Partei kann gegen die angeordnete Execution Einsprache erheben:

a) wenn das Gericht nicht competent ist;
b) wenn das Rechtsgeschäft, welches die als Grundlage der Execution dienende Notariatsurkunde enthält, ungiltig ist;
c) wenn die Urkunde unecht oder gefälscht ist;
d) wenn die Ausfertigung der Urkunde mit den Erfordernissen der §§. 139 und 140 nicht versehen ist;
e) wenn das Gericht die Execution entgegen der Vorschrift des §. 111 angeordnet hat;
f) wenn die Verbindlichkeit in Folge eines nach Ausstellung der Urkunde eingetretenen thatsächlichen Umstandes gänzlich oder zum Theile erloschen ist, oder wenn zu deren Erfüllung durch den Berechtigten eine Frist zugestanden wurde.

§. 114.

Die zu exequirende Partei kann ihre Einwendungen binnen 8 Tagen von Zustellung des Executionsbescheides an, entweder beim Executor schriftlich geltend machen oder mündlich zu Protokoll geben, oder aber bei demjenigen Gerichte, welches die Execution angeordnet hat, einbringen.

Jene Beweismittel, welche die Einwendung rechtfertigen, sind bei Einbringung der letzteren vorzulegen.

Die angemeldete Einwendung hemmt den Vollzug der Pfändung nicht.

§. 115.

Wurde die Einwendung dem Executor überreicht, so hat er dieselbe, beziehungsweise das über die Einwendung aufgenommene Protokoll sammt den beigebrachten Beweismitteln sogleich demjenigen Gerichte vorzulegen, welches ihn ausgesendet oder ersucht hat.

§. 116.

Eine verspätet eingebrachte oder nicht gehörig instruirte Einwendung (§. 114) hat das Gericht von Amtswegen abzuweisen. Gegen den abweislichen Bescheid kann die Partei, welche die Einwendung erhoben hat, die Nullitätsbeschwerde einbringen.

Findet jedoch das Gericht die Einwendung als zur Beamtshandlung geeignet, so ist je nach der Beschaffenheit derselben das summarische oder das Protokollarverfahren einzuleiten.

§. 117.

Mit Ausnahme der im §. 113, Abs. a) und e) angeführten Fälle können bei der Verhandlung über die Einwendungen nur Urkunden als Beweismittel dienen. Wenn jedoch die Echtheit der als Beweis beigebrachten Urkunde von der die Execution führenden Partei nicht anerkannt werden sollte, so ist der Exequirte berechtigt, die Echtheit der Urkunde durch einen der Gegenpartei aufzutragenden, aber durch diese nicht rückschiebbaren Haupteid nachzuweisen.

§. 118.

Sollte die Einwendung erhoben werden, daß die Ausfertigung mit dem bei dem Notar aufbewahrten Originale nicht gleichlautend ist, oder daß das Original wegen Mangels der vorgeschriebenen Förmlichkeiten die Eigenschaft einer öffentlichen Urkunde nicht besitzt, so hat das Gericht, bevor es sich in die Entscheidung über die Sache einläßt, den Notar zur Vorlage der Originalurkunde anzuweisen, wenn dieselbe sich jedoch bei einem im Sprengel eines anderen Gerichtes ansässigen Notar in Aufbewahrung befinden sollte, wegen Untersuchung der Originalurkunde das betreffende Gericht zu ersuchen.

§. 119.

Nach Beendigung der Verhandlung entscheidet das Gericht mittelst Bescheides. Gegen den Bescheid steht der Partei das prozeßordnungsmäßige Rechtsmittel zu.

§. 120.

In Betreff des Verlaufes des Execution gelten folgende Bestimmungen:

a) wenn die Einwendung im Sinne des §. 116 abgewiesen wurde, so ist die Execution fortzusetzen;

b) wenn zur Nachweisung der Einwendung eine solche Urkunde beigebracht wurde, welche die Richtigkeit der Einwendung schon vor Beginn der Verhandlung als wahrscheinlich darstellt, so ist das weitere Executionsverfahren zu sistiren;

c) wenn eine Privaturkunde als Beweismittel für die Einwendung dient, so ist nur die Feilbietung zu sistiren;

d) wenn die Einwendung in Folge der meritorischen Verhandlung abgewiesen wurde, so ist die Rechtskraft des Bescheides abzuwarten;

e) wenn das Strafverfahren wegen Fälschung der Notariatsurkunde oder wegen falschen Eides eingeleitet wurde, so darf die Execution bis zur Rechtskraft des strafgerichtlichen Bescheides nicht fortgesetzt werden.

§. 121.

Wenn sich die zur Begründung der Einwendung angeführten thatsächlichen Umstände als unwahr erweisen oder wenn es sich herausstellt, daß die Einwendung lediglich zum Zwecke der Verzögerung der Execution erhoben wurde, so ist der die Einwendung erhebende Theil zu einer Geldstrafe bis 1000 Gulden zu verfällen.

§. 122.

Wurde der Kläger mit der Execution abgewiesen oder hat die verpflichtete Partei ihre Einwendungen während der Execution nicht erhoben oder mit Urkunden nicht nachgewiesen, so können beide Theile ihre Rechte mittelst eines besonderen Prozesses geltend machen.

XI. Abschnitt.

Verfahren in Betreff der Verlassenschaften.

§. 123.

Bis zur Regelung des Verlassenschafts-Verfahrens durch ein besonderes Gesetz wird der diesbezügliche Wirkungskreis des Notars durch folgende Paragraphe normirt.

§. 124.

Die Verlassenschaftsbehörde kann den Notar, von der Aufnahme der Inventur angefangen, theilweise oder ganz mit der Leitung der Erbabhandlung betrauen. In diesem Falle gehört mit Ausnahme der im §. 125 angeführten Verfügungen der Vollzug alles dessen, was der §. 563 und die folgenden §§. des G.-A. LIV v. J. 1868 anordnen, in den Wirkungskreis des Notars.

Nach Beendigung des betreffenden Verfahrens hat der Notar die gesammten Acten dem aussendenden Gerichte vorzulegen.

§. 125.

Dem Gerichte werden jedoch für jeden Fall vorbehalten: die Kundmachung des Testamentes; die Bestellung eines Curators für Abwesende; ferner in jenen Fällen, in denen Immobilien den Gegenstand des Nachlasses bilden, deren grundbücherliche Einverleibung auf die Namen der Erben, beziehungsweise deren Uebergabe; sodann die Verweisung der Parteien auf den Prozeßweg und die nöthigen Verfügungen in Betreff der Sicherstellung und Verwaltung eines unter Prozeß stehenden Nachlasses; endlich die Erbtheilung und Uebergabe der Erbschaft in solchen Fällen, in denen die Erbabhandlung im summarischen Wege zu erledigen wäre und die interessirten Erben sich nicht vergleichen können, oder in denen der auf den Prozeßweg verwiesene Theil die Klage innerhalb der bestimmten Frist nicht eingebracht hat.

§. 126.

Sollte der Notar seinen Wirkungskreis überschreiten, so steht es den betheiligten Erben oder Legataren frei, sich bei dem Verlassenschaftsgerichte zu beschweren, in welchem Falle dasselbe unter Abverlangung der Nachlaßacten entweder das gesetzliche Verfahren selbst fortzusetzen, oder aber dem Notar eine Weisung in Betreff des weiteren Vorgehens zu geben hat.

§. 127.

Die allfälligen Rechtsmittel im Laufe der durch den Notar durchgeführten Erbabhandlung sind in jedem Falle bei dem Verlassenschaftsgerichte einzubringen, welches hinsichtlich derselben den bestehenden Gesetzen gemäß vorzugehen hat.

§. 128.

In denjenigen Fällen, in denen das Gericht zur Einleitung des amtlichen Verfahrens nicht berufen ist, können die Erben den Notar auch mit der Vornahme der Erbtheilung betrauen.

XII. Abschnitt.
Gerichtliche Aufträge.

§. 129.

In den durch dieses Gesetz bestimmten Fällen hat der Notar im Grunde des gerichtlichen Auftrages und im Sinne der im Allgemeinen in Betreff der Gerichtsbelegirten giltigen Vorschriften vorzugehen; den Bericht hingegen sammt allen Akten und den aus Anlaß der Amtshandlung allenfalls übernommenen Geldern und Werthpapieren muß er binnen 48 Stunden nach Beendigung des Verfahrens, demjenigen Gerichte vorlegen, von welchem er den bezüglichen Auftrag erhalten hat.

Das Gericht kann dem Notar in einzelnen Fällen einen Präclusivtermin zur Berichterstattung bestimmen und ihn gleichzeitig zu dessen Einhaltung durch Verhängung einer Geldstrafe bis zu 100 Gulden zwingen.

§. 130.

Mit der Inventirung von Fideicommißgütern ist der Notar im Allgemeinen, mit der Inventirung von Concursmassen hingegen nur insoferne zu betrauen, als eine andere Verfügung mit Rücksicht auf den geringen Werth der Güter oder deren entfernte Lage nicht zweckmäßiger sein sollte.

§. 131.

In wichtigeren Fällen ist der Notar auch mit der Vornahme der Feilbietung — dieselbe mag vom Richter aus welchem Anlasse immer angeordnet worden sein — zu betrauen.

Im Laufe des Concurs- oder Erbschaftsverfahrens hat der Notar hinsichtlich der Bestimmung und Verlautbarung der Feilbietungstermine, sowie auch in Betreff der Verständigung der Betheiligten selbst die nöthigen Verfügungen zu treffen.

§. 132.

In denjenigen Angelegenheiten, welche der Notar als Gerichtscommissär besorgt, hat derselbe die Vorladungen und Zustellungen den bestehenden Vorschriften gemäß zu veranlassen.

XIII. Abschnitt.
Geschäftsführung.

§. 133.

Der Notar ist verpflichtet, das Original einer jeden durch ihn aufgenommenen Urkunde, falls das Gesetz nicht etwas Anderes verfügt, aufzubewahren.

Haben an der Aufnahme einer öffentlichen Urkunde zwei Notare theilgenommen, so ist das Original durch denjenigen zu verwahren, welcher mit der Aufnahme derselben betraut wurde.

§. 134.

Diejenigen Akten, welche der Notar als Gerichtsbevollmächtigter aufgenommen hat, sind dem betreffenden Gerichte im Original zu übergeben.

Wurde in einer solchen Angelegenheit, welche der Notar als Gerichtscommissär besorgte, eine Notariatsurkunde aufgenommen, so hat der Notar dies zwar in dem über die fragliche Angelegenheit aufgenommenen Protokolle oder in dem an das Gericht zu erstattenden Berichte zu erwähnen, die Urkunde jedoch als Notariatsurkunde zu behandeln.

§. 135.

Das Original der öffentlichen Urkunden darf der Notar nur in den durch das Gesetz bestimmten Fällen, oder auf Grund eines gerichtlichen Auftrages ausfolgen. Er ist jedoch gleichzeitig verpflichtet, vor der Ausfolgung eine Abschrift zu verfassen, in dieselbe eine jede im Originale vorkommende Randbemerkung, Richtigstellung und Abänderung getreu zu übertragen, und schließlich die Abschrift sowohl mit seiner eigenhändigen Unterschrift und dem Amtssiegel zu versehen, als auch durch den Gerichtspräsidenten, — dort aber, wo ein

Gerichtshof nicht besteht, durch den Bezirksrichter beglaubigen zu lassen. Diese Abschrift vertritt das Original bis zu dessen Rücklangen und bildet hievon nur die im §. 84 erwähnte Abschrift des offenen Testamentes eine Ausnahme.

§. 136.

Der Notar ist verpflichtet, die Akten in Ordnung zu halten, nach Jahrgängen und Geschäftszahlen gereiht, in Fascikeln zu hinterlegen, und in seiner Wohnung oder Kanzlei an einem sicheren Orte aufzubewahren.

Auf dem Fascikel ist von außen das Jahr und die Geschäftszahl, und wenn aus Anlaß der größeren Menge der Akten mehrere Fascikeln erforderlich sind, die erste und letzte Geschäftszahl der inliegenden Akten ersichtlich zu machen.

Diejenigen Akten, welche der Notar als Gerichtsabgeordneter übernommen hat, sind — insoferne sie bei ihm verbleiben — abgesondert von den übrigen Akten, jedoch in gleicher Weise geordnet zu behandeln.

§. 137.

Von Notariatsurkunden können beglaubigte Ausfertigungen, sowie auch beglaubigte oder einfache Abschriften erfolgt werden. — Die diesfällige Beschaffenheit der Ausfertigung ist auf derselben ersichtlich zu machen.

Die Ausfertigung obliegt in der Regel demjenigen Notar, welcher das Original in Verwahrung hat. Die Ausnahmen bestimmt das Gesetz.

§. 138.

Beglaubigte Ausfertigungen dürfen nur denjenigen Parteien und nur in so viel Exemplaren erfolgt werden, für welche und in wie viel Exemplaren dies nach Inhalt der Urkunde zulässig ist. Enthält die Urkunde diesbezüglich keine Beschränkung, so kann eine jede Partei eine beglaubigte Ausfertigung fordern.

Am Schlusse der Originalurkunde oder auf einem denselben beizuheftenden Bogen ist stets zu bemerken, wem und wann eine beglaubigte Ausfertigung erfolgt wurde.

§. 139.

Die beglaubigte Ausfertigung muß mit dem Originale von Wort zu Wort übereinstimmen. Im Uebrigen sind die Vorschriften der §§. 64 und 65 auch hier, jedoch mit dem Unterschiede anzuwenden, daß die im Original unter Beobachtung der gehörigen Förmlichkeiten gemachte Berichtigung, Ergänzung oder Abänderung, ohne sie als solche besonders zu bezeichnen, an derjenigen Stelle einzuschalten ist, wohin sie gehört.

In den Context der Ausfertigung sind auch die Vollmachten und die übrigen Beilagen der Urkunde dergestalt aufzunehmen, daß die allgemeine Beglaubigungsclausel auch diese Beilagen mit in sich begreife; dies ist jedoch in der Beglaubigungsclausel zu erwähnen.

Ueber Verlangen der Parteien können die Beilagen in der Ausfertigung auch ausgelassen werden, dieser Umstand ist aber in der Beglaubigungsclausel ausdrücklich anzuführen; auf Grund einer solchen Ausfertigung darf aber die Execution nicht angeordnet werden.

§. 140.

Die Beglaubigung der Ausfertigung hat derart zu geschehen, daß der Notar am Schlusse derselben in einer Clausel bemerkt, daß die Ausfertigung mit dem in seiner Verwahrung befindlichen Originale übereinstimmt; ferner, für wen, wo und wann dieselbe ausgestellt wurde. Diese Clausel hat der Notar eigenhändig zu unterschreiben und mit seinem Amtssiegel zu versehen.

§. 141.

Eine vorschriftsmäßig ausgestellte beglaubigte Ausfertigung hat mit der Originalurkunde gleiche Glaubwürdigkeit, und dort, wo das Gesetz die Vorweisung der Originalurkunde verlangt, mit derselben gleiche Rechtskraft.

§. 142.

Wenn eine Notariatsurkunde mehrere selbstständige Rechtsgeschäfte umfaßt, so kann der Notar anstatt einer vollständigen Ausfertigung, über die einzelnen Geschäfte besondere Ausfertigungen ausstellen, allein er hat dies in der Beglanbigungsclausel zu bemerken. Auf Grund einer solchen Ausfertigung darf aber die Execution nicht angeordnet werden.

§. 143.

Eine wiederholte beglaubigte Ausfertigung darf der Notar nur in den nachstehenden Fällen ertheilen:

a) wenn alle Parteien damit einverstanden sind;

b) wenn eine Partei eine solche aus Anlaß einer fehlerhaften oder mangelhaften Ausfertigung, und gegen Rückstellung der letzteren verlangt;

c) wenn die Partei nachweist, daß sie die frühere Ausfertigung verloren hat und gerichtlich amortisiren ließ;

d) wenn es der betreffende Gerichtshof (§. 11) angeordnet hat (§. 144).

Diese Eigenschaft der Ausfertigung ist auf derselben anzumerken.

§. 144.

Die Ertheilung einer wiederholten beglaubigten Ausfertigung kann der Gerichtshof über Einschreiten der betreffenden Partei und nur dann anordnen, wenn der Gesuchsteller hinreichend glaubhaft macht, daß er einer weiteren Ausfertigung bedürfe, und wenn zugleich ein gegründetes Bedenken gegen die Ausfolgung nicht obwaltet.

Von dem Bescheide über die Bewilligung sind alle Parteien zu verständigen.

Gegen die Bewilligung ist eine Beschwerde nicht zulässig. Gegen einen abweislichen Bescheid steht dem Gesuchsteller der Recurs innerhalb 15 Tagen von der Zustellung an gerechnet, offen.

§. 145.

Im Falle des §. 143, Abs. a) ist ein Protokoll über die Zustimmung der Parteien aufzunehmen und dies in der Beglaubigungsclausel zu erwähnen. Sodann ist dieses Protokoll, im Falle b) des obigen §. hingegen die zurückgestellte Ausfertigung mit der Bemerkung, daß dieselbe rechtsunwirksam ist, ferner in dem unter c) erwähnten Falle die bezügliche Bestätigung, im Falle d) endlich der gerichtliche Auftrag der Originalurkunde beizuschließen.

§. 146.

Der Notar ist verpflichtet, den Parteien, deren Rechtsnachfolgern, Bevollmächtigten und im Allgemeinen allen Personen, welche ihr rechtliches Interesse darthun und gegen welche ein gegründetes Bedenken nicht obwaltet, mit Zustimmung der Parteien dagegen wem immer die Einsichtnahme in die Urkunde zu gestatten, und auf Verlangen eine beglaubigte oder einfache Abschrift auszufolgen.

Derlei Abschriften darf der Notar auch wiederholt ertheilen.

§. 147.

Von den durch den Notar aufgenommenen oder zur Aufbewahrung übernommenen Testamenten darf derselbe nur Abschriften ertheilen u. z. solange der Erblasser lebt, nur an diesen oder seinen hiezu eigens Bevollmächtigten, nach dem Tode des Erblassers aber auch erst dann, wenn das Testament vorschriftsmäßig kundgemacht worden ist. In dem letzteren Falle ist auf der Abschrift auch die Kundmachungsclausel anzusetzen.

§. 148.

Wenn der Notar die Ertheilung einer Ausfertigung oder einer Abschrift, oder aber die Einsichtnahme in die Originalurkunde einer solchen Person verweigert, welche hiezu gesetzlich berechtigt ist, so kann dieselbe sich bei dem betreffenden Gerichtshofe beschweren. Den Vollzug des gerichtlichen Auftrages darf der Notar nicht verweigern.

§. 149.

Der Notar ist verpflichtet, die verlangten Ausfertigungen Auszüge und Abschriften, welche nicht über drei Bogen ausmachen, binnen drei Tagen, bei größerem Umfange aber längstens binnen acht Tagen auszufolgen.

Im Falle einer Versäumniß hat der Präsident des Gerichtshofes über Ansuchen des Beschwerdeführers einen anderen Notar oder den Bezirksrichter mit der Vornahme der Ausfolgung zu betrauen. Dieser Umstand ist unter Berufung des Gerichtsbeschlusses in der Abschrift, beziehungsweise in der Beglaubigungsclausel zu erwähnen.

§. 150.

Ist das Original einer öffentlichen Urkunde in Verlust gerathen, so können die Parteien die beglaubigte Ausfertigung beim Notar hinterlegen. Hiezu wird aber die Amortisirung der in Verlust gerathenen Urkunde und nach Beendigung des dießfälligen Verfahrens die Genehmigung des betreffenden Gerichtshofes erfordert.

Sowohl der Beschluß über das Amortisationsverfahren, als auch der über die Genehmigung ist der hinterlegten Ausfertigung beizuheften.

§. 151.

Ein jeder Notar ist verpflichtet, ein Geschäftsregister zu führen, welches folgende Rubriken enthalten muß:

a) Fortlaufende Geschäftszahl vom Anfange bis zum Schlusse des Jahres und unterhalb mit kleineren Buchstaben Monat und Tag der Aufnahme;

b) Familien- und Tauf- oder Vorname, bürgerliche Stellung und Wohnort der Parteien; bei mehreren Parteien deren Gesammt= benennung, und wenn eine solche nicht anwendbar ist, Benennung einer Partei und Anführung der Anzahl der übrigen, als der Mitinteressirten;

c) Bezeichnung des Geschäftes und Gegenstandes, unter An= gabe des allfälligen Werthes;

d) Anmerkungen und insbesondere im Falle des §. 85 unter Benennung der übernehmenden Partei die Bemerkung, daß das Original ausgefolgt wurde.

§. 152.

Dem Notar liegt ob, täglich alle aufgenommenen öffentlichen Urkunden in der Ordnung nach den vorgeschriebenen Rubriken einzutragen, und jede Urkunde und Ausfertigung mit der Geschäfts= zahl zu versehen.

Beglaubigungen von Abschriften und Uebersetzungen, Wechsel= proteste, durch den Notar verfaßte Eingaben, von Gerichte erhaltene Aufträge und Verlassenschaftssachen sind nicht in dieses Geschäfts= register einzutragen.

§. 153.

Eine jede Eintragung ist genau ohne Radirung oder Ein= schaltung, und derart vorzunehmen, daß von einer Geschäftszahl zur anderen kein Raum für eine ganze Zeile leer bleibe.

Der Notar muß jede einzelne Seite, sobald sie vollgeschrieben ist, unterfertigen und die erste und letzte Seite des Geschäftsregisters mit der Jahreszahl und seinem Amtssiegel versehen.

§. 154.

Das Geschäftsregister muß mit einem Faden, dessen beide Enden auf der letzten Seite anzusiegeln sind, durchzogen sein und durch den Präsidenten des betreffenden Gerichtshofes unter Angabe der Seitenzahl beglaubigt werden. Ein anderes Geschäftsbuch darf der Notar nicht benützen.

Ist das Geschäftsregister vollgeschrieben oder will sich der Notar, bevor dies noch der Fall ist, eines anderen Registers bedienen, so muß der Gerichtspräsident das frühere abschließen und die allenfalls leer gebliebenen Stellen mittelst Durchkreuzung außer Gebrauch setzen.

Der Präsident hat über die durch ihn beglaubigten Geschäftsregister und deren Seitenanzahl eine Vormerkung zu führen.

§. 155.

Der Notar ist verpflichtet, zu Anfang eines jeden Jahres das Original des Geschäftsregisters sammt einer durch ihn vidimirten Abschrift desselben dem Präsidenten des betreffenden Gerichtshofes vorzulegen.

Der Präsident hat das Buch unter Anführung der Geschäftszahlen des abgelaufenen Jahres mit seiner Unterschrift zu versehen und das Original dem Notar zurückzustellen, die Abschrift dagegen ist in die Registratur des Gerichtshofes zu hinterlegen.

Derjenige Notar, welcher das Geschäftsregister innerhalb der ersten Hälfte des Monates Jänner nicht einreicht, hat aus Anlaß dieser Versäumniß für jeden Tag eine Geldstrafe von 2 Gulden zu zahlen, deren Einhebung der Präsident mit Ausschluß jedes Rechtsmittels veranlaßt.

§. 156.

Außer dem Geschäftsregister hat der Notar noch folgende Bücher zu führen:

a) ein alphabetisches Verzeichniß über die Namen aller im Geschäftsregister vorkommenden Parteien, unter Beisetzung der betreffenden Geschäftszahlen;

b) ein besonderes alphabetisches Verzeichniß über jene Parteien, welche bei ihm eine letztwillige Erklärung aufnehmen ließen oder hinterlegten, — eventuell mit der Anmerkung, daß die Partei gestorben ist oder ihr Testament zurückgenommen hat;

c) ein Wechselprotest-Register nach den diesfalls bestehenden gesetzlichen Vorschriften, in welches in gleicher Weise auch die Proteste bezüglich der im §. 104 erwähnten Handelspapiere einzutragen sind;

d) ein Verzeichniß über die bei ihm hinterlegten oder durch ihn übernommenen Barbeträge und sonstigen Werthgegenstände;

e) ein Verzeichniß über die Verlassenschaftsabhandlungen;

f) ein Verzeichniß über die gerichtlichen Aufträge.

§. 157.

Die Bücher über die Verlassenschaftsangelegenheiten und die gerichtlichen Aufträge haben folgende Rubriken zu enthalten:

a) die laufende Zahl vom Anfang bis zum Schlusse des Jahres;

b) Jahr, Monat und Tag, an dem er den Auftrag zur Amtshandlung entweder vom Gerichte oder von den Parteien erhalten hat, unter Bezeichnung des Auftraggebers;

c) den Gegenstand des Auftrages;

d) Jahr, Monat und Tag des Vollzuges;

e) die Angabe, wann die Acten dem Gerichte vorgelegt worden sind oder wann ein Bericht erstattet wurde, beziehungsweise wann die Ausfolgung der Urkunde an die Parteien erfolgte;

f) allfällige Anmerkungen.

§. 158.

Die Geschäftssprache ist die ungarische. — Der Notar ist verpflichtet, sich dieser Sprache sowohl in der Umschrift des Amtssiegels, als auch bei Führung der Bücher und in seiner notariellen Correspondenz mit den Gerichten und der Notariatskammer zu bedienen.

XIV. Abschnitt.

Notariatsarchive.

§. 159.

In den Notariatsarchiven werden die Acten und Siegel der verstorbenen oder auf eine andere Art außer Amt getretenen Notare verwahrt.

Ein solches Archiv muß bei jedem kön. Gerichtshofe bestehen.

In diesem Archive sind die Acten eines jeden Notars in besonderen, mit einer entsprechenden Bezeichnung versehenen Fascikeln und in geschlossenen Kästen zu verwahren.

§. 160.

Für jedes Notariatsarchiv ist ein Archivar und nach Bedürfniß auch ein denselben vertretender Adjunct zu bestellen.

Die Geschäfte des Notariatsarchives werden in der Regel durch das Personale des Gerichtshofes versehen. Mit den Agenden des Archivars betraut der Präsident des Gerichtshofes einen Richter. Die Kanzleigeschäfte hat ein Expeditor zu besorgen, welchem die erforderliche Anzahl von Kanzellisten beizugeben ist.

§. 161.

Sollte der größere Umfang des Archivs die Bestellung eines besonderen Personals nöthig machen, — worüber der Justizminister auf Grund einer Vorlage der Notariatskammer und des betreffenden Gerichtshofes entscheidet, — so bezieht das Personale des Notariatsarchivs seine Bezahlung aus der Staatskassa. Den Archivar, Adjuncten und Expeditor ernennt der Justizminister, die Kanzellisten hingegen der Präsident des Gerichtshofes.

Zu Archivaren und Adjuncten sollen nach Thunlichkeit Notare ernannt werden, welche jedoch nach Uebernahme dieser Stellen Notariatsgeschäfte nicht mehr ausüben dürfen.

Zur Besetzung dieser Stellen hat die betreffende Notariatskammer den Concurs auszuschreiben und ihre Vorschläge an den Justizminister zu erstatten.

§. 162.

Aus dem Notariatsarchive darf lediglich der Archivar beglaubigte Ausfertigungen, vidimirte oder einfache Abschriften, ferner Auszüge, Zeugnisse, Verständigungen und in Verwahrung befindliche Schriften ausfolgen.

Derartige Urkunden hat der Archivar zu unterfertigen und mit dem Siegel des Notariatsarchivs zu versehen.

Bezüglich der Geschäftsführung sind die für die Notare diesfalls giltigen Vorschriften maßgebend.

Die Gebühren sind gleichfalls nach dem Notariatstarife einzuheben und an die bezügliche Steuerkassa abzuführen.

§. 163.

Wenn der Archivar eine Ausfertigung, die Ausfolgung einer Urkunde oder Abschrift, oder die Einsichtnahme in eine Urkunde verweigert, die verlangte Verständigung nicht ertheilt oder wenn sich endlich die Partei mit der Gebührenbemessung nicht zufrieden stellt, so hat über die Beschwerde der Partei der betreffende Gerichtshof nach vorheriger Einvernehmung des Archivars zu entscheiden. Gegen diese Entscheidung ist ein weiteres Rechtsmittel nicht zulässig.

§. 164.

Im Falle des Ablebens einer Person, deren Testament im Notariatsarchive aufbewahrt wird, sind die Anordnungen des §. 85 zu beobachten.

XV. Abschnitt.
Beaufsichtigung.

§. 165.

Die Aufsicht über die amtliche Wirksamkeit und das Verhalten der Notare steht unmittelbar der Notariatskammer zu.

§. 166.

Die Notariatskammer hat über alle in ihrem Sprengel ansässigen Notare ein genaues Verzeichniß zu führen, welches folgende Rubriken enthält:

a) Familien- und Taufnamen des Notars;

b) Bezeichnung des Amtssitzes des Notars, sowie Angabe des Tages, an welchem derselbe seine Wirksamkeit begonnen hat;

c) Betrag und Beschaffenheit der Caution, sammt allen hierauf bezüglichen Aenderungen;

d) die gegen den Notar verhängten Strafen, unter Berufung der bezüglichen Entscheidungen;

e) Zeitpunkt des Erlöschens des Notariates;

f) Bezeichnung des Gerichtshofes, bei welchem die Acten des Notars erliegen;

g) Anmerkungen; in diese Rubrik sind insbesondere die Substitutionen und die Aenderungen des Amtssitzes ersichtlich zu machen.

§. 167.

Die Notariatskammer hat auch über die Notariatscandidaten ein Verzeichniß zu führen und in dieses unter Anführung des Notars, bei welchem der Candidat in Verwendung steht, den Zeitpunkt des Eintrittes in die Praxis, sowie auch des Austrittes aus derselben genau einzutragen.

Die Kammer ist verpflichtet, darüber zu wachen, daß der Candidat während der Dauer der Notariatspraxis nicht auch in einer anderen Praxis verwendet werde.

§. 168.

Die Kammer muß die Kanzleien der in ihrem Sprengel ansäßigen Notare jährlich mindestens einmal durch einen der Notare ihres Sprengels untersuchen lassen und sich von der vorschriftsmäßigen Aufnahme der Urkunden und Führung der Bücher Kenntniß verschaffen.

Bei kleineren Unregelmäßigkeiten, welche zu ihrer Kenntniß gelangen, ertheilt sie dem Notar eine entsprechende Weisung, bei größeren Unordnungen oder im Falle eines Vergehens leitet sie die gesetzliche Bestrafung ein.

§. 169.

Der im Sitze der Notariatskammer befindliche Staatsanwalt ist verpflichtet, darüber zu wachen, daß die Kammer die im §. 168 vorgeschriebenen Untersuchungen mit der erforderlichen Strenge vornehme.

Sollte er in dieser Beziehung eine Nachlässigkeit wahrnehmen, so hat er wegen Einleitung der entsprechenden Untersuchung und sonstigen Verfügungen die Anzeige an den Präsidenten des Disciplinargerichtes, dieser aber an den Justizminister zu erstatten (§. 190).

§. 170.

Die Behörden und amtlichen Organe sind gleichfalls verbunden, die Parteien hingegen berechtigt, zu ihrer Kenntniß gelangte Handlungen und Unterlassungen, welche der Notar begangen hat und welche den Bestimmungen dieses Gesetzes zufolge eine Rüge oder Strafe nach sich ziehen, der Kammer anzuzeigen.

§. 171.

Die Oberaufsicht über die Notare und Notariatskammern steht dem Justizminister zu.

In Folge dieses Rechtes kann derselbe im Interesse der Rechtspflege oder aber auf Grund der erhobenen Beschwerden, sowohl die Geschäftsgebahrung der einzelnen Notare, als auch die der Kammern untersuchen lassen und die nöthigen Verfügungen wegen Abstellung der Mißbräuche treffen.

XVI. Abschnitt.
Haftung.

§. 172.

Der Notar haftet für die pünktliche Beobachtung der in dem Gesetze enthaltenen Vorschriften. Eine Pflichtverletzung oder ein Versäumniß zieht den Bestimmungen dieses Gesetzes gemäß Strafe und Schadenersatz nach sich.

Der Notar ist bezüglich aller durch ihn besorgten Geschäfte für die Beobachtung des Stempel- und Gebührengesetzes in erster Linie verantwortlich.

Die Haftung erstreckt sich auch auf die Notariatssubstituten.

§. 173.

Die Notariatscaution dient als Pfand für alle jene Verbindlichkeiten, welche durch den Notar oder durch die durch ihn bevollmächtigten Substituten aus Anlaß ihrer Amtshandlungen oder Unterlassungen als Schadenersatz oder Strafe zu leisten sind.

Wegen einer anderen Forderung darf die Caution nur ohne Verletzung des Prioritätsrechtes der soeben erwähnten Ansprüche mit Beschlag belegt werden, allein zur Befriedigung können solche Forderungen nur in den Fällen der §§. 44—46 gelangen.

§. 174.

Die Notariatskammer und der Staatsanwalt haben einverständlich darüber zu wachen, daß die Caution ungeschmälert erhalten werde.

Aufträge und Anweisungen dagegen, in Folge deren eine Zahlungsverbindlichkeit aus der Caution zu erfüllen ist, gehören in den Wirkungskreis des königl. Gerichtshofes. Von solchen Aufträgen oder Anweisungen hat der königl. Gerichtshof auch die Notariatskammer in Kenntniß zu setzen, welche nach Einholung des Gutachtens des Staatsanwaltes zur Ergänzung der Caution eine unüberschreitbare Frist von 15 Tagen bestimmt.

§. 175.

Ohne vorherige Einvernahme des betreffenden Notars ist weder eine Strafe, noch ein Schadenersatz zulässig.

§. 176.

Der volle Ersatz eines verursachten Schadens oder ein hierüber abgeschlossener Vergleich entheben den Notar von der Strafe nicht, wenn die ihm zur Last fallende Handlung oder Unterlassung nach den Bestimmungen dieses Gesetzes strafbar ist.

§. 177.

Wenn der Notar seine Amtspflichten in der strafbaren Absicht verletzt, um hiedurch entweder sich oder einem Anderen einen ungebührlichen Vortheil zuzuwenden, oder aber Jemandem einen widerrechtlichen Schaden zuzufügen, so begeht er ein Amtsvergehen, welches nach den strafrechtlichen Vorschriften zu ahnden ist.

Hinsichtlich solcher Amtsvergehen unterliegen die Notare dem gleichen Verfahren, wie die Richter.

§. 178.

Die den Notaren gegenüber bei Gelegenheit ihrer Amtshandlungen begangenen strafbaren Handlungen sind nach denselben gesetzlichen Bestimmungen zu ahnden, welche bezüglich ähnlicher, den Richtern gegenüber verübter Handlungen bestehen.

§. 179.

Mit Ausnahme der Fälle des §. 177 hat die Notariatskammer gegen den Notar, sobald derselbe den Bestimmungen dieses Gesetzes entgegen gehandelt hat, eine Rüge zu ertheilen oder eine Geldstrafe bis 50 Gulden zu verhängen, ohne daß dies aber die volle oder theilweise Ungiltigkeit der Notariatsurkunde zur Folge hätte.

In anderen Fällen der Uebertretung der Bestimmungen dieses Gesetzes, sowie in dem Falle, wenn der Notar sich durch sein Benehmen der öffentlichen Achtung unwürdig gemacht hat, ist eine Disciplinarstrafe zu verhängen.

§. 180.

Disciplinarstrafen sind:
a) schriftlicher Verweis;
b) Geldstrafe von 50 bis 500 Gulden;
c) Suspension vom Amte in der Dauer von höchstens einem Jahre;
d) Entsetzung vom Amte.

§. 181.

Das Disciplinargericht kann die im §. 180 unter a) und b) angeführten Strafen mit Rücksicht auf die Höhe des Vergehens, die allfällige Wiederholung, sowie auch mit Rücksicht auf den hieraus entstandenen Nachtheil nach eigenem Ermessen aussprechen.

Auf die im §. 180 unter c) und d) erwähnten Strafen hingegen kann nur in den durch dieses Gesetz bestimmten Fällen erkannt werden.

§. 182.

Die Suspension vom Notariate, u. z. auf die Dauer eines Monates bis längstens zu 6 Monaten kann das Gericht als Strafe verhängen:

a) wenn der Notar außerhalb des ihm angewiesenen Amtssitzes wohnt, für sich oder seine Hilfsarbeiter eine Kanzlei hält oder aber außerhalb des betreffenden Gerichtssprengels Amtshandlungen vornimmt;

b) wenn er die während seiner Abwesenheit durch sein Personale aufgenommenen Urkunden, ohne daß die Parteien gegenwärtig sind, notariell beglaubigt.

Ferner eine Suspension von 3 Monaten bis zu einem Jahre:

c) wenn gegen den Notar eine der im §. 180 unter a) u. b) erwähnten Strafen wegen verschiedener Vergehen dreimal, oder wegen eines und desselben Vergehens zweimal verhängt worden ist und derselbe sich eines neuen Vergehens schuldig macht;

d) wenn der Notar die Caution binnen der durch die Kammer und durch den Staatsanwalt einverständlich bestimmten Frist nicht ergänzt.

§. 183.

Als Strafe ist die Entsetzung vom Amte durch das Disciplinargericht in folgenden Fällen auszusprechen:

a) wenn der Notar nach erfolgter Verständigung von dem Beschlusse über die Suspension notarielle Amtshandlungen vornimmt;

b) wenn der Notar in anderen, als in den gesetzlich zulässigen Fällen länger als 14 Tage von seinem Amtssitze abwesend ist und in Folge der Aufforderung des Präsidenten der Notariatskammer binnen weiteren 14 Tagen nicht zurückkehrt;

c) wenn der Notar in den Fällen des §. 182, a) und b) bereits zweimal, in den Fällen c) und d) hingegen einmal vom Amte suspendirt worden ist und demselben ein neuerliches Vergehen zur Last fällt;

d) wenn der Notar ungeachtet wiederholter Disciplinarstrafen sich durch sein Benehmen der öffentlichen Achtung unwürdig macht;

e) wenn er wegen eines Amts= oder anderen Verbrechens, oder wegen einer aus Gewinnsucht begangenen Uebertretung gerichtlich verurtheilt worden ist;

f) wenn er eine öffentliche Urkunde in einer solchen Sprache aufnimmt, bezüglich welcher er keine Berechtigung besitzt.

§. 184.

Die provisorische Suspension vom Notariate ist auszusprechen:

a) wenn die Einleitung der strafgerichtlichen Untersuchung rechtskräftig angeordnet wurde;
b) wenn gegen den Notar der Concurs eröffnet wurde;
c) wenn das Disciplinargericht seine Entsetzung vom Amte ausgesprochen und er dagegen appellirt hat.

§. 185.

Die provisorische Suspension ist aufzuheben, wenn der Grund, aus welchem dieselbe verfügt wurde, aufgehört hat.

§. 186.

Die Disciplinarstrafe verliert, wenn dieselbe in einer Rüge bestanden hat, nach zwei Jahren, — wenn jedoch eine Geldstrafe oder die Suspension verhängt worden ist, nach drei Jahren die gesetzliche Wirkung eines Erschwerungsgrundes, allein nur in dem Falle, wenn gegen den betreffenden Notar in der Zwischenzeit keine neuerliche Disciplinarstrafe verhängt wurde.

§. 187.

Die Strafbarkeit eines Disciplinarvergehens verjährt, wenn seit der Zeit der dasselbe bildenden Handlung oder Unterlassung 2 Jahre verstrichen sind, ohne daß das Vergehen dem Disciplinargerichte angezeigt worden ist.

§. 188.

Die Entschädigungsklage ist bei demjenigen Gerichte einzubringen, welches nach dem Civilprozeßverfahren competent ist.

§. 189.

Die Entschädigungsklage verjährt, wenn der Beschädigte dieselbe binnen 3 Jahren von dem Tage angefangen, an welchem ihm die Beschädigung bekannt wurde, nicht angestrengt hat.

XVII. Abschnitt.

Disciplinarverfahren.

§. 190.

Im Sitze einer jeden Notariatskammer ist ein Disciplinargericht aufzustellen. Der Wirkungskreis desselben erstreckt sich auf den ganzen Sprengel der Kammer.

Das Disciplinargericht besteht unter dem Vorsitze des Präsidenten des Gerichtshofes aus zwei Richtern und zwei Mitgliedern der Notariatskammer. Die Gerichtsmitglieder werden durch das Los, die Notariatsmitglieder dagegen durch die Kammer auf die Dauer eines Jahres bestimmt.

Den Schriftführer für die Sitzungen des Disciplinargerichtes ernennt der Präsident. In denjenigen Fällen, in denen das Disciplinarverfahren gegen die Kammer eingeleitet wird, ist ein Richter zu delegiren.

§. 191.

In Disciplinarangelegenheiten bildet das Disciplinargericht des obersten königl. Gerichtshofes (§. 34 des Gesetzartikels VIII v. J. 1871) die zweite und letzte Instanz.

§. 192.

Bezüglich des Disciplinarverfahrens ist nach den Bestimmungen der §§. 39—61 des Gesetzartikels VIII v. J. 1871 vorzugehen.

Die Agenden des öffentlichen Anklägers hat der im Sitze des Disciplinargerichtes angestellte Staatsanwalt zu übernehmen.

§. 193.

In besonders bringenden Fällen kann auch der Präsident des betreffenden Gerichtshofes die provisorische Suspension anordnen und sogleich vollziehen, er ist jedoch verpflichtet, den Beschluß sammt den Gründen binnen 24 Stunden sowohl dem suspendirten Notar, als auch dem Disciplinargerichte mitzutheilen, welches letztere nach vorheriger Einvernahme des suspendirten Notars den Beschluß über die Aufhebung oder Aufrechterhaltung der Suspension sogleich zu fassen hat.

Gegen den Beschluß über die provisorische Suspension kann sowohl der Staatsanwalt, als auch der betreffende Notar die Berufung an das Disciplinargericht des obersten kön. Gerichtshofes einbringen. (§. 191.)

§. 194.

Dasjenige Gericht, bei welchem die strafgerichtliche Untersuchung gegen den Notar anhängig ist, muß das Disciplinargericht sowohl von der Einleitung, als auch von der Beendigung des Strafprozeßes unter Mittheilung des rechtskräftigen Urtheiles in Kenntniß setzen.

In gleicher Weise ist das Disciplinargericht verpflichtet, die gefällten rechtskräftigen Beschlüsse der betreffenden Notariatskammer in beglaubigter Abschrift mitzutheilen.

§. 195.

Die provisorische Suspension (§. 184) tritt allsogleich, die als Strafe verfügte Suspension hingegen, sowie auch die Entsetzung vom Amte an jenem Tage in Wirksamkeit, an dem das rechtskräftige Urtheil dem Notar zugestellt worden ist.

In diesem Falle muß die Notariatskammer den Beschluß im Amtsblatte kundmachen und zur Kenntniß des Justizministers bringen, — der betreffende Gerichtshof dagegen das Amtssiegel des Notars in Verwahrung nehmen.

§. 196.

Ueber die Vollziehung der verhängten Strafe hat der Staatsanwalt zu wachen.

§. 197.

Die Geldstrafen sind zu einem durch die Kammer alljährlich zu bezeichnenden wohlthätigen Zwecke zu verwenden.

XVIII. Abschnitt.
Notariatsgebühren.

§. 198.

Der Notar darf für seine in dieser Eigenschaft vollzogene Amtshandlung ein Geschäftshonorar, Schreibgebühren und nach Umständen auch Entfernungs- und Reisekosten in einem festgesetzten fixen Betrage oder nach der Scala aufrechnen.

§. 199.

Ein solcher Vertrag, laut dessen eine höhere, als die festgesetzte Gebühr ausbedungen wurde, ist verboten und ungiltig.

Bei solchen Geschäften hingegen, welche eine besonders umfangreiche und weitläufige Vorbereitung und Zeit beanspruchen, und auch mit außergewöhnlicher Schwierigkeit und Verantwortung verbunden sind, darf der Notar unter ausdrücklicher Angabe des Grundes, aus welchem er die gesetzliche Gebühr für unzureichend hält, eine höhere Gebühr fordern.

Kommt ein Vergleich nicht zu Stande, so wird die Höhe der Gebühr durch die Personalinstanz des Notars festgesetzt.

§. 200.

Enthält eine öffentliche Urkunde mehrere mit einander im Zusammenhange stehende Geschäfte, so darf die Gebühr nur für eines derselben jedoch nach der für den Notar günstigsten Tarifpost aufgerechnet werden.

§. 201.

Für ein angefangenes Geschäft, dessen Abschluß nicht durch Verschulden des Notars unterblieben ist, kann derselbe die Hälfte der ordentlichen Gebühr fordern. Beansprucht er jedoch mehr, so kann er bei dem competenten Gerichte (§. 199) um die Festsetzung der Gebühr ansuchen.

§. 202.

Dem Notar gegenüber ist jede Partei zur ungetheilten Hand zur Entrichtung der Gebühr sammt Kosten verpflichtet.

Die Notariatsgebühren und Kosten sind im Exekutionswege nach den für die Einbringung von Gerichtstaxen bestehenden Vorschriften einzutreiben.

§. 203.

Der Notar ist berechtigt, zur Deckung der Barauslagen einen angemessenen Vorschuß zu verlangen.

Nach Beendigung der Amtshandlung oder des Verfahrens kann er die Entrichtung der Gebühren und Auslagen sogleich begehren, und bis zur gänzlichen Befriedigung die Ausfolgung der Ausfertigung oder Beurkundung verweigern.

§. 204.

Der Notar ist verpflichtet, die durch ihn aufgerechneten und eingehobenen Gebühren und Auslagen nach Posten und Beträgen, sowohl auf der Originalurkunde, als auch auf den Ausfertigungen und Beurkundungen zu verzeichnen.

§. 205.

Für Urkunden, welche durch Verschulden des Notars ungiltig sind und für Ausfertigungen, welche aus demselben Grunde unbrauchbar sind, ist keine Gebühr zu entrichten und kann die Partei die schon bezahlte Gebühr zurückfordern.

§. 206.

Wenn eine Partei mit der Aufrechnung der Notariatsgebühren nicht einverstanden sein sollte, so kann sie ihre Beschwerde binnen längstens acht Tagen bei der Personalinstanz des Notars einbringen. Eine später eingereichte Beschwerde hindert die Eintreibung der Gebühren nicht.

§. 207.

In Folge einer solchen Beschwerde hat das Gericht eine Tagsatzung anzuordnen, hiezu den Beschwerdeführer und den Notar vorzuladen, und einen Vergleich zu versuchen; kommt ein solcher nicht zu Stande, so ist die Verhandlung sogleich anzuordnen und sodann mittelst Bescheides zu erkennen. Vor Entscheidung der Frage kann, falls es nothwenbig sein sollte, auch das Gutachten der Kammer eingeholt werden.

§. 208.

Im Falle des §. 22 gebührt die Notariatsgebühr dem bestellten Substituten.

Der Substitut darf jedoch die im §. 203 erwähnten Acten vor Entrichtung der allenfalls rückständigen Gebühren und Kosten ohne Einwilligung des substituirten Notars oder dessen Rechtsnachfolgers nicht herausgeben, widrigenfalls die Berechtigten von ihm die Bezahlung der rückständigen Gebühren und Kosten fordern können.

§. 209.

In dem Falle des §. 25 fließen die Notariatsgebühren in die Staatskassa. Dem Bezirksrichter kommen lediglich die ihm nach den für die Gerichte bestehenden Vorschriften gebührenden Reisekosten und Diäten zu.

§. 210.

Der Justizminister ist verpflichtet, binnen drei Jahren vom Beginn der Wirksamkeit dieses Gesetzes, dem Reichstage einen Gesetzesvorschlag über die Regelung der Notariatsgebühren vorzulegen.

Bis dahin wird er ermächtigt, einen provisorischen Tarif zu erlassen.

XIX. Abschnitt.

Aebergangsbestimmungen.

§. 211.

Es wird gestattet, daß während der ersten drei Jahre der Wirksamkeit dieses Gesetzes:

a) die Notariatsstellen nur theilweise besetzt werden;

b) als Notare oder Notariatssubstituten auch diejenigen ernannt werden, welche die im §. 2 vorgeschriebene zweijährige Notariatspraxis nicht nachweisen können.

§. 212.

Bis zur Errichtung der Notariatskammern bestimmt der Justizminister nach Einvernehmung der betreffenden Gerichtshöfe die Anzahl und Sprengeln der Notare, sowie die Sprengeln und Amtssitze der Notariatskammern, desgleichen macht er auch die Concursedicte kund. Die Uebernahme der Concursgebühr, die Begutachtung derselben, sowie die Prüfung der Caution gehört in den Wirkungskreis desjenigen kön. Gerichtshofes, in dessen Sprengel die Notariatsstelle zu besetzen ist.

Die constituirende Versammlung ist durch den Präsidenten desjenigen Gerichtshofes einzuberufen und zu eröffnen, in dessen Amtssitze die Notariatskammer aufgestellt wird. Die Leitung der eröffneten Sitzung ist dem Alterspräsidenten zu übergeben.

§. 213.

Die ernannten Wechselnotare sind in ihrem bisherigen Wirkungskreise auch fernerhin zu belassen, neue dürfen jedoch nicht mehr ernannt werden. Der Wirkungskreis und die Amtsthätigkeit der factisch amtirenden Notare hat — mit Ausnahme der Stadt Fiume sammt Gebiet — mit Beginn der Wirksamkeit des gegenwärtigen Gesetzes aufzuhören.

§. 214.

Die glaubwürdigen Orte dürfen auch fernerhin glaubwürdige Ausfertigungen von den in ihrer Verwahrung befindlichen Urkunden ertheilen, allein zur Ausstellung und Aufbewahrung neuer glaubwürdiger Urkunden sind dieselben nicht mehr berechtigt.

Wo ein Notar nicht besteht, ist in Betreff der Vollziehung der Notariatsgeschäfte der §. 25 anzuwenden.

§. 215.

Mit dem Vollzuge dieses Gesetzes, welches am 1. Mai 1875 in Kraft tritt, wird der Justizminister beauftragt.

XXXVI. Gesetzartikel
über die Einhebung der öffentlichen Lasten und über die Bedeckung der Staatsausgaben im ersten Quartale 1875.

(Sanctionirt am 19. Dezember 1874. Kundgemacht in beiden Häusern des Reichstages am 21. Dezember 1874.)

§. 1. Das Ministerium wird ermächtigt, alle auf die gegenwärtig in den Ländern der ungarischen Krone bestehenden Steuern und Staatseinkünfte sich beziehenden Gesetze, sammt den allfälligen Modificationen derselben für die Dauer des ersten Quartales 1875 in Wirksamkeit zu erhalten und aus den auf Grund derselben einfließenden Steuern und sonstigen Einkünften die Erfordernisse des Staates auf die in den nachfolgenden §§. festgesetzte Weise zu decken.

§. 2. Bezüglich der Ausgabsposten sind die Bestimmungen des G.-A. XXXV v. J. 1873 über den Staatsvoranschlag für das Jahr 1874 mit dem Beisatze maßgebend, daß die auf 852.600 fl. sich belaufende erste Amortisationsrate des auf Grund des Gesetzartikels XXXII v. J. 1872 aufgenommenen Staatsanlehens von 54 Millionen Gulden in Silber, sowie auch die am 1. Februar 1875 mit 2,409.750 fl. fälligen halbjährigen 6% Zinsen für das auf Grund des G.-A. XIV v. J. 1874 contrahirte Silberanlehen von 76½ Millionen Gulden zu den Ausgabsposten zuzuschlagen sind.

§. 3. Die in Folge dessen auflaufenden Ausgaben sind in den Staatsvoranschlag für das Jahr 1875 einzubeziehen.

§. 4. Die Wirksamkeit des gegenwärtigen Gesetzes erlischt an dem Tage der Kundmachung des Gesetzes über den Staatsvoranschlag für das Jahr 1875.

§. 5. Mit dem Vollzuge des gegenwärtigen Gesetzes wird der Finanzminister beauftragt.

XXXVII. Gesetzartikel

über die Verlängerung der Wirksamkeit der Gesetzartikel über die Grund-, Haus-, Einkommen- und Personal-Erwerb-Steuer, ferner über die Stempel und Gebühren, sowie über die Zuckersteuer, die Verzehrungssteuer von Wein und Fleisch, und über das Tabakgefälle.

(Sanctionirt am 19. Dezember 1874. Kundgemacht in beiden Häusern des Reichstages am 21. Dezember 1874.)

§. 1. Der G.-A. XXV v. J. 1868 über die Grundsteuer, sammt der im G.-A. L v. J. 1870 enthaltenen Modification; — die G.-A. XXII v. J. 1868 und LI v. J. 1870 über die Haussteuer, sammt den im G.-A. VI v. J. 1873 angeordneten Modificationen; — die G.-A. XXVI v. J. 1868, XLIX v. J. 1870 und LVIII v. J. 1871 über die Einkommensteuer, sammt den im G.-A. VII v. J. 1873 enthaltenen Modificationen; — die G.-A. XXIV und XXXIV v. J. 1868 über die Personal-Erwerb-Steuer mit den im G.-A. VIII v. J. 1873 angeordneten Modificationen, sowie auch alle auf die Bemessung, Einhebung und Verwaltung dieser Steuergattungen sich beziehenden und gegenwärtig giltigen Vorschriften; — ferner die Vorschriften über die Bemessung, Höhe und Entrichtungsart der Stempel, Gebühren und Taxen, sowie der die Modification des G.-A. XXIII v. J. 1868 und einiger Bestimmungen der obigen Normen enthaltende G.-A. IX v. J. 1873; — die im Sinne des G.-A. XX v. J. 1868 hinsichtlich der Besteuerung der Zuckerfabrikation bestehenden Vorschriften und Steuersätze; — der G.-A. XVII v. J. 1868 über die Verzehrungssteuer von Wein und Fleisch, sammt den in den G.-A. XXXV vom Jahre 1868, LVI v. J. 1870 und LXI v. J. 1871 enthaltenen Modificationen, sowie die auf die Bemessung, Einhebung und Verwaltung dieser Steuer sich beziehenden, gegenwärtig giltigen Vorschriften und Tarifsätze; — endlich der G.-A. XIV v. J. 1868 über das Tabakgefälle und die in Betreff der Verwaltung dieses Gefälles bestehenden Vorschriften werden — insoferne die Legislative mittlerweile keine andere Verfügung trifft — bis zum Schlusse des Jahres 1875 in Wirksamkeit erhalten.

§. 2. Mit dem Vollzuge dieses Gesetzes wird der Finanzminister beauftragt.

XXXVIII. Gesetzartikel
über die Bedeckung des auf Ungarn entfallenden Theiles des in den Schlußrechnungen des gemeinsamen Staatshaushaltes für die Jahre 1871 und 1872 genehmigten Mehraufwandes.

(Sanctionirt am 19. Dezember 1874. Kundgemacht in beiden Häusern des Reichstages am 21. Dezember 1874.)

§. 1. Zur Deckung des auf Ungarn entfallenden Theiles desjenigen Mehraufwandes, welcher laut der auf die Schlußrechnungen des gemeinsamen Staatshaushaltes für die Jahre 1871 und 1872 sich beziehenden Beschlüsse der zur Verhandlung des gemeinsamen Staatsvoranschlages f. d. J. 1875 delegirten Commissionen genehmigt worden ist, wird ein Nachtragscredit von 704.595 fl. 53½ kr. bewilligt.

§. 2. Mit dem Vollzuge dieses Gesetzes wird der Finanzminister beauftragt.

XXXIX. Gesetzartikel
über die Modificirung des §. 52 des G.-A. XLII v. J. 1870.

(Sanctionirt am 21. Dezember 1874. Kundgemacht in beiden Häusern des Reichstages am 30. Dezember 1874.)

§. 1. Der §. 52 des G.-A. XLII v. J. 1870 wird dahin modificirt, daß der Obergespan des Comitates, und der Oberkönigsrichter oder Oberkapitän der Székler Stühle, Districte und Bezirke gleichzeitig auch Obergespan der königlichen Freistädte oder der mit Jurisdictionsrecht bekleideten Städte, beziehungsweise auch Districtsgraf sein kann.

§. 2. Mit dem Vollzuge dieses Gesetzes wird der Minister des Innern beauftragt.

XL. Gesetzartikel
über d. Verlängerung d. Wirksamkeit d. G.-A. XXXIX v. J. 1873.

(Sanctionirt am 24. Dezember 1874. Kundgemacht in beiden Häusern des Reichstages am 30. Dezember 1874.)

§. 1. Die Wirksamkeit des G.-A. XXXIX vom Jahre 1873 wird bis auf weitere Verfügung der Legislative verlängert.

§. 2. Mit dem Vollzuge dieses Gesetzes wird der Justizminister beauftragt.

XLI. Gesetzartikel
über die Verlängerung der im §. 29 des Ges.-Art. LV vom Jahre 1871 festgesetzten Stempel- und Gebührenfreiheit.

(Sanctionirt am 28. Dezember 1874. Kundgemacht in beiden Häusern des Reichstages am 30. Dezember 1874.)

§. 1. Die im §. 29 des G.-A. LV vom Jahre 1871 den binnen drei Jahren vom Beginne der Wirksamkeit des Gesetzes an, eingeleiteten Besitzregelungs- und Besitztheilungs-Verhandlungen zugestandene Stempel- und Gebührenfreiheit wird auch auf die innerhalb weiterer drei Jahre einzuleitenden ähnlichen Verhandlungen ausgedehnt.

§. 2. Mit dem Vollzuge des gegenwärtigen Gesetzes wird der kön. ung. Justiz- und Finanzminister beauftragt.

XLII. Gesetzartikel
über die Bedeckung der Administrativ-, Waisen- und Vormundschafts-Auslagen der Comitate, Districte, Bezirke u. Stühle im Jahre 1875.

(Sanctionirt am 28. Dezember 1874. Kundgemacht in beiden Häusern des Reichstages am 30. Dezember 1874.)

§. 1. Zur Deckung der administrativen, waisen- und vormundschaftsbehördlichen Auslagen der Comitate, der XVI Zipser Städte, der Districte Jazygien und Kumanien, dann des Kövárer, Fogaraser und Naßóder Districtes, sowie auch als die den Munizipien des Königsbodens unter dem Titel „adjutum salariale" gebührende Staatssubvention ist für das Jahr 1875 — insoferne die Legislative mittlerweile nicht anders verfügt — ein Betrag von 4,976.336 Gulden aus der Staatscassa auszufolgen.

Während der Wirksamkeit des gegenwärtigen Gesetzes ist es den erwähnten Jurisdictionen nicht gestattet, zu den fraglichen Zwecken die Domesticalsteuer auszuwerfen.

§. 2. Dieser Betrag wird durch den Minister des Innern unter die betreffenden Jurisdictionen derart vertheilt werden, daß eine jede derselben jenen Betrag, welchen sie auf Grund des für die Jahre 1872, 1873 und 1874 genehmigten Budgets factisch in Anspruch genommen hat, erhalten soll, wenn sie das Erforderniß dieser Summe auch für das Jahr 1875 nachweist.

Die für die einzelnen Jurisdictionen festgesetzte Jahresquote ist in monatlichen Antizipativraten auszufolgen.

§. 3. Mit dem Vollzuge dieses Gesetzes wird der Finanzminister und der Minister des Innern beauftragt.

XLIII. Gesetzartikel
über die Bewilligung der für die ungarischen Linientruppen und die Kriegsmarine im Jahre 1875 zu stellenden Recruten- und Ersatzreserve-Contingente.

(Sanctionirt am 28. Dezember 1874. Kundgemacht in beiden Häusern des Reichstages am 30. Dezember 1874.)

§. 1. Zur Sicherstellung des gesetzlich normirten Kriegsstandes des stehenden Heeres und der Kriegsmarine wird die Aushebung des für das Jahr 1875 auf die Länder der ungarischen Krone entfallenden Recrutencontingentes von 40.933 Mann und der hiezu erforderlichen Ersatzreserve von 4093 Mann, im Sinne der §§. 3, 13 und 32 des G.-A XL vom Jahre 1868 bewilligt.

§. 2. Dieses Recruten- und Ersatzreserve-Contingent ist aus den Altersklassen der in den Jahren 1855, 1854 und 1853 geborenen Wehrpflichtigen auszuheben.

§. 3. Mit dem Vollzuge dieses Gesetzes wird der Minister für Landesvertheidigung beauftragt.

Inhalts-Verzeichniß.

		Seite
I.	Ueber die Regelung der schwebenden Schuld der ungarischen Ostbahn	1
II.	Ueber den mit dem Vereinigten Königreiche von Großbritannien und Irland wegen gegenseitiger Auslieferung von gemeinen Verbrechern am 3. Dezember 1873 abgeschlossenen Staatsvertrag	2
III.	Ueber die Verwendung der aus dem 1872-er Budget des kön. ungar. Finanzministeriums verbliebenen Creditreste für Rechnung d. J. 1873, sowie über den Nachtragscredit für das Jahr 1873 zur Deckung unvorhergesehener außerordentlicher Ausgaben	9
IV.	Ueber die zeitweilige Aufhebung der Zollgebühren für Getreide und Hülsenfrüchte	10
V.	Ueber die Bedeckung des durch die Länder der ungarischen Krone zu den gemeinsamen Ausgaben für das Jahr 1872 nachträglich zu leistenden Betrages	11
VI.	Ueber die Bedeckung des durch die Länder der ungarischen Krone zu den gemeinsamen Ausgaben für das Jahr 1873 nachträglich zu leistenden Betrages	—

		Seite
VII.	Ueber den für die Jahre 1873 und 1874 erforderlichen Nachtragscredit zur Bedeckung des Mehrerfordernisses an Miethzinsen für die siebenbürgischen Militärspitäler . .	13
VIII.	Ueber die Einführung des Metermaßes	—
IX.	Ueber die Bedeckung der Mehrausgaben bei einigen Titeln und Rubriken der Capitel A) XX und B) X des Gesetzartikel VII vom Jahre 1872	22
X.	Ueber die Bedeckung der Auslagen für die Justizorganisation in der ungarischen Militärgrenze	—
XI.	Ueber das Verfahren bezüglich der Ableitung von Binnengewässern	23
XII.	Ueber den mit Schweden und Norwegen am 3. November 1873 abgeschlossenen Handels- und Schifffahrts-Vertrag .	29
XIII.	Ueber den mit Rußland am 21. (9.) Mai 1873 abgeschlossenen Postvertrag	34
XIV.	Ueber die Aufnahme der zweiten Hälfte des mit dem Gesetzartikel XXXIII vom Jahre 1873 beschlossenen Staatsanlehens von 153 Millionen Gulden öst. Währung in Silber	43
XV.	Ueber die Abänderung des §. 24 des Gesetzartikel XXXI vom Jahre 1871	44
XVI.	Ueber das Verfahren in Wechselfälschungsfällen . .	45
XVII.	Ueber die Umgestaltung und Ergänzung der Grundbücher des Pester Theiles der Hauptstadt	47
XVIII.	Ueber die Haftung in Betreff der durch Eisenbahnen verursachten Tödtungen und körperlichen Verletzungen .	53
XIX.	Ueber die Vermehrung der Anzahl der Handelsbeisitzer bei dem Buda-Pester Handels- und Wechselgerichte . .	56
XX.	Ueber die Verfügungen gegen die orientalische Rinderpest .	57
XXI.	Ueber die für die königl. ungarische Universität zu Budapest zu erbauende chirurgische Klinik . . .	78
XXII.	Ueber das Verfahren bei betrügerischer oder leichtsinniger Crida	—

		Seite
XXIII.	Ueber die Großjährigkeit der Frauenspersonen	81
XXIV.	Ueber die praktische Richteramtsprüfung	82
XXV.	Ueber die Organisirung der Landes-Statistik	84
XXVI.	Ueber den Nachtragscredit von 500.000 Gulden für das den Jurisdictionen zu gewährende Nothstands-Anlehen	87
XXVII.	Ueber die mit dem Fürstenthum Rumänien über die Eisenbahnanschlüsse am 31. Mai 1874 abgeschlossene Convention	88
XXVIII.	Ueber den Ausbau der Temesvar-Orsovaer Eisenbahn	95
XXIX.	Ueber die Modification der Concessionsurkunde der Oedenburg-Preßburg-Lundenburg-Waagthalbahn — sowie über den Ausbau der Flügelbahn von Nemsova durch das Blarathal bis an die Landesgrenze	110
XXX.	Ueber die Modification einiger Punkte der Concessions-urkunde der von Raab über Oedenburg gegen Ebenfurth bis an die Landesgrenze zu erbauenden Eisenbahn	113
XXXI.	Ueber den zur Durchführung des Gesetzes über die Ein-führung des Metermaßes für das Jahr 1874 erforder-lichen Nachtragscredit	116
XXXII.	Ueber die mit Portugal am 9. Jänner 1873 abgeschlossene Consularconvention	117
XXXIII.	Ueber die Modificirung und Ergänzung des G.-A. V und des siebenbürgischen G.-A. II vom Jahre 1848	128
XXXIV.	Ueber die Advokaten-Ordnung	164
XXXV.	Ueber die königl. öffentlichen Notare	198
XXXVI.	Ueber die Einhebung der öffentlichen Lasten und über die Bedeckung der Staatsausgaben im ersten Quartale 1874	260
XXXVII.	Ueber die Verlängerung der Wirksamkeit der Gesetzartikel über die Grund-, Haus-, Einkommen- und Personal-Erwerb-Steuer, ferner über die Stempel und Gebühren, sowie über die Zuckersteuer, die Verzehrungssteuer von Wein und Fleisch, und über das Tabakgefälle	261

		Seite
XXXVIII.	Ueber die Bedeckung des auf Ungarn entfallenden Theiles des in den Schlußrechnungen des gemeinsamen Staatshaushaltes für die Jahre 1871 und 1872 genehmigten Mehraufwandes	262
XXXIX.	Ueber die Modificirung des §. 52 des G.-A. XLII vom Jahre 1870	—
XL.	Ueber die Verlängerung der Wirksamkeit des Gesetzartikels XXXIX vom Jahre 1873 . . .	263
XLI.	Ueber die Verlängerung der im §. 29 des G.-A. LV vom Jahre 1871 festgesetzten Stempel- und Gebührenfreiheit	—
XLII.	Ueber die Bedeckung der Administrativ-, Waisen- und Vormundschafts-Auslagen der Comitate, Districte, Bezirke und Stühle im Jahre 1875	—
XLIII.	Ueber die Bewilligung der für die ungarischen Linientruppen und die Kriegsmarine im Jahre 1875 zu stellenden Recruten- und Ersatzreserve-Contingente .	264

www.ingramcontent.com/pod-product-compliance
Lightning Source LLC
Chambersburg PA
CBHW031952230426
43672CB00010B/2133